中国传统村落调查

【湖南花垣卷】

丛书主编 段超 田敏

本卷主编 柏贵喜
本卷副主编 王振威

长江出版传媒
湖北人民出版社

图书在版编目（CIP）数据

中国传统村落调查. 湖南花垣卷 / 柏贵喜主编. —武汉：湖北人民出版社, 2023.8
ISBN 978-7-216-10351-0

Ⅰ.①中… Ⅱ.①柏… Ⅲ.①村落—调查研究—花垣县 Ⅳ.①K928.5

中国版本图书馆CIP数据核字（2021）第264379号

总策划：马　骏
　　　　徐　艳
责任编辑：曹新哲
封面设计：刘舒扬
责任校对：范承勇
责任印制：肖迎军

中国传统村落调查. 湖南花垣卷
ZHONGGUO CHUANTONG CUNLUO DIAOCHA HUNAN HUAYUANJUAN

出版发行：湖北人民出版社	地址：武汉市雄楚大道268号
印刷：湖北新华印务有限公司	邮编：430070
开本：787毫米×1092毫米　1/16	印张：18.25
字数：281千字	插页：7
版次：2023年8月第1版	印次：2023年8月第1次印刷
书号：ISBN 978-7-216-10351-0	定价：75.00元

本社网址：http://www.hbpp.com.cn
本社旗舰店：http://hbrmcbs.tmall.com
读者服务部电话：027-87679656
投诉举报电话：027-87679757
（图书如出现印装质量问题，由本社负责调换）

磨老村接龙桥（朱起德　摄）

紫霞村祭祖堂（朱起德　摄）

夜郎坪村传统建筑（王振威　摄）

夜郎坪村红色吊脚楼及女主人（王振威　摄）

油麻寨"红旗渠"渡槽(李技文 摄)

金龙村日出云海(李技文 摄)

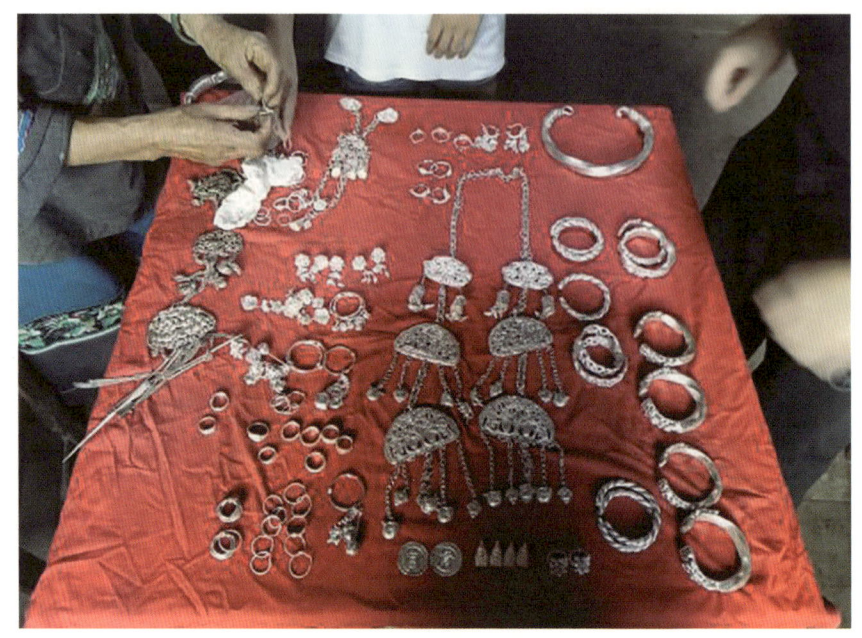

谷坡村苗族银饰(朱起德 摄)

排碧板栗村古老的寨门与石墙(许苏华 摄)

排碧板栗村大门(陈桂 摄)

董马库村街上赶场的老人(陈桂 摄)

董马库村赶场休息的老人（陈桂 摄）

排碧板栗村妇女在刺绣前画底稿（陈桂 摄）

排碧板栗村儿童在排练民歌合唱节目(陈桂 摄)

十八洞村精准扶贫思想教育基地(陈桂 摄)

"精准扶贫"首倡地——十八洞村精准坪(陈桂 摄)

芷耳村传统民居(陈桂 摄)

总 序

传统村落,又称古村落,是指村落形成较早,拥有丰富的传统资源,具有一定历史、文化、科技、艺术、社会、经济价值,应予以保护的村落。2012年4月,住房和城乡建设部、文化部、国家文物局、财政部联合发出开展传统村落调查的通知。经各省(区、市)相关部门组织专家调研与评审,全国汇总的数字显示,我国现存具有传统性质的村落近1.2万个。2012年9月,由建筑学、民俗学、规划学、艺术学、遗产学、人类学等领域专家组成的专家委员会,评审出中国传统村落名录。2012年12月17日,住房和城乡建设部、文化部、财政部等部门发通知公示第一批中国传统村落名录,全国共有28个省(区、市)646个传统村落入选。此后,又分别在2013年、2014年、2016年、2019年、2022年进行了中国传统村落的评选。截至2023年3月19日,一共公布了六批中国传统村落名录,共有8155个村落入选,并实施挂牌保护制度。2022年、2023年,住房和城乡建设部、财政部连续两年公示了传统村落集中连片保护利用示范县名单,我国在探索传统村落长效保护利用机制上迈出了新的步伐。

传统村落是现存村落中历史文化价值和农耕文明遗存最丰厚,村庄格局形态和民居传统特色风貌保存最真实和良好的典型代表。传统村落被誉为农耕文明的"活化石",拥有丰富的历史信息和文化景观,也是传承中华优秀传统文化的宝贵"基因库",维系着中华民族最浓郁的"乡愁"。保护好、传承好、利用好传统村落,对弘扬中华优秀传统文化有着重要意义。

　　住房和城乡建设部、文化和旅游部等六部门在2012—2023年公布的8155个传统村落,已经成为世界上规模最大、内容和价值最丰富、保护最完整的农耕文明遗产保护群。2017年乡村振兴战略提出后,传统村落保护成为促进脱贫攻坚的重要措施,是乡村振兴战略的重要组成部分。

　　党的十八大以来,以习近平同志为核心的党中央高度重视传统村落的保护工作。习近平总书记指出:"农村是我国传统文明的发源地,乡土文化的根不能断,农村不能成为荒芜的农村、留守的农村、记忆中的故园。""乡村文明是中华民族文明史的主体,村庄是这种文明的载体,耕读文明是我们的软实力。"在如何发挥好传统村落在乡村振兴中的作用方面,习近平总书记指出:"搞乡村振兴,不是说都大拆大建,而是要把这些别具风格的传统村落改造好。"可见,传统村落的传承保护对于弘扬中华优秀传统文化、建设生态文明、发展乡村旅游、实现乡村振兴,都具有重要意义。

　　湘西土家族苗族自治州(以下简称湘西州)位于湖南西北部,以其悠久的历史、深厚的人文底蕴和独具特色的民族文化著称于世,也是中国传统村落最集中的地区之一。该州的传统村落申报与保护工作一直走在全国前列,截至目前,六批次共有178个村被列入中国传统村落名录,2020年被评为全国传统村落集中连片保护利用示范州。

　　中南民族大学作为国家民委直属综合性民族大学,一直以来把服务民族地区作为学校的使命,特别是学校的民族学学科更是成为直接服务民族地区经济社会发展的排头兵。学校民族学学科自20世纪50年代开始建设,经过数代人的努力,已经发展为我国民族学学科的重镇,学科建设水平处于全国前列,在最近两次的教育部学科评估中均位列A类。长期以来,学校与湘西土家族苗族自治州保持着紧密的联系,开展了多方面的合作,成为校地合作的典范。

　　2019年,经与湘西土家族苗族自治州有关方面协商,中南民族大学民族学学科启动该州中国传统村落调查项目,计划对湘西州8县(市)的中国传统村落进行一次全方位、深入的民族学、人类学调查,旨在通过专业的田野调查,进行系统的记录,形成一套完整的湘西州中国传统村落民族志丛书,为中国民族学积累来自田野的第一手材料。以湘西州8县(市)为单位,总项目下设8个子课题,各子课题根据对应县市列入中国传统村落名录的情况,遴选出118个重点传统村落开展调查,占湘西州中国传统村落总数的66.3%。

本次调查,遵循民族学、人类学学科的田野调查规范进行。在调查开始前,即对田野调查总提纲进行了反复研究讨论,确定调查总提纲后,又对参与调查的人员做了集中培训。按照统一的调查提纲,各子课题调查组(主要以中南民族大学本科生、硕士研究生为主),在指导教师的带领下于2019年暑假开始第一次田野调查。2020年暑假再次组织以硕士、博士研究生为主的调查。参与调查的师生来自中南民族大学绝大部分学院,包括民族学与社会学学院、经济学院、公共管理学院、教育学院、法学院、文传学院等,以及参与了第一次调查的管理学院、马克思主义学院、外语学院、美术学院、体育学院、资源与环境学院、生命科学学院、药学院、化学与材料科学学院。两次调查耗时两个月以上,参与人员达100多人,访谈对象上千人,获取的第一手材料上千万字。此次对湘西州中国传统村落的调查,堪称中南民族大学学科史上调查规模最大、参与人员最多、持续时间最长、调查对象最广泛的一次民族学、人类学大调查。

以第二次调查成果为主要依据,课题组编写了"中国传统村落调查"丛书第一辑八卷,分别为:《中国传统村落调查·湖南吉首卷》《中国传统村落调查·湖南凤凰卷》《中国传统村落调查·湖南龙山卷》《中国传统村落调查·湖南永顺卷》《中国传统村落调查·湖南花垣卷》《中国传统村落调查·湖南保靖卷》《中国传统村落调查·湖南古丈卷》《中国传统村落调查·湖南泸溪卷》。丛书各卷原则上以村分章,按照村落概况、文化遗产、自然资源、历史事件、村规民约等分类梳理,内容涵盖传统村落的地理生态环境、村落来源与历史、村落人口、物产与特色产业、经济社会发展状况、物质文化遗产、非物质文化遗产、自然资源与景观、重要历史事件与人物、村规民约等。丛书的编写,力求在铸牢中华民族共同体意识理论的指导下,将中华文化及各民族交往交流交融的视角融入写作过程中,系统、完整、全面、客观地呈现各传统村落的全貌,既重点梳理其历史人文脉络,又注重关照其当代发展与变迁。在写作方式上,按照民族学、人类学民族志的撰写方法进行,除文字外,各卷均配有大量田野实景图片,使文本更加生动直观,且更富有保存价值。

丛书由中南民族大学段超教授、田敏教授担任总主编,各卷分别由中南民族大学民族学学科多位博士生导师担任分主编,他们是:经济学院陈祖海教授(吉首卷)、中华民族共同体学院李吉和教授(凤凰卷)、民族学与社会学学院田敏教授(龙山卷)、教育学院康翠萍教授(永顺卷)、民族学与社会学学院柏贵喜教授(花垣卷)、法学院潘红祥教授(保靖卷)、中南民族大学副校长段超教授(古丈卷)、公共管理学院吴开松教授(泸溪卷)。各卷还根据工作情况另设有副主编。

本课题的调查工作自2019年暑假启动至今,历时4年多,其中一段时间受疫情影响,遇到许多现实的困难,历经反复,今天终于基本完成,丛书即将正式出版,可喜可贺。要感谢湘西土家族苗族自治州各有关方面的大力支持,是他们的帮助,使得本课题调研工作得以顺利开展。特别要感谢湘西州8县(市)和乡镇相关领导干部,他们对课题具体的调查工作给予了大力协助,使调查人员能够顺利进入村寨开展调查,收集资料。更要感谢各传统村落的干部群众,他们的热情好客、纯朴善良,给调查人员留下了深刻印象,大家心存感激。值此丛书出版之际,向以上所有领导、干部、群众对本课题的支持与帮助表示衷心的感谢!

丛书的出版,得到了湖北人民出版社马骏副社长、综合编辑部徐艳主任和编辑们的大力支持与帮助,出版社为丛书申请到湖北省公益学术著作出版专项资金的资助,为丛书的出版锦上添花。编辑团队来到中南民族大学,与各位主编和作者进行面对面的研讨交流,指导书稿的修改完善,确保了书稿的质量,感谢你们。

新时代新征程,以铸牢中华民族共同体意识为民族工作的主线,民族地区乡村振兴正如火如荼地开展。我们希望丛书的出版能为进一步传承和保护中国传统村落历史文化遗产,赓续地域特色鲜明的人文底蕴,为进一步铸牢中华民族共同体意识,加快推进乡村振兴发挥积极的作用,做出应有的贡献。

编 者

2023年6月19日

目录

第一章　磨老村 / 1
　　一、村落概况 / 2
　　二、文化遗产 / 5

第二章　桃子村 / 15
　　一、村落概况 / 16
　　二、文化遗产 / 19

第三章　紫霞村 / 29
　　一、村落概况 / 30
　　二、文化遗产 / 32

第四章　大夯来村 / 39
　　一、村落概况 / 40
　　二、文化遗产 / 44
　　三、自然资源 / 57

第五章　夜郎坪村 / 58
　　一、村落概况 / 59
　　二、文化遗产 / 65

第六章 油麻寨 / 76

　　一、村落概况 / 77
　　二、文化遗产 / 80

第七章 子腊村 / 93

　　一、村落概况 / 94
　　二、文化遗产 / 102

第八章 鸡坡岭村 / 108

　　一、村落概况 / 109
　　二、文化遗产 / 111
　　三、自然资源 / 120

第九章 金龙村 / 121

　　一、村落概况 / 122
　　二、文化遗产 / 128
　　三、村规民约 / 138

目 录

第十章　高务村 / 140
一、村落概况 / 141
二、文化遗产 / 149
三、自然资源 / 158

第十一章　五斗村 / 160
一、村落概况 / 161
二、文化遗产 / 169
三、自然资源 / 179

第十二章　谷坡村 / 181
一、村落概况 / 182
二、文化遗产 / 184

第十三章　董马库板栗村 / 194
一、村落概况 / 195
二、文化遗产 / 197
三、自然资源 / 206

第十四章　鼓戎湖村 / 208
一、村落概况 / 209
二、文化遗产 / 215

第十五章　排碧板栗村 / 226
一、村落概况 / 227
二、文化遗产 / 229

第十六章　十八洞村 / 244
一、村落概况 / 245
二、文化遗产 / 256

第十七章　芷耳村 / 264

　　一、村落概况 / 265
　　二、文化遗产 / 272

后　记 / 280

第一章　磨老村

　　磨老村位于湖南省花垣县边城镇南部,与贵州省的松桃苗族自治县仅一河之隔,该片土地自古便是苗族人民长期聚居的地方,所以磨老村也是花垣县较为古老的苗族村寨之一。村中自然生态环境保持良好,青山翠树、流水潺潺、云雾缭绕,良好的自然生态环境滋养了多元且悠久的苗族文化。青砖碧瓦的传统民居、余音绕梁的苗族民歌、引人入胜的传说故事和古老悠久的风俗习惯,苗族的种种传统在此保存较为完备,进而彰显出磨老村的古朴和悠久。2012年12月,磨老村入选第一批中国传统村落名录。

一、村落概况

（一）地理生态环境

磨老村背靠驼峰坡，面朝贵州雷公山，南依观音山，北傍白虎山，碧绿的清水江沿着村庄由南向东迂回北流而去。整个村子依山傍水、三面环山、山清水秀、古貌依然。村后的冷水溪风景美不胜收，溪谷内冬暖夏凉，温度常年保持在12℃左右，因此村内百姓常在此处洗衣。溪水内的虾、鱼、螃蟹较多，偶尔可见娃娃鱼游过。该溪全长约2公里，清澈见底。

（二）村落来源

磨老村原为"木老村"，"木老"是苗语"mu lao"的谐音汉字，意为深山老林。据传，过去的磨老村前古树连片且高耸入云，藤蔓交相缠绕，村后皆为松柏之木，郁郁葱葱。"木老村"为何更名为"磨老村"，当地的说法并不一致。一种观点认为村名的更改是由于"木"与"磨"在当地方言内的语音相似，故而在长期的口语传递和演变时产生了名称的改变，实属语音变化导致的"误会"；而另一种观点则认为更改村名与迁徙至此的苗族先民有关。据当地人所说，早期在此生活的苗族先民乃是龙姓，为了躲避战争方才迁徙至该地，而当时此处已存"木老"之名，于是龙姓先祖便有了改名的想法。一日，龙姓先祖在使用村中石磨时突然发现石磨的造型与木老村的地势相似，皆为四周隆起而中间低陷，并且"磨"与"木"音似，于是便将"木老村"改名为"磨老村"，新的村名寓意着全新生活的开始。由于偌大的村寨之中仅有龙姓先民生活于此实属冷清，于是龙姓先祖便鼓动与其交好的麻姓搬至此处一起生活。而后，周边乡邻村寨的石姓、杨姓纷纷搬至此地，自此便形成了如今的磨老村。

(三) 村落人口

磨老村现有130余户人家,共计550多人,该村因是传统苗族聚居地,故而村内居民均属苗族。从姓氏上来看,村内以龙、石、杨、麻四个姓氏为主,其中近三分之二的村民为龙姓。由于村内百姓皆为苗族,所以苗语是村内的通用语言,部分年轻人可熟练使用汉语与外地人进行交流。

(四) 交通状况

磨老村西侧紧邻花垣河,该河流发源于贵州省松桃县,于狮子桥注入保靖县。临水而建的磨老村水路交通十分便利,村内苗族百姓水性较好。同其他苗族村寨所不同,临水的交通优势为历史上的磨老村带来了发展契机,同时也给村内的安定造成了一定程度的影响。民国时期,顺水而下的土匪常在沿岸村庄抢劫。据介绍,村子曾被由四百余人组成的土匪团伙洗劫。由于土匪装备较为精良、组织有序,磨老村中手持土枪、土炮等武器的民众虽英勇抵抗却依旧节节败退,寡不敌众。最终,土匪攻入磨老村并洗劫龙家大院。随后在集合准备撤离磨老村时,村中一队人马将事先架设好的滚石推下,造成土匪大量伤亡。自此,磨老村再无匪患侵扰,村中民众也将此事迹代代相传。

(五) 经济社会发展状况

磨老村独特的地理空间致使村内可用于耕作的土地较少,于是村内民众因地制宜,在山中选择相对平坦且光照充足的土地进行开垦,所种植的农作物以水稻、玉米和高粱等为主。20世纪60年代左右,磨老村引进马铃薯以及红薯,但依旧是将其作为粮食作物以满足自需。由此可见,长久以来磨老村都是以自给自足的小农经济模式为主。近年来,为了促使经济来源多样化并提升人均收入水平,磨老村开始种植油菜、柑橘等经济作物。除了种植业以外,磨老村一直保有传统的养殖业。但是随着近年经济的快速发展,迫于现实生计压力,许多磨老村的青壮年纷纷外出务工,因此,劳务输出成为当下磨老村村民获得经济收入的主要方式之一。

历史上的磨老村苗族群众并不是单纯依靠种植业和养殖业,村旁的河流同样为其生计提供所需。来来往往的商船常常经停于此,频繁的商贸往来使得磨老村成为产品集散的重要区域,由此便催生出了两种行业人群:其一是船工,商品的搬运卸载均需人力完成,所以磨老村中的劳力便以此为生计,便有了船工号子这一民间艺术形式;其二是商贩,往来船只的停靠使得磨老村人流量较大,磨老村的村民与周边乡邻会将自家所产的富余物品挑到此处进行售卖,久而久之便形成了规模较大的圩场,但随着时间的推移,航运方式的弃用令磨老村的圩场也逐步消失。

(六) 文教卫生

1. 基础教育

磨老村内设有一所涵盖学前阶段教育在内的小学——湘黔边区友谊小学。该校创办于20世纪50年代,迄今已有70余年的历史。湘黔边区友谊小学在建校之初仅设有小学阶段教育课程,但随着近几年村内以及周边村庄的学龄前儿童越来越多,出于满足孩童们普遍受教育的需求,该校适时地增设了学前班。目前,学校在校学生规模已突破150人,所涵盖的生源除磨老村内适龄儿童以外,相邻周边村庄,乃至于同磨老村紧邻的贵州省铜仁市松桃苗族自治县迓驾镇碗森村也有部分学生在此就读。校内现有教职工7人,其中湖南籍教师4人,贵州籍教师3人。湘黔边区友谊小学是湖南和贵州两省合作办学的成果,学校也在两省的共同努力下已具备较为完备的管理制度和成熟的教育模式。随着多年来山区教书育人工作的不断开展和深入,湘黔边区友谊小学为当地的教育事业和两省的和谐发展作出了杰出贡献,因此被誉为"黔湘边区民族团结绽放出的友谊之花"。

2. 医疗卫生

医疗保障关乎着人民群众的切身权益,是维护社会和谐稳定的重大民生工程和民心工程。磨老村在医疗设施建设方面积极响应上级相关政策与号召,在村内中心位置设立了乡村卫生室,并且实现了足不出户便可网上购买药物,且能够享受新农合医保优惠政策。结合政府的要求,村内卫生室在满足群众日常看病、健康卫生教育宣传和常用药品购买等需求外,还会定期为村中120余户贫困户开展体检工作,其中40余户人家在此基础上额外享受医疗扶贫政策,不仅可依照条件享受"先住院后缴费"的特惠政策,而且在住院时可依照政策享受较大额度的报销比例。

二、文化遗产

(一)物质文化遗产

1. 接龙桥

距磨老村中心位置约2公里处有一座古代石桥,名曰"接龙桥"。相传,清朝乾隆皇帝出游途经此地,当地百姓为表达恭敬之心,在观音山和拱桥坡间修建此桥以便于皇帝出行。接龙桥全长约5米,高约3米,桥身皆由青石搭建而成,虽规模不大,却做工敦实牢固,时至今日依旧屹立不倒。据当地老人回忆,桥的一头曾竖立两块石碑,一块上书捐钱修桥的人员名单,一块则为乾隆皇帝御笔所题,所书内容由于年代久远已无人记得,大概为表达皇帝感谢之意。

磨老村接龙桥 （朱起德 摄）

2. 官道与码头

磨老村内曾有官道穿过，时至今日虽不能在村中寻得官道的踪迹，但却可以在接龙桥下看到当年铺设官道时所用的青石板。该官道自北向南延伸，联结茶峒镇与贵州松桃县，是当时较为重要的官家交通枢纽。官道宽度一米有余，青石板和鹅卵石的铺设使路面平坦且耐用。除官道外，水路交通便利的磨老村曾在历史上有过两个码头，因此磨老村曾为茶峒八大渡口之一。在航运的带动下，村内民众可将自家生产的富余物品和部分经济作物作为商品销售出去，外界的布匹等商品亦能够以该种方式流通入村以满足磨老村民众需求。近年严格的河道管理使码头被彻底弃用。

3. 传统民居

磨老村的苗族自清代起便同汉民族之间有着极为密切的往来，而这样的往来较为集中地反映在传统民居上。

磨老村现有木制传统建筑约70处，其中建于清代的房屋有10余栋，代表性建筑有3栋，分别为龙家大院、龙家二院和石家大院，且该三处院子均已被列为不同等级的文物保护单位。

龙家大院是龙姓先祖从吉卫镇搬迁至此后所修建的第一处住宅，随着家族的不断壮大且人口逐步增多，龙姓先祖在修建第一处宅院的30年后新建龙家二院。龙家大院集正堂、侧面厢房和院落于一体，房屋四周设有围墙,因此宅院密闭性较强。与龙家大院相比,龙家二院则更高、更大,四周未设围墙保护。作为磨老村石姓家族的祖宅,石家大院无论规模还是做工,均不及龙姓住宅。

龙家大院院落形态(朱起德 摄)　　龙家大院正堂门楣雕花(朱起德 摄)

磨老村三处代表性传统木制建筑中,属龙家大院保存完好且特色鲜明。房屋建筑所需材料均取自于当地,房屋布局紧凑且极具条理,细化的房屋内部空间布局兼顾生产与生活所需,体现了苗族群众的传统智慧。苗族自古便是一个十分懂美且善于造美的少数民族,生活环境与条件的艰苦丝毫未阻碍他们对生活的热爱和憧憬。起居所用的房屋被磨老村的苗族人民精心装点,房屋门楣、窗户、栏杆等处皆刻有花纹,彰显出苗族强烈的审美意识和高超的雕刻技艺;外墙体上色泽艳丽、纹饰鲜明、栩栩如生的彩绘图案令龙家大院尽显文化底蕴。

之所以说磨老村的传统民居是当地苗族与汉族在历史上曾有过密切交往的见证,主要缘由在于房屋之中体现出了极为明显的汉族文化元素,而这样的元素又体现在封火墙和装饰纹样中。

首先,房屋顶部封火墙的构造实则是汉族赣派建筑和徽派建筑中的代表性符号,该种构造不仅具有隔断火源的作用,同时其高低错落的形制也十分美观,令笨重、呆板的墙体因错落有致而呈现出灵动的美感。加之屋顶飞檐向上卷翘,从而使得房屋总体具备静中有动、动静统一的视觉感受。其次,屋外墙体边缘处的彩绘同样也有着极为明显的汉民族文化特色,如意头、卷草纹、花鸟等各类装饰性图案被巧妙地置于房屋墙体的边缘处,规整的纹饰分布与同样规整的房屋构造相得益彰,从而令传统民居尽显气派,并极具艺术价值和研究价值。

龙家大院木刻装饰(朱起德 绘)

磨老村的木质房屋善用雕刻技艺进行装饰,其中尤以龙家大院正堂门楣处的雕花最具特色。蝠、龙、寿、喜等富有吉祥寓意的传统装饰元素被匠人整合为一体,不仅体现出极高的工艺水准,同时也表达了苗族群众的审美期待。除门楣处的木雕之外,凡窗口之处皆有雕刻。或是凤凰立于枝头,或是喜鹊站在树梢,具备喜庆意味的物象常被作为艺术化加工与表现的对象,其目的就是为了在装饰居住空间的同时亦能美化自我心灵,表达出人们对于生活的无限祈愿。

磨老村传统民居中的花纹除了雕刻在木头上外,也雕刻在青石柱础上。龙家大院与石家大院的柱础均为青石板墩子,其上并无刻绘花纹,但龙家二院的柱础经过打磨加工却造型圆润,雕刻于其上的花纹更是多而不重、杂而不乱。

4. 土地堂

土地堂在湘西地区的苗族村寨中较为普遍,其内不设神像,但苗族民众皆认为所供奉的神灵乃为土地公。磨老村的土地堂位于村后山脚处,而目前所见的土地堂乃是21世纪后重新修建的,据说村内老的土地堂建于清代,是由青石堆砌而成,后因年久失修而损坏。从规模上来看,磨老村的土地堂规模相对较大,由神位、供奉台和外部围墙组成,白墙灰瓦的建筑风格与村内传统民居一致,向上扬起的飞檐令土地堂灵动且威严。当地村民仍有不少人会在时运不济时到该处进行祈求,而部分年长的村民仍遵古法对土地堂的"五方五位"进行祭拜,所以磨老村的土地堂周边又有许多大小不一的"小土地"。

磨老村土地堂(朱起德 摄)

(二) 非物质文化遗产

1. 巴代文化

巴代是湘西苗族对祭祀、习俗与社会活动仪式主持者的称呼。巴代文化是湘西苗族的传统民间信仰,属于苗族巫文化圈中主流文化之一,以祭祀、习俗及各种社会活动仪式为主要文化特质,巴代所主持的各种祭祀活动则是在祖先信仰的基础上发展起来的。巴代文化为人们研究苗族历史,苗族人民的生产生活、精神世界创造了良好的条件。2016年8月,苗族巴代被列入湖南省第四批非物质文化遗产保护名录。巴代分为苗师巴代雄和客师巴代扎两大类,巴代扎是客家汉族的产物,而非苗族的本土信仰。

磨老村现有一名石姓巴代扎,约70岁,据他所说,巴代扎的祭祀活动在磨老村附近有着一定的影响力,村民很多生活事项均需巴代扎参与其中,并起到引导作用。

磨老村的巴代在日常生活中与普通人并无区别,皆为耕种土地、外出劳作的村民,仅是在他人有需求时方会操持道具并通过相关仪式的开展而获取神化的身份角色。"还傩愿"是巴代扎所开展的主要法事活动类型之一,根据"愿"的不同,可将其分为"病灾愿"和"求子愿"两类。

巴代扎在进行法事活动时常会借助道具以达到某种目的或效果,其中尤以牛角和司刀最为突出。牛角是巴代扎进行重大仪式时必不可少的道具,通常情况下牛角多取自于成年水牛,在吹奏时,牛角所发出的声响沉闷而且极具穿透力。根据仪式类型的不同,牛角的吹奏也不尽相同,或声急音大,或平稳缓和。牛角在巴代扎的祭祀活动中有三重作用:一是通神娱神,即借以吹响牛角时所发出的声响与神灵之间进行沟通和交流;二是营造气氛,即通过沉闷而巨大的声响来烘托庄重之感,以此将参与祭祀活动的众人快速带入设定情境;三是娱人娱己,即通过声响来提升活动的观赏性。司刀同样也是巴代扎进行仪式活动时的重要道具。由金属制成的司刀包含手柄和圆环两部分,且圆环上嵌套7个大小一致的小圆环,在摇动司刀时便会发出金属碰撞的声响。除此之外,巴代扎的仪式过程中还会使用傩面、傩像和筶子等物。

2. 传统服饰和相关技艺

文化的变迁是必然事实,特别是当现代的和传统的生活方式和文化语境不断碰撞的情况下,传统正在既主动又被动地淡出大众视野。主动是因为原本的文化持有者逐步接受新生活和新观念,而传统的内容自然被搁置于一旁;被动是因为纵然有部分文化持有者有心坚守传统,但现实文化空间令传统内容只能被暂时"封存"。

由于自龙姓先祖迁徙此地之初便有着与汉民族交往的历史,所以磨老村并非像其他相邻地区的苗族村寨那样可以见到衣着苗族传统服饰的村民,村内各个年龄段的苗族群众均穿着现代服装,与汉族无异,移风易俗后的日常生活习惯令苗族传统服饰已经鲜有使用和展示的必要。但是其他苗族村寨中年事已高的老人有平常穿着传统服饰的情形,而在磨老村这样的情形确实罕见。

对于传统服饰的穿着,当下的磨老村村民有着自己的习惯。一般而言,苗族传统服饰仅仅是在每年的春节、阴历四月八(牛王的生日)、结婚或重大节庆与活动时方才穿着。民间传统文化其生发必然立足于地域性民间文化土壤,民众在历经较长时间共同遵守和传习后方才得以流传至今,且显然已经内化成为民众意识深处不自觉的情感记忆,人们会在已定的传统文化范围内择取所需。外来文化或他者文化虽会对本我文化产生一定影响,会为自我在文化的抉择中提供多元选项,但根植于心灵深处的文化难以被撼动或湮没,这也就是其他地区苗族村寨中依旧有人坚持穿着传统苗族服饰的原因所在。但是反观磨老村便会发现,服饰文化的变迁范围已经覆盖至全体村民,且历时久矣。而传统服饰在当下的周期性使用仅是将其作为一种文化符号予以展示,因此服饰的功用价值已然变迁,"悦己"变成了"娱人"。当然,造成该种文化断层局面的另一重要原因也在于同传统服饰相关的手工技艺在传承层面上青黄不接。磨老村现有外出打工年轻人100余人,占全村人口约五分之一。年轻劳动力的向外输出使得村内可以传承民族传统文化的人群流失,在外务工人员会不自觉地倾向于接受城市现代文化,于是作为"小传统"的区域性民族文化便会被挤压至边缘。村内年事已高的老人虽掌握苗族传统服饰的手工制作技艺,但是文化语境的缺失和当下替代性产品所具备的物美价廉属性,使得本可坚守的文化记忆也逐步被遗忘。磨老村虽有老人懂得如何织花带和做刺绣,却鲜有闲暇时间和精力继续从事相关手工劳作。

为了促使苗族民间的优秀传统手工技艺得以在代际间赓续并发展,磨老村于2016年和2020年分别组织开展了两期苗绣培训班。2016年前来参加培训的人数约为30人,2020年则为20余人,学员年龄从20岁至60岁不等,其中不仅有磨老村本村村民,而且相邻村庄也有部分人前来学习。苗绣培训班的开设显然令本民族的传统服饰文化与相关技艺得到了一定程度的传承,但是只有人们在文化上的自觉认同方才能够带动传统手工技艺在当代的良性发展。据当地人介绍说,这两次的苗绣技艺培训取得了阶段性成效,一部分在培训班中获取技艺的苗族女性至今依旧在坚持制作苗绣,并且制作的成品质量较好,通过售卖也能从中获取一些经济收入。

3. 猴鼓舞

猴鼓舞是苗族聚居区十分具有代表性的舞蹈形式,目前在磨老村内有一七旬老人仍旧能够表演。该舞蹈是由一名男子或多名男子通过模仿猴子各种神态、动作并结合击鼓为表演形式。据老人介绍说,他是在四十多岁时自学而成,表演的时长一般为五六分钟,多在过苗年和赶秋节时表演。由于猴鼓舞动作敏捷、节奏较快,跳舞之人如同猴子嬉戏般上蹿下跳,因此场面异常热闹。

4. 民间传说

文化并非均以物质的形式得以呈现,非物质形态的文化亦会广传于民间,民间传说便是其中十分重要的组成部分。在磨老村中流传着许多传说故事,作为文化传播的文本,其不仅是可供长辈讲述给晚辈的简单故事,更是传递村庄历史、引人向善的"活教材"。

(1) 姊妹山

磨老村旁有一座大山,名曰姊妹山。相传,该山的半山腰处有一岩洞,距离岩洞垂直七八米的距离处又有两个较小洞穴,当地人称之为"龙眼"。山下流水潺潺,偶有两缕青烟雾气从"龙眼"处缓缓升起,袅袅雾气随风而变幻形态,犹如身姿绰约的两个女子,升至山顶后便隐匿于云朵之中,全然不见踪影。于是,当地人纷纷认为那两缕青烟乃是龙王的两个女儿幻化而成,因此该山得名"姊妹山"。

(2)猴鼓舞

相传几千年前,苗族一男子因父母早逝、家中清贫,故而近四十岁时依旧未婚,四处乞讨方才勉强度日。一天,该男子来到山中一破败的寺庙中祈求姻缘。许愿结束后,该男子便起身往山下走去,而走到半路,听到寺庙中立于佛祖两侧的木鼓发出声响,心想可能是自己所许的愿望得到了佛祖的回应,于是便掉转身子返回寺庙一探究竟。男子偷偷地趴在寺庙外的断壁上向内察看,看到有两只猴子用手在敲打木鼓,随着鼓声不断且持续高昂,山中猴子纷纷聚集于此欢闹。待到猴子散去该男子才下山,将在山中见闻讲述给老百姓,然而他们均不相信,于是该男子便将猴子打鼓情形模仿给大家看,由于打鼓的节奏欢快、律动感较强,观众纷纷拍手叫好并与其互动。男子见状便想以表演猴子打鼓为生计,随后他组织了一部分人,四处游走表演,后来学习这一表演的人不断增多,该男子遂声名鹊起,邀请其表演的人也络绎不绝。生活逐渐得以改善的男子最终如愿娶到老婆,并在还愿时将曾经破败不堪的寺庙重新翻修一新。

(3)观音庙

磨老村内的观音山上有座观音庙,据说该观音庙已有1000余年历史。相传,在磨老村还是木老村的时候,村内有一夫妇结婚三年而未育,因此家中长辈颇有微词。该女子抱恙已久,终日郁郁寡欢,一日她打算爬上山顶结束自己的生命,虚弱的身体使其行至半途便坐下歇息,由于乏累便昏昏睡去。在梦中,她见到面容姣好的一位姑娘牵着一群男童与女童向她走来,并要将这些孩童送至她手中。梦醒后的妇女因为高兴便打消了轻生的念头,转身回到自己家中。她将在山中所做的梦告诉了邻居,邻居家中有文化的老人告诉她那位面容姣好的姑娘就是送子观音。不久后,该女子便诞下孩童。这一观音送子的事情被乡邻知道后广为流传,人们纷纷前往山间祈愿,随后在人们的组织下修建起了观音庙,此山也因此而得名"观音山"。时至今日,有关观音山送子观音显灵的歌谣依旧传唱:"磨老有个观音山,山顶有个送子仙。带的男儿有五串,带的女儿有二连。东西南北来祈求,香纸烧得满山间。求得五男和二女,个个健壮又美丽。祈求的人均可应,满载而归笑开颜。神奇传说到如今,闻名整个武陵源。"

(本章由朱起德、王栋调查,朱起德撰写)

第二章　桃子村

桃子村位于花垣县南部,补抽乡东部。村庄整体坐落于大龙洞风景区内,村内植被茂密,鸟语花香,雨后云雾缭绕,景色如画。因此,凭借美不胜收的山水风景,桃子村一带在很久以前便是湘西有名的风景名胜区。桃子村内的房屋排布错落有致,小路四通八达,村庄整体被四周的茂林所环绕,在交通欠发达的年代里,桃子村犹如世外桃源一般。如今,在美丽乡村建设工作的推进下,桃子村的基础设施和整体面貌发生了巨大的变化,村民生活水平得到显著提升。2019年6月,桃子村被列入第五批中国传统村落名录。

一、村落概况

(一)地理生态环境

桃子村地处武陵山腹地,依山而建。占地面积约34.5亩,位于山体阳面缓坡中心处,村落西侧依靠高山、东侧则为悬崖深谷。村中梯田密布、植被环绕,小龙洞河从村中穿过,所以地表水系纵横交错,流水潺潺。良好的生态环境使得穿山甲、猫头鹰和长尾雉等野生动物常常栖息于此。桃子村年均气温达17℃,年均降水量约1200毫米,属亚热带季风性湿润气候。

(二)村落来源

桃子村历史悠久,其形成大致可追溯至清代,在历经百余年的发展与变迁之后形成现今的格局与面貌。桃子村原名桃子坡,其名乃由搬迁至此的第一户人家所起。相传,与桃子坡相隔不远的大兴寨有一老人在山野间放牛,行至一片山坡上时发现此地青草成片、水清甘甜,所放的牛儿特别喜欢到这里吃草、喝水,且久久不愿离去,于是老人便搬迁至此居住下来。山坡之上有一片野桃林,于是老人便将此处称之为"桃子坡"。20世纪70年代,"桃子坡"改名为"桃子村"。

(三)村落人口

全村仅有一个自然村寨,下辖三个村民小组,约90户人家,共计387人。桃子村现有施、杨、龙、张四个姓氏,其中施姓人口约占该村总人口的半数以上。相传,桃子村施姓先祖乃为施公祀,其与施公楼、施公贡、施公够、施公吾4个孩子以及家眷生活于此。由于家庭规模较大,且早先并无修订家谱的先例,因此直至今日,桃子村施姓一族仍旧未有家谱修订的习惯。但是,虽未有文字形式的家谱得以流传,可是善于将历史记忆进行口传的苗族群众却早已将祖辈流传的家谱制定规则铭记于心并世代相传。桃子村施姓家族有着字辈排行的关系,子孙后代往往依照朝、永、胜、绍、元、远、华7个字循环排列,且排列规则为七轮八转,即字辈按照朝、永、胜、绍、元、远、华的顺序依次轮转七遍之后,便会依照华、远、元、绍、胜、永、朝的顺序再轮转八遍。规律的字辈排序使得村内施姓村民有着较为清晰的长幼关系,人们知晓姓名便可推断其辈分。

除施姓外,桃子村杨氏人家20户、龙氏4户、张氏1户,杨姓由聚福村搬迁至此,龙姓为大兴寨迁徙而来,选择到此定居的缘由在于原生活村寨因人口逐步增多而导致人均耕种面积逐渐稀少,已无法满足日常生活所需。

(四)经济社会发展状况

善于改造生存环境的苗族人民在耕地少的山腰处开垦出梯田,再加上地表水资源丰富,因此桃子村内的土地十分肥沃,在自给自足的传统生产模式下,人们以种植玉米、水稻、黄豆、红薯等作物为主,并养殖少部分的家禽家畜,但所产皆为自需,鲜有富余。

过去的桃子村人均收入较低,仅能满足温饱所需。但是近几年,随着精准扶贫工作的开展和不断深化,湘西州农科院为桃子村"量身定制"了全新的耕种模式,并提供相关技术和物资,力保桃子村村民收入稳步提升。"粮食作物+经济作物"的农田耕作模式使得桃子村村民在满足自己生活所需的同时,亦可将劳动产出有效转化成商品。经过多年的不懈努力与发展,桃子村经济作物种植现已形成辣椒、黄桃、苹果、茶等多元面貌,且已在村内占据一定的规模。为了达到产量稳中求增的目的,确保所种植的经济作物皆可转化为经济收益,从而有效提升村民人均年收入,农业专家会定期到村内察看作物的生长情况,并依据长势进行实地指导。此外,州农科院作为桃子村的精准扶贫帮扶单位,在结合自身专业特色的同时，在桃子村开展了玉米高产示范、优质稻新品种高产示范、辣椒病害综合防治示范，切实引领村民发展农业产业。在各方力量的共同努力下，桃子村村民人均收入得到显著提升，生活水平得到明显改善。

（五）物产与特色产业

桃子种植是桃子村的特色产业。桃子村现有一处较为集中的桃子种植基地，约占地100亩，所涉及的品种主要有黄桃和苹果两类。在州农科院和村民的共同维护之下，桃子村的桃子年均产量保持在1万斤左右。丰厚的产量和畅通的销售渠道保证了桃子村的村民能够以此获取较为可观的收益。随着"桃子苗寨"和"原生态农产品"等品牌的推广和宣传，在桃子成熟的季节会有部分外来游客前来采摘，"采摘经济"的发展模式令桃子村声名远播，这将对桃子村桃子种植的占地规模和发展动力带来积极影响。

在现代经济社会中，桃子村村民协作共赢，依靠集体的智慧与力量，通过自身的努力以达到脱贫致富的目标。村内现已成立经济联合社，在当地政府与村委的共同努力下，村民之间形成紧密的互帮互助关系。桃子村因桃子而得其"名"，又因桃子而存其"实"，名副其实的桃子村虽隐于山林之间，却实属世外"桃"源。

（六）圩场与日常生活

人们生活所需的物品并不能够完全自给，许多生活资料都需要在市场上购买，再加上生产有所富余，而富余又需要在市场上售卖，所以圩场便由此而形成。圩场通常选址在若干村庄的折中处，并且该片区域还要满足场地开阔且交通便利的条件。

桃子村周边的大兴寨是村内民众赶场的主要场所，作为周期性的集市，大兴寨的圩场会在"逢五"和"逢十"（即每月阴历的初五、初十、十五、

二十、二十五和三十)开市。过去的大兴寨圩场中所提供的多为生活所需的日常用品和低消耗商品,开市的目的就是为了满足大众的基本生活所需。作为桃子村村民重要的自产农作物销售渠道,每逢赶场都会有许多周边村民早早背上装满瓜果的背篓前往大兴寨售卖,而后又会在市场中购买家中所需物品。随着社会的发展与文化的不断变迁,圩场的功用也逐步地发生变化,即在传统经济贸易基础上附加了文化交流,演化成为民间文化中的独特载体。

大兴寨圩场内苗族服饰售卖摊位(朱起德　摄)

这也就意味着圩场上售卖的货品不再是以食物为主,一些被边缘化但又偶然具备使用环境的文化产品也会成为可供大众消费的商品,其中尤以刺绣、花带和服饰为主。为了满足重大节庆活动或部分村中苗族老人所需,大兴寨圩场内出现了售卖苗族服饰与花带的固定摊位,桃子村及其周边若干村庄内有需求的人便会在赶场时前来购买,圩场俨然成为承载部分民间文化的重要场所。刺绣、花带和服饰在圩场上的集中售卖为人们彼此间的技艺交流提供时空条件,懂得相关技艺的村民常会在圩场上与摊主攀谈,相互学习技艺和经验。

二、文化遗产

(一)物质文化遗产

1. 土地堂

桃子村的土地堂与其他地区并无不同,仅是规模相对较小,同样是村民们逢年过节或时运不济时的祈愿之地。对于村内土地堂兴建于何时已无人知晓,2016年村内曾对土地堂进行过修葺,规模在原有的基础上扩大了一些。目前土地堂占地约30平方米,由神龛、底座和周边少量空地共同组成。神龛之中没有神位和神像,但从散落于地上的烧纸灰烬和四周摆放的瓶瓶罐罐可知,村内的人们常来此祭拜。

2. 古树

桃子村内现有古树6棵,且多散布于土地堂四周,其中一棵高大粗壮的枫香树树龄已有200年,当地人认为这些树都是村庄的守护者,因此村民们对古树保护有加。

3. 房屋建筑

桃子村对于传统民居保护十分重视,因为该村落的传统性特征十分明显地集中体现在房屋建筑上。

（1）房屋类型

桃子村现有传统民居建筑80余处。按建筑类型划分,可将其分为"一字形"和"吞口形"两类。"一字形"房屋形制简单,与"吞口形"房屋相比缺少房屋正中的凹口形设置。"吞口形"房屋所开之口具备多重功用。首先,凹口的设计使得房屋采光与通风较好;其次,屋檐与凹口共同所形成的蔽日或遮雨效果使此处成为较好的交往空间,村民得以在茶余饭后坐在此处小憩;再次,锄头、镰刀等生产工具可放置在此处,从而确保屋内干净、整洁;最后,湘西民间信奉风水,认为"吞口"可聚集财物、招揽吉运。

"一字形"房屋（朱起德 摄）

"吞口形"房屋（朱起德 摄）

"一字形"房屋与"吞口形"房屋均为桃子村传统民居建筑的基本形制,二者之间仅在房屋的外部形态上存在一定的区别,其内部结构几乎没有任何差异。

(2)千年壁

桃子村内的老屋墙壁除了使用木材外,左右两侧的墙壁也常用其他材料——以藤枝编成墙体,用泥土、稻草秆和牛粪的混合物涂抹其表面,这样的墙体不易虫蛀且透气性好,房屋冬暖夏凉。

(3)挡土墙

喀斯特地貌的特性使得坐落于山坡之上的桃子村地质松散,易发生泥土滑坡。出于对自然环境的适应,村民依照地势在房屋前后修筑挡土墙,所用石料多为山中所得,经过凿面修整后,混以泥土逐层搭建。村庄修建中因地制宜的材料选用使得房屋、墙体、道路与周遭的自然生态环境相得益彰,自然、古朴、传统且民间特性明显。特别是灰瓦、黄墙、青石路面、棕黄屋顶映照着蓝天与白云,一切都显得那么和谐统一,散发着极富魅力的历史气息。

(4)木雕装饰

在传统民居的装饰细节上,桃子村的人们利用木雕将自己对于生活的认知与向往通过艺术化的加工和处理予以直观表达,从而使得传统民居同时具备实用性与审美性。

桃子村的木料装饰可细分为门窗型装饰、屋檐型装饰、柱型装饰和栏杆型装饰四类。门窗型装饰多以简单几何图形为纹样,通过秩序化的排列和循环往复,从而使得整体图案繁杂却不失和谐美感。屋檐型装饰在桃子村极为普遍,但是纹样却较为单一,仅为锯齿状或波浪形。柱型装饰是指在传统木制建筑外部的柱体上进行圆雕,所雕刻之物完全立体化。桃子村柱型雕刻多为方形,也偶有灯笼形。栏杆型装饰仅存在于双层木制民居上,环绕的围栏附以镂空装饰使得建筑外部形态更加具备艺术性,这种装饰在新民居上较为多见,旧民居因造价问题而少有使用。

(5)屋檐脊饰

桃子村屋檐多采用大出挑形制,较长的屋檐不仅能够确保屋顶排水通畅,同时也能阻挡阳光直射,具备一定的实用性。

村庄内传统民居的脊饰较为简易,兼具实用性与审美性。实用性在于立于屋脊立瓦正中间多层叠加的瓦片所形成的"腰花"(又称为"脊花")可以遮掩屋顶漏洞;审美性在于"腰花"使得屋顶平坦无奇的线条存在凸起质感,以视觉反差的形式形成美的趣味。桃子村中的"腰花"形态多样,有简单的横向堆叠,也有花朵等形状。

(二)非物质文化遗产

1.巴代文化

桃子村同时拥有用苗语进行活动的苗巴代(又称"巴代雄")和用汉语进行活动的客巴代(又称"巴代扎")。苗巴代生发于苗族自身文化土壤之上,因此其所具备的文化语义难以被他者洞悉,特别是在代际传承过程中的具体化传承模式令懂得并掌握全套流程的人少之又少,因而民族性特征突出。客巴代是因道教的影响而产生,所以祭祀活动中带有明显的道教文化色彩。

不同的巴代类型开展祭祀活动的具体步骤不同,因此苗巴代又可称为"文巴代",客巴代则又可称为"武巴代"。具体而言,苗巴代在进行仪式活动时通常自始至终地端坐在椅子上,这与客巴代施法时的做手势、拿法器、走罡步等步骤形成鲜明的"动—静"对比。据当地老人介绍说,巴代文化之所以在桃子村一带依旧流传,主要是因为功用的延续至今,在祭祀活动时人们通常会坚守传统,以此表达自我诉求。桃子村的客巴代与花垣县其他地区客巴代并无较大差异,但是苗巴代却存在显著的地域性差异。苗巴代在进行祭祀时会点燃三炷香和部分纸钱,并准备五碗饭、五碗菜和五碗酒,饭菜和酒水依次摆成一排,并针对不同的饭菜念诵不同的口诀,其内容大致为恭请祖先回家并享用膳食,以此达到敬神的效果,从而祈求祖先庇佑。祭祀的全部过程大致需要一个小时。但是,桃子村中的施姓苗巴代所念口诀只能被当地的少部分人识别,也就是说桃子村的苗巴代所念口诀其实是经由当地方言编码后的产物,只有在当地苗巴代内部才能被识别。经由该种方式编码后所形成的口诀因极富神秘色彩,从而增强了桃子村苗巴代在当地的权威与地位。但是,局限于地方的传承导致桃子村内的苗巴代文化难以实现代际间的赓续,断层情况十分严重,懂得相关内容的仅有村中少数的老人。

从当地苗巴代所开展的祭祀活动中不难看出,针对于祖先的崇拜往往贯穿始终,无论是"理念性祖神"还是"人性化祖神",神圣化的祖先俨然已经具备"超自然"力量。桃子村的传统民居中均有中柱,在当地人看来中柱是过世亲人灵魂回归家中并寄居的地方,因此村民们认为这根柱子是一家之中最为神圣与核心的,所以对于这根中柱有着许多的禁忌和讲究。例如晚辈不能坐在中柱前的凳子上;火塘中的三脚架必须有一个脚要对准中柱。在桃子村中,只有施姓与石姓村民可在家人去世后在中柱与房屋墙体所形成的缝隙中插入一支竹签,以此记录并缅怀往生之人。在遇到某些特殊情况时,巴代会面向这根象征过世亲人的竹签进行祭祀活动,以此方式祈求子孙后代能够平安、幸福。

2. 鼓舞

鼓舞是湘西地区苗族传统文化里十分普遍的一种民间艺术形式,它将击打与舞蹈有机结合,特别是敲鼓之人又为舞蹈之人,通过身体的回摆与肢体的收放将苗鼓的节奏与舞蹈的韵律合而为一,审美价值极高。

桃子村依旧存在苗族鼓舞的传统文化与表演习俗,据当地人介绍,桃子村内的苗鼓舞已经传承了至少一百年,村内也安排了专门的地方用以放置这些体形较大的鼓,等到有用时就会把它们拿出来。村内现已成立两支苗鼓队伍,每逢春节或苗族盛大节日时便会在村内进行表演并比赛,现场极为热闹。

3.刺绣

苗族刺绣简称苗绣,是一种独具民族特色的刺绣艺术,作为一种工艺和苗族文化体系的重要组成部分,是苗族物质文化和精神文化的有形载体和无形表征。现存的苗绣起源于古代濮人的雕题文身。濮人后裔发明了桑蚕之术后,雕题纹身开始从残酷的护身艺术形成美的刺绣装饰艺术。苗族刺绣的立意表达立足于深刻的寓意,图案内容和配色具有图腾古风的主体性、色阶趋向性,用布多样、灵活有效又依据绣法不同而有别。苗绣的针脚有自己独特的系统,即绣、插、捆、洒、点、挑、串、边8大类20多种。

湘西苗绣的艺术特色既受到楚汉文化和周边少数民族刺绣的影响,又有自己鲜明的民族特色,表现出一种热烈奔放的浪漫风格。苗绣艺术与楚艺术的风格颇有一致性,二者的纹样组合复杂、饱满,手法细腻,线条优美,有怪异之形而无狰狞之态,使人感到亲切、纯真、朴实。苗绣艺术与楚艺术之所以有这些共性,与它们共同的文化来源和传统有关。

桃子村的刺绣图案常出现在传统服饰的衣襟、袖口、裤脚等处,所绣图案以花鸟鱼虫为主,惯用高亮色、强对比的色彩,以此增强视觉冲击效果,极富民间审美特色。据了解,桃子村中年龄在35岁至50岁之间的绣娘约有20人,50岁以上的绣娘有16人,长年在家并进行刺绣的绣娘有13人。村内部分人家中依旧摆放有纺车和织布工具,也有部分年龄较大的苗族女性会经常身穿带有刺绣的传统服饰,但在年轻人中已不多见。据当地老人们说,年轻人都已经外出打工了,也没有人会愿意穿着这些衣服,现在买来的衣服要更加便宜和耐用一些,所以学习刺绣的年轻人也越来越少。机械化的生产挤压了刺绣手工技艺的生存空间,大兴寨圩场上售卖传统服饰的摊位中不仅有传统手工制作的衣服,也有机绣服饰,一套机绣的苗族传统服装差不多300元,费时费力的苗绣技艺也就逐步淡出了当地人的生活。

4.织花带

花带从工艺上来讲也属织锦的一类,织锦需要在特定的织机上方才能够实现织造过程,而花带则不需要占地较大、结构复杂的工具,简单的架子、分经板和打纬刀等工具就能够实现花带的织造。由于织花带时常用打纬刀对纬线进行敲打以紧实织物结构,所以织花带在当地也常被称为"打花带"。受到经纬线交叉显花的工艺限制,所以花带上的图案常是几何化的纹样。织花带的技艺要明显略难于刺绣,所以掌握这一技艺的也多是村内老人。在桃子村苗族传统服饰中,花带为女性捆绑头帕所用,因为整体呈细长条状,因而无法实现大规模的机械化生产,但是在大兴寨圩场之中同样有手织花带贩卖,售价多为几十元。

5.竹编器物

竹编器物在民间有着广泛的使用,是盛放东西的必备用品。桃子村内的竹编历史十分悠久,所编器物主要以箩筐、簸箕为主。人们将山中砍来的竹子用锯子、篾刀、刮刀等工具剖成细篾,篾条大小粗细匀称,然后再根据所编器物的形状进行编织。由于竹编器物在当下的桃子村村民的日常生产与生活中依旧有着广泛的使用,所以竹编技艺在桃子村内存续状况较好,且多是由男性所掌握。

6.民间传说

民风淳朴的桃子村流传着许多引人向善的传说故事,口头文学通过口耳传递,再加上故事本身所具备的主线情节、矛盾冲突等设置,因此该种类型的民间文学往往能够成为育儿的最佳文本。

(1)兄弟侍母

有一位老母亲有两个儿子,一日她询问儿子们若自己去世后将会如何处理后事。大儿子回答说:"大山便是您的棺材,若您去世后我会将您送上山去。"小儿子回答说:"我会将您风光厚葬。"待到母亲去世后,大儿子置之不理,小儿子则兑现先前诺言将母亲安葬妥当。不日,母亲的坟地旁长出两棵竹子。一日,小儿子思念已逝老母前去吊唁,并倚靠着竹子痛哭流涕,忽然竹子上端落下许多金银珠宝,小儿子便拾起来带回家中。大儿子见状询问弟弟宝物从何而来,小儿子一五一十地将事情原委告诉给了哥哥。当日夜晚,大儿子假模假样地在母亲坟前一边哭泣一边摇晃竹子,而从竹子上端落下的并非金银珠宝,而是石头、土块和毒蛇。大儿子异常生气,便将两棵竹子砍断丢在一旁。次日,小儿子询问哥哥是否如愿得到宝物,哥哥生气地将事情经过告诉了弟弟。伤心的弟弟前往母亲坟旁将竹子扛回家,并劈成篾条做成圈鸡所用的竹笼。全村的母鸡纷纷跑到小儿子的鸡笼里下蛋,大儿子得知后便将鸡笼借回家中希望也能得到许多鸡蛋。但事与愿违,虽然母鸡也是一样纷纷跑到鸡笼中,但并未下蛋,而是排泄后便扬长而去,只剩下一堆堆鸡粪。大儿子见状气愤不已,将鸡笼毁坏之后便将之烧成灰烬。小儿子把灰烬收集起来撒于田间作为肥料,在肥料的滋养之下,田地里的南瓜长势喜人,引得山鬼前来盗取,小儿子看到后大声吼叫,山鬼吓得仓皇而逃,南瓜和身上的财物散落一地。小儿子得到山鬼财物的事情被大儿子知道后,大儿子主动提出夜晚时分要帮弟弟守护南瓜田,但苦苦等待也未见山鬼前来盗取,于是便在硕大的南瓜内掏出一个大洞,自己藏于其中。不久大儿子犯困便熟睡不醒,此时山鬼前来将大儿子藏身于内的大南瓜盗走,半路上山鬼却发现南瓜是烂的,于是便将其丢至悬崖之下,大儿子一命呜呼。

(2)不食狗肉

一日,施姓先祖带着狗上山砍柴,因过于劳累便倚靠在干枯的稻草垛旁睡觉,由于天气炎热,稻草意外着火,火越烧越旺,但是施姓先祖却依旧不醒,跟随上山的狗见此情形飞奔到山下并跃入河水中,然后又折返回先祖身边,将身上的水全部抖落在先祖身上,先祖方才获救。从此以后,为了报答狗的救命之恩,施姓先祖定下规矩,凡子孙后代均不可食用狗肉。时至今日,桃子村内的施姓村民依旧遵循着古训。

7. 传统习俗

(1)红白喜事

桃子村传统习俗包含人生礼仪、婚丧嫁娶等诸多内容。新生儿出生时,村内家家户户均有人身着苗族传统服饰前往主家喝酒,当地人将这一热闹场景视为他人对自己的尊重,桃子村村民极为重视该种人生礼仪的关键性节点,并将其作为情谊往来的主要方式。若村中举行婚礼,每家每户同样会盛装出席,晚上的苗歌对唱更是异常精彩,人们以歌为媒,众多村民的积极参与使得大家形成紧密的群体,彼此尊重,乡邻关系在此过程中得以进一步强化。在丧葬仪式中,桃子村的人际交往得到了充分的表现,据当地人介绍说,人的降生是一件重要的事,而人的离世更是一件重要的事。"死大于生"的观念令桃子村的村民极为重视他人去世后的礼数和人情往来,也就是说当有人去世时,村内每家每户都要有人到主家去吊唁,除非是遇到特殊情况不能参加葬礼,如若不然,即便是在外打工也必须赶回家中。由于当地盛行"压三早"或"压五早"的习俗,因此一部分乡邻会主动承担起杀鸡宰猪、架锅炒菜的工作,热情张罗并款待主家亲朋好友,另一部分村民则会帮主家布置和准备丧葬仪式所需的物品。丧期夜晚,村中每家每户均会出一名代表在主家守夜至凌晨时分,直至过世之人入土为安。送过世之人上山的队伍浩浩荡荡,除了主家亲朋之外,部分村民也会自觉聚集在一起一同上山。桃子村乡邻在红白喜事与生老病死之中所体现出的热情、慷慨极好地佐证了村内民风淳朴、村民关系融洽与相处和谐。

(2)赶边边场

"赶边边场"是桃子村青年男女相互认识并自由恋爱的传统习俗。所谓"边边场"的"边"乃是指圩场的边缘地带,因为每逢圩场时前来赶场的人较多,所以年轻人便在售卖货品的圩场旁边另外开辟出新的"场",而这个"场"就是为年轻人相互认识和彼此了解提供的场地。边边场的开辟使得特殊年代中的适婚人群有了谈情说爱的自由空间,年轻人多会利用这一时机尽可能主动联系心仪的异性,并以委婉、含蓄的方式传情达义、互诉衷肠。

边边场的形成得益于人们的需求,与赶场相伴而生的"赶边边场"也一同具备了固定时间(阴历)和场地,人们可自由选择参与集会的时间。

传统社会里的人们在表达爱慕情愫时往往是含蓄的,除了借以情歌对唱的方式传达情感外,在"赶边边场"时年轻人彼此间的试探是避免尴尬和表达情意的主要途径,而这样的试探以"讨"的行为为主。例如在此过程中一方可通过讨要糖果等食物来了解另一方是否对自己同样有好感,若讨要不成功,则表明对方并无此意,若讨要到了对方的东西,则表明二人情投意合。

"讨"的试探性行为和欲迎还拒的一来二往使得年轻男女之间的恋爱过程多了几分趣味。往往经过近一年的相互了解后,年轻男女便会着手准备成亲的相关事宜。男方通过媒人向女方提亲,在双方长辈商谈融洽后便可通过彼此生辰八字确定结婚的良辰吉日。在传统的婚庆仪礼中,男方多会将米、糍粑和部分礼金送到女方家中,而女方则会回赠部分家具作为嫁妆,其大致流程与今日无异,场面异常喜庆、热闹。

(本章由朱起德、张晨调查,朱起德撰写)

第三章　紫霞村

　　青山抱绿水,绿水绕青山。优越的生态环境,有利的地理位置,深厚的文化底蕴,和睦的乡邻关系,在种种条件的共同影响下,紫霞村十分适宜人们居住,而长久生活在这里的人们受益于村内山、林、田、水等丰厚资源,生产与生活之所需因此能够得以较好满足。所以,靠山吃山,靠水吃水,依靠旅游促发展的方式令村寨风貌焕然一新,村子的知名度得到显著提升。另一方面,紫霞村注重加强以人才引进推动乡村振兴发展,积极探索提升产业活力新方法与新手段,以经济作物的种植和销售改善村民生活水平。2019年6月,紫霞村被列入第五批中国传统村落名录。

一、村落概况

(一)地理生态环境

紫霞村位于花垣县西部,距县城12公里,位于紫霞水库中心位置。风光旖旎、绿水青山、土地肥沃、生态环境极佳。属丘陵地形的紫霞村村势较为平坦,全村总面积4000多亩,丰沛的湖水资源是紫霞村经济作物与粮食作物较好生长的重要保障。山地丘陵的地形地貌使得可耕作土地资源丰厚,森林植被茂密且种类繁多。

(二)村落来源

解放前,紫霞村属于永绥县青龙乡管辖,解放后属于杠杠大队,1950年调整为子虾大队,后改为紫霞村委会。2016年行政区划调整后从原来的道二乡划归为现今的花园镇管辖。紫霞村共有三个自然村寨,即紫霞新村、大卜要(又称"大铺腰")和蛤蟆寨,其中紫霞新村和大卜要为水库新建时的移民村寨。三个自然寨临湖而建,并形成三角地势,相互依托且彼此互促发展。

紫霞村村名的由来有着极为美丽的传说。相传,紫霞湖原为古苗河,河上游有一雷公洞,洞中有一小青龙欲前往东海修炼,行至古苗河处便需沿河而下,且必须途经"五龙冲""龙鼻嘴"和"七屯岩"三地,但由于"龙鼻嘴"处水势湍急且地形险要,故而怀有身孕的小青龙丧命于此。死时小青龙的身子幻化成为紫色的霞光,犹如打雷闪电一般,腾空一闪而过。村民见状,认为此乃祥瑞之兆,故而得此村名。早年由于误传,人们将村名定为"子下村",20世纪50年代,国家一南下干部在此驻村工作,在与村民攀谈得知村名由来的故事后便将"子下村"更改为"紫霞村"。

(三)村落人口

目前紫霞村共有170余户人家,870余人,其中紫霞新村70余户、大卜要30余户、蛤蟆寨70余户。紫霞村是较为典型的苗族村寨,人口以石、吴、麻、龙、田等姓氏为主。其中,紫霞新村的村民以石、吴、田、龙姓氏为主,大卜要村民以吴、龙、麻、石姓氏为主,蛤蟆寨村民则是以石、吴姓氏为主。综合来看,全村以石姓与吴姓村民居多。据当地人介绍说,石姓一族世代生活在这里,距今已有200多年的历史,吴姓一族乃是后来迁徙至此,定居于紫霞村也有100多年,大概已有十几代人。

(四)经济社会发展状况

为了扭转贫困落后的面貌,近年来在精准扶贫工作的推动下,紫霞村村委引导村民积极种植经济作物,包括西瓜200余亩、烤烟200余亩、瓜蒌44亩、百合52亩、猕猴桃1000余亩。村内合作社种植黄桃300余亩、脆李300余亩。经济作物与粮食作物"齐头并种"的产业模式使得紫霞村百姓在粮食满足的情况下,可通过出售经济作物而获得较为可观的收入,良好的扶持政策和积极的引导令村中部分外出打工的年轻人纷纷选择回乡自主创业。村内除自主产业之外,还存在有少量的异地产业,如十八洞村将猕猴桃的种植安置于紫霞村,在相关配套设施齐全后,由紫霞村负责后期管理。紫霞村内多元化的种植模式确保了自主脱贫工作的开展与完善,村民人均收入得到了显著增长。

特殊的地理优势和生态环境为紫霞村提供了发展转型的机会,旅游业现已发展成为紫霞村重要的收入来源之一。目前,紫霞村旅游产业已形成"新景观"与"老文化"相结合的发展模式。"新景观"是指由于水库兴修而导致紫霞、大卜要向上搬迁,临路而建的新村为了充分利用水资源和生态景观,当地人在充分挖掘苗族文化和自然环境资源的基础上将其予

紫霞村蚩尤大殿外貌

紫霞村祭祖堂（朱起德 摄）

以合理的开发和利用，从而打造出一系列人造景观，例如蚩尤大殿和祭祖堂。"老文化"是指未搬迁的蛤蟆寨依旧保持着紫霞村原本的生活面貌，老房子、老院子、老街道等一切如故，生活节奏缓慢，村民怡然自得。

在紫霞村的旅游产业发展过程中可明显感知到文化的影响。现如今的旅游业本就带有较强的文化属性，因为单纯依靠自然景观而吸引外来游客的单一型旅游发展模式已经衰微。因此，紫霞村的民间文化与得天独厚的自然景观有机结合后便形成了复合型的发展动力。据村民说，村委为了发展旅游业做了很多工作，村中的基础设施也正在逐步完善，村子现在还没有开始大力宣传旅游，但是已经吸引了很多外来游客。

搬迁后而形成的紫霞新村其内部公共设施较之先前有了极大改善。村内公共路面得以硬化并在此基础上新修了篮球场。湖边现已完成4个码头的建设，以便于日后村民出行更加便利且能够充分发展水上产业。在村委内设立了农家书屋，目前也已实现图书定期更新。

二、文化遗产

（一）物质文化遗产

1.古树

紫霞村内有古树4棵。在当地人看来，这些古树已不是纯粹的植物，因为其历史久远、生命力顽强,所以人们将其视为神灵加以保护和敬拜。而在紫霞村的古树中尤以青冈古树最具代表性,该树粗壮且郁郁葱葱,需几个成年人手拉手才能围得过来。

相传,这棵约有180年树龄的青冈古树见证了村内全部的发展历史。很久之前,吉首一带便已经流传这样一个故事:有两个容貌娇好的美丽姑娘在这一带行医,时间长了人们便纷纷询问此二人的来历,两位姑娘回答说自己乃是紫霞人。人们又追问她们是否有具体的名字,姑娘们说她们叫青冈妹。两位姑娘在吉首一带的行医时间十分固定,每年仅在三月时方才外出行医,八月便回到紫霞村。

紫霞村青冈古树(朱起德 摄)

偶有人看到这两个姑娘来去皆是一阵风,居所就是村中那棵粗壮的青冈树。自此,青冈树就成为了紫霞村村民心目中的神树。

2.传统民居

紫霞村因为易地搬迁问题而导致许多传统民居被拆除,而目前现存的老房子较多集中在蛤蟆寨。据统计,村内现有传统风貌建筑50余栋,其中有7栋房子历史较为悠久。木制房屋的构造与内部结构与周边其他村寨无明显区分,由于老房子均是清末之后所建,所以在房屋的外部装饰上能明显察觉汉族文化的痕迹,体现了苗族与汉族人民在历史上的交往。

3.土地堂

在传统社会的民间认知观念里,人们认为能生长粮食的土地神秘莫测,一年到头的丰收与否完全取决于自然,所以在万物有灵观念的影响下,人们信奉土地、祭拜土地。

紫霞村的土地堂与其他地区相比,其规模相对较大,经过几次迁移后,目前位于紫霞湖边。当地人认为土地堂及其周边区域都十分神圣,人们不能在其附近嬉闹。起初的土地堂仅是用以祈求风调雨顺、五谷丰登，特别是在民间，人们总是会将某一神灵视为全部精神的寄托。每逢过年前夕，紫霞村的村民便会自发修缮土地堂，逢年过节更是对其虔诚祭拜。

（二）非物质文化遗产

1.刺绣

紫霞村中苗绣技艺多是由年迈的女性所掌握，年轻人因为不用所以不学，已经出现了较为明显且严重的代际断层现象。目前仍能见到的苗绣为数不多，且较集中于蛤蟆寨，因其没有易地搬迁，所以传统民居和传统手工艺在传统的环境里方才能够得以较好保存。据住在蛤蟆寨中的老人讲，她也已经很久没有刺绣了，特别是年纪大了以后就没有再动过针线了，一方面眼睛已经看不清，另一方面是因为要照顾自家孙儿。据她回忆，以前这里的家家户户都有人会刺绣，因为过去衡量一个女性是否贤淑勤劳的重要标准就是看她是否会做针线活，而对于一个适婚女性而言，如果做不来针线活则很难找到婆家。

紫霞村传统的苗绣善用翠绿、大红、靛蓝、紫、粉等色，而刺绣的图案多是喜鹊、石榴、盆栽、龙、蝴蝶、凤凰、牡丹等，图案圆润且饱满、形象生动，多用于衣襟、衣袖处。美好的刺绣图案表达了紫霞村苗族人民的内心情感，是集体意识的可视化表达。

2.挑花

挑花又称数纱，同样是苗族聚居区十分具有代表性的民间艺术形式。与刺绣所不同的是，挑花的技艺受到经纬线的制约，不如刺绣般穿针走线自由，所以这项技艺更加考验苗族女性的眼力、耐力。紫霞村挑花技艺多是用以制作花带，过去用来挑花的布均是自织布，用来挑花的线都是自纺线，由于传统的植物染料不多，所以设色较为单调。挑花所形成的图案多是以蝴蝶、金瓜、花、凤、龙等为主，因为走线受到工艺限制，所以图案多呈现出几何化的特性。目前在紫霞村中懂得挑花技艺并进行制作的女性人数不多,并且多集中于长者。

3.苗医

过去的紫霞村内有数位苗医,在医疗设施不健全和交通不便的时候,村内的这些苗医曾发挥了一定的作用。苗医们懂得一定的药理知识,清楚山中的哪些地方有哪些草药,可用来治疗哪些疾病。以前的老人们对苗医十分信赖,而且苗医确实在一些疾病的治疗上能做到药到病除。据当地人说,以前人们喝的水质不好,村民常受结石之痛,他们到苗医那里开一些草药回家喝了以后就能够把结石打掉。现在紫霞村内的苗医数量远不及从前,并且苗医多年事已高,在交通便利之后就少有人再找苗医看病。

4.上梁仪式

传统民居的建造被民间视为是十分重要的事情,紫霞村内的苗族自然也不例外。木质构造的房屋从选址、搭建,直到完工后入住,无不需要借助一定的仪式来作为引导,当地百姓对于建房一事颇为重视。

上梁可谓是建造房屋的重中之重,因为当地人普遍认为只有梁选得好、上得好,房屋才能好,家也能跟着一起好。所以紫霞村的上梁都是选在上午。选梁不能随便选,而是需要木工师傅带着几个儿孙满堂的中年壮劳力上山去挑选,所选用的木材一般都是杉树,其因有二:其一,杉树高大笔直,横生的枝丫较少,便于修理;其二,杉树的生命力十分顽强,所挑选的杉树根部一定要有几棵同根的小树破土而出,以此寓意居于该房梁下的人家子嗣绵延不断。人们将杉树砍倒后抬回家中。在上梁之前,忌讳人们横跨梁木。伴随着爆竹声和人们的祈福声,房梁缓缓地被安置在房屋上。

5.鼓舞

用以营造气氛的苗族鼓舞在紫霞村内至今仍有所保留。紫霞村内现今所用的苗鼓都是从市场上购买回来的,而以前的苗鼓则均是自己手工制作。据介绍,传统的苗鼓打起来声响要比现在大得多,因为鼓面是用牛皮制作而成,鼓身则是用柏木制作,柏木光滑且十分结实,所以传统的手工苗鼓要更耐打一些。制作苗鼓时不用钢钉,也不使用胶水,完全是靠竹签将牛皮固定在柏木鼓上。柏木的鼓身一般还会涂抹桐油,从而保证苗鼓防水、耐腐蚀、经久耐用。

紫霞村打苗鼓没有固定的时间限制,在秋收之后的农闲时节,人们有更多的时间和精力聚在一起打苗鼓。大年初二的时候紫霞村的村民从家中出来走亲访友,人们也经常会借此机会凑在一起打苗鼓联络感情。据说在以前生活条件不好的时候,打苗鼓仅限于紫霞村内,是一种自娱自乐的文娱活动,为了配合打苗鼓,村民们还会经常配合着舞狮,每当过年时村内都会锣鼓喧天、热闹非凡。后来随着人们生活水平的提高,不同村子间的往来也逐步密切,于是在过年时来自不同地方的人们便会聚在一起共同打苗鼓,此时的活动开展带有明显的竞技性质。

舞狮也是有所讲究的,以前紫霞村的舞狮队会到双龙、麻栗场去找技艺同样高超的舞狮队相互切磋,每到此时都会有人在村寨的入口处设置拦门关,只有通关后舞狮队才能进入村寨。

现在的紫霞村打苗鼓已经不多见,休闲活动的多元化令传统文娱活动生存空间越来越小。

6.巴代文化

紫霞村内的巴代雄麻某某生活在大卜要,已年近70岁。据麻某某所述,其爷爷与大伯均为巴代,其自幼受到巴代文化的熏陶,在30多岁时向大伯学习相关内容,历经多年之后掌握了巴代雄仪式活动的全部流程和所需口诀。平日里,麻某某与普通村民无任何区别,在大卜要的家门前开垦出一片田地,以种植西瓜和玉米为主。在他人有需要时,麻某某便会收拾行囊,带上仪式过程中所需道具和衣物前往主家。由于巴代雄和巴代扎分属两套不同的信仰体系,在当地民众看来,作为"文教"的巴代雄更加权威,他可调动"千军万马"。于是,巴代雄更加受到当地人的推崇和信奉,而作为周边几个村寨中唯一的巴代雄,麻某某被邀请去主持祭祀活动的主家很多。

在巴代文化的传承机制中有着十分严苛的规章制度,所以巴代文化的传承有着明显的局限性,从而导致巴代雄人数在历史发展演变过程中逐渐减少。很多传统观念在受到现代文化影响后逐步松动,原本尊奉为纲的东西在年轻一代中渐渐消亡。但是,生活在崇山峻岭之中的部分中老年苗族群众信息渠道相对闭塞,受传统文化熏陶,其依旧坚守本民族特有的民间信仰,认为巴代是沟通天、地、人、神、鬼的中介,其所开展的仪式活动能够敬神娱神、圆己

紫霞村巴代雄(左)(朱起德 摄)

所愿。需求决定了存在,文化语境的犹存使得巴代雄在部分地区依旧具有生存的文化空间。紫霞村周边的部分苗族村寨中现已没有巴代雄,所以麻某某不仅承接本村村民的祭祀活动邀约,同样也会接受周边村寨人们的邀请。据不完全统计,麻某某一年所要开展的仪式活动有100余场次。

为了彰显巴代身份的正统性与"合法性",巴代雄特别讲究师承关系,并且视其为仪式效果是否能够取得灵验的根本性因素。但是师承关系无法时时刻刻地得以彰显,所以为了强化自我身份属性,物质性的实物便成为身份展示的最佳标志。作为巴代雄仪式过程中所用的道具,往往是越老越好,越旧越灵验,年代越久远就越能够体现出巴代身份的正统性。所以,传承下来的旧道具被视为巴代信仰仪式中的关键元素。但是随着社会的发展,巴代文化也发生了变异。例如在仪式流程里,点燃的线香被插在空罐头瓶中,为了增强燃烟的效果而在其中放入香烟,祭祀所用的菜品

被替换成为方便速食品等。仪式中原本重视的细节被忽视,从而体现出紫霞村巴代信仰体系的松动。现在的紫霞村巴代雄在计算良辰吉日时也会选择查看民间老黄历和农家历等,如麻某某每年年初都会在赶场时购买一本当年全新农家历,通过生辰八字和新农家历中所标识的"忌""宜"事项推断何时方可进行某项活动。

(本章由朱起德、王栋调查,朱起德撰写)

第四章　大夯来村

　　大夯来村隶属湖南省湘西土家族苗族自治州花垣县吉卫镇,位于吉卫镇政府西5.2公里处,东北距花垣县城42公里,东距吉首50公里。大夯来村成立于2017年,由原夯来村和大老排村两个行政村合并而来,并取现名,为纯苗族村。原夯来村分成上寨(德拉寨)和下寨(夯来寨),原大老排村由大老排寨、瓦号寨和龙塘沟寨三寨组成。2018年12月,大夯来村被列入第五批中国传统村落名录,申报立项以及传统村落规划材料中主要以夯来寨为主。因此在本书中除非特别指出,大夯来村和夯来寨并无不同。

一、村落概况

(一)地理生态环境

大夯来村属于亚热带季风性湿润气候,平均海拔880米,年平均气温11.8℃,年平均降雨量1145毫米。大夯来村所在地区为典型的喀斯特地貌,石灰岩分布广泛,十分有利于当地群众就地取材用以铺石板路和垒石墙。全村分布有大型溶洞及地下暗河,地形以山地、丘陵为主。夯来寨位于高山峡谷地带,地势东高西低,是典型的东西走向峡谷地形,山势跌宕,绝壁高耸,峰林重叠,风景秀丽。不仅有规模庞大的夯来石林,还有"一天一夜也走不完"的夯来洞。夯来洞位于大夯来村东部,是20世纪50年代湘西剿匪的最后一站,易守难攻。洞内是形态各异的钟乳石柱,连绵十几公里,可通往小排吾水库附近的雷公洞。

丛林掩映中的大夯来村(王振威 摄)

(二)村落来源

据较为可靠的记载,夯来寨至今已有300多年历史,清朝康熙年间就有村民在此落户居住,繁衍后代至今。村落位于一个峡谷之中,村民住家错落有序分布,有完整的下水道排水系统防止雨水进入村民家中,有效解决内涝问题。关于村寨起源的说法,有较大的可信度。

明末清初,吉多寨(今吉卫镇)有一贫苦人家,兄弟多,终年靠卖柴度日。其中老缀、老五兄弟俩每天都到十多里外的古老坟一带的深山老林中去砍柴,又挑回来卖,但收获甚微。兄弟俩经过商量,住在山中,把砍下的木柴烧成炭,再挑来卖,攒钱多又省力。久而久之,老缀、老五兄弟俩干脆搬到这里,安家落户。兄弟俩安下家以后,看着潺潺的清泉沿着山谷缓缓流下,宽阔的平地古木丛生,四周都是高耸入云的悬崖峭壁,悬崖上都是古木和石洞,他们俏皮地说:"人家住在高处是九里,我们住在深山老林的深谷中,那就是'夯里'(意思是山谷中的另一里)。"于是一传十、十传百,"夯里"的地名就因此而得。在解放前,按苗语"夯里"的谐音,将其写成"夯勒冲";解放初为了体现党和政府对夯来人的关爱,又将其改名为"夯来寨",意为住在山谷中的亲戚。

(三)村落人口

今天的夯来寨以麻姓村民为主,部分龙姓以及极少数他姓,共3组78户,300余人。其中麻姓主要来自崇山卫,即如今吉卫镇政府所在地(更具体一些应该是现吉卫镇夜郎坪村)。哥哥麻老缀一系人数较少,现在只有4户后人;而弟弟麻老五一系的后人较多。麻姓之外的姓氏之所以在本村存在,是因为以前这里土地较多,一些男人跟着自己的姐妹或者女儿一起来到此地,并成家立业。村里龙姓村民主要从麻栗场迁徙而来,最初有三兄弟,其中一个到夯来上寨,一个到夯来下寨,最后一个到边城镇磨老村(龙家大院)。村里有一户村民姓石,他是由于母亲改嫁被带到这里,长大之后娶妻生子。

(四)物产与特色产业

大夯来村海拔较高,气候宜人,自然条件优越,周边无工厂污染源,生态极佳,野生动植物资源非常丰富。野生水果包括野生猕猴桃、八月瓜等,苔藓随处可见。山上野生中药材有金银花、瓜蒌、虎杖、夏枯草、鱼腥草、五倍子、五味子、仙合草、木通、铁马鞭、冬葵子、野百合、白芨、野菊花、续断、南沙参等。囿于土地量少且不连片,村内未曾有人开展过中草药种植。还有竹鼠、野猪、蜜蜂、马蜂、野猫等多种动物。

虽如是,前已述及,村民们的经济收入并不直接以农业为主,而从其他产业获得,当然这些产业也和农业有一定的联系。在此主要呈现如下。

1. 烤酒

烤酒,本地人也称作"苞谷烧",使用本地玉米酿制而成。这是湘西地区很普遍的传统特色产业。本地区苗族群众没有喝茶的习惯,而流行以酒代茶。酒贯穿湘西人生活中的每一个环节。结婚娶亲有"三朝酒""戴花酒""离娘酒""拦门酒""拜堂酒",劳动生产有"上种酒""栽秧酒""打谷酒",新屋落成有"上梁酒",木船下水有"起驾酒",正月花灯有"宵酒",二月有"过社酒",清明寒食节要办"祭山酒",四月八是牛的"生日酒"……

可见该地对白酒的需求量是很大的,尤其随着秋冬季的到来,这种需求更加明显。制作苞谷烧的程序如下:(1)选好玉米,将其放在锅中煮熟;(2)将其捞出进行高温蒸透;(3)将玉米拌好酒曲平铺在干净的布上3天左右,这时玉米进行了初步的糖化;(4)将其放进桶里继续糖化7天左右;(5)倒入特制的蒸酒锅里加热,酒气遇冷变成酒水收集在酒器中。烤酒之后的酒糟可以用作喂牲口的饲料。

在夯来寨,有亲兄弟三人分别开有烤酒作坊。其中三弟的酒坊在寨子里,两个哥哥的酒坊则分别在夯来洞的大小两洞中。在村寨中的酒坊门口有一个招牌,上书"天下无酒烧刀子酒"几个字。酒坊的苞谷烧全是纯手工制作。苞谷烧制成之后要储存在山洞中。夯来洞内冬暖夏凉,非常适合藏酒。

关于夯来苞谷烧刀子酒名称的由来,有一个成文的说法:明末清初,有麻姓苗族兄弟乱世避祸,携家眷到人迹罕至的龙祖山下、老木深山的夯来峡谷定居,拓荒种地,驯养野兽,自给自足,开山立寨,繁衍生息,过着与世隔绝的生活。族人传承苗族的古老习俗,每当逢年过节,或举办祭祀活动,族人聚会都要杀猪杀鸡宰牛羊,请巴代做法事,用牲畜的头为祭品,用肉来款待族人。在宰杀牲畜之前要用酒喷刀,然后用火烧刀,以示对邪恶扬威,对神灵恭敬,可以驱邪、祈福、保平安。因酒精度数高易燃,常用于烧刀,故该酒被称为"烧刀子酒"。

2.桑蚕养殖

桑蚕养殖业是花垣县政府扶贫工作队入村帮扶后兴起的产业,养殖风险较低,技术要求不高,经济收益较好,因此村里已经有不少村民加入了桑蚕养殖项目,目前主要还是各家各户自主经营,没有形成合力。村会计麻建文在此项产业中投入了较大的成本,被村里树立为致富带头人的典型,以激发村民致富内生动力;村委会中期有成立蚕桑合作社的计划,将在农业局的技术和销路指导下,培训村民开展规模化标准化种植,形成桑蚕产业。

一般来说,桑蚕养殖属于一年投入、长期收益的好项目。从4月到9月,几乎每个月都可产一批蚕茧,因此只要桑叶足够,每年可以收六批蚕丝。但是从实际情况来看,桑蚕产业也受外部环境的较大影响,比如2020年暴发的新冠疫情,使得蚕茧销路不畅,价格偏低。前几年每斤可以卖20元钱,2020年只能卖10元钱了。麻建文2019年投入9万元建造蚕房、栽种了桑树,原本四五年就可以收回成本,但是按照目前的情况,要想收回成本乃至营利,还要继续努力。

(五)经济社会发展状况

大夯来村于2017年由原夯来村和原大老排村合并而来,5个自然村十分分散,不同村寨之间联系有限,人们之间的交往主要限制在自然寨内部。大夯来村的村部处于所有自然寨中间位置。

夯来寨是一个比较古老的苗族村寨,深处谷底,与外界交通十分不便,以往主要由一条栈道与外界相连。2013年在寨后通往村部的山上修建了台阶出山步道,大约有360个台阶。

夯来村随处可见的挡箭牌(王振威 摄)

如今,村庄内的年轻村民大部分都外出打工了,留在村里的以年老体弱者居多。因此,平日的村庄内是比较冷清的。从实际情况来看,与经济较为发达的村庄相比,大夯来村集体统一组织的活动比较少,年轻人往往跑到别的村里看热闹,比如吉卫镇的夜郎坪村,每年过年时都要组织大量的有苗族特色的活动。

村民们以外出打工为主,留守在农村的村民收入则主要依靠养蚕或者是烤酒等副业(和其他苗族村落不一样,本村极少有村民种植烟草,原因是这里的土质含铁量较高,种出来的烟叶质量不高),每户一年收入4万元左右。2018年,大夯来村实现整村脱贫。

二、文化遗产

(一)物质文化遗产

1. 传统建筑

夯来村传统建筑为木结构,均为穿斗式"吞口屋",全部传统建筑集中连片且保存完好。木雕、石雕、砖雕丰富多彩,巷道、建筑布局相宜,房屋、小河、竹林、小山交错布置,村落空间变化韵味有致,建筑色调朴素淡雅,有苗族建筑工艺特点和苗族文化内涵。

在传统建筑格局保留得较好的夯来下寨,房屋是纯木头结构,普通悬山式屋顶,屋中木柱底部垫有石块。正面刷当地桐油,防腐防虫。大多坐北朝南,村内百年以上老建筑有四栋,灶台、石磨、窗花保存完好,房子建筑结构采用榫卯结构,充分体现劳动人民的聪明智慧;功能间一般分为三种:卧室、厨房、粮仓。房间布局较为考究,进门之后是堂屋,作为日常起居、家庭劳作、休息、接待客人等场所,堂屋正中间是龙座所在地;左边是火塘和祭祖处,人们在火塘边吃饭,逢年过节或者需要请祖宗时就在这里烧香祭祀;右边则是厨房,用石头或者砖砌成的土灶坐落其间,灶上有数量不等的铁锅,具体数量视人丁而定,但是必须是单数。再往右一跨就出主建筑,进入厢房,有厕所和猪圈。

在大门的对面,整栋房屋的后半部分是房屋主人的卧室,一般用木板隔成火柴盒状,家中的住房按照长幼尊卑的次序依次从靠近火塘处的卧室往后排。主建筑左右两侧的墙也有使用竹编材料的,把牛粪泥巴抹在竹墙面上,能够起到防风防寒、透气的作用。人们认为牛食百草,因此其粪并不脏,甚至具有一种特有的芳香。建筑屋顶则是铺满本地自产的青瓦,屋脊两端高翘,正中间是一个圆坨坨。村民称其为"双龙戏珠",因此两端高翘部分为龙尾,龙头在堂屋龙座之处。

在建筑材料方面,本村的几个寨有所不同。在原夯来村即夯来上下两寨,这种区别尤为明显,在下寨每栋房子材料七成为木头,而在上寨七成为石头。在上寨,一般在木质建筑外筑有石墙、石门,其质地异常坚固。这种区别与当时的匪患有关,由于下寨位于交通闭塞的谷底,且村内有一堵专门的石头城墙,土匪不容易进村;相反,上寨则不具备这种优势,频繁受到土匪的滋扰,每幢房屋必须单独垒砌石墙加以防范。

在传统建筑的保护方面,夯来寨还是下了很大的力气的,并且获得了一定的成效。在列入传统村落名单之前,就已有多个相关部门对其进行了传统资源的调查,并表达了开展传统文化旅游开发计划的意愿。因此,一些有一定经济实力的村民都很支持村干部们的意见,暂停修建现代化砖石小洋楼的计划,这在客观上保留了传统村落的建筑格局。

2. 古城墙、古栈道

夯来村地处山区,有取之不尽的岩石资源,如果需要随时可以轻而易举地获得并用作建筑材料。前已述及,上寨房屋以石头为主,下寨则是以木头为主,原因在于匪患的严重程度不同。夯来下寨的匪患较轻,村民在城墙内过着比较安逸的平静生活而不被打扰。这堵全石头堆砌的城墙,从村北半山腰至村南半山腰,将整个寨子包在峡谷的最尽头,村后是悬崖峭壁。特殊的地理位置使得土匪根本进不了村。

关于匪患,村民们还记得老辈们讲的一个故事。解放前,良帽村的大土匪龙成文专门抢夺东西。一开始想来夯来下寨,但是因上述原因而无法进入,而且那时有一个下寨村民枪法很准,打中了龙成文的小腿,土匪狼狈而逃,并顺道将夯来上寨给抢了,并放火烧了村。上寨的大户人家有很多良田,房屋被土匪烧了之后,就想了一个办法,即将每个房子都用石头保护起来,以防止土匪再来抢劫。

夯来下寨的这堵古城墙在特殊的历史时期起到了非常重要的作用,发挥了应有的价值。但是随着时代的进步,原有的防匪患的意义已经丧失,古城墙已被废弃。如今只在两边的山腰处还有部分城墙的遗留,厚重的青苔、斑驳的战火痕迹,古城墙遗址见证了夯来村的历史,也见证了夯来村民艰苦的生存环境以及不屈不挠的抗争精神。

夯来村古栈道是未通公路前夯来村与外界互通有无的唯一通道,自建村时由世代村民修葺维护,距今有两百余年,至今仍为去农田耕作的重要通道。在进村公路修建以后,由于距离较近,对未能使用摩托车等现代交通工具的村民来说,古栈道仍然是十分重要的出行通道,尤其是对有赶集传统的苗族群众而言更是如此。

3. 土地庙

在苗族聚居区,每一个寨子一般至少有一个土地庙,与村庄的历史相同。土地庙是村民用来祭祀土地保佑一方平安,风调雨顺的。夯来寨的土地庙建在村后山边。每逢过年,村民都会去土地庙烧香祭祀,家里遇到重大变故的时候也会到土地庙祈福祭祀。在土地庙祭拜上香的时候,要把纸钱点燃,绕着烧香的坛子旋转三圈,并许下自己的愿望。每年除夕、初一、十五都会有人来土地庙烧香祭祀。

4.古老坟(蚩尤墓)

古老坟位于夯来村门前的大山顶部,距离村寨大概5公里,通过山间羊肠小道需要近三小时才能到达。关于此处古老坟的说法其实并不确定,因此有较多版本。一种说法与"果本果索"相斗故事有关,认为它是苗族祖先之父果本之墓。另一种说法则认为它是苗族祖先蚩尤的墓地,因为蚩尤在跟黄帝大战失利后,转战武陵山区,在生前交代子孙,自己死后要建99座墓,以混淆视听,防止被黄帝找到;也有认为是黄帝将战败的蚩尤尸体分成99个部分,分散埋葬于各地以防止蚩尤复活。古老坟即是99座古坟之一。

这两种说法虽然都是神话传说,但是相对而言,后者更加具有真实性和历史感。相信将其称作"蚩尤墓"更有意义。至于古老坟本身,经过笔者亲自前往观察,这个坟包在山上的确比较突兀,与原有的山体走势不协调。在这个坟包边上还有过一个盗洞,至于窃贼有没有从中获得宝贝不得而知。在坟包的顶端,有烧香祭祀的痕迹,据说每年还有部分村民前来祭拜。

(二)非物质文化遗产

1.刺绣

苗绣是苗族的"无字天书",一针一线之间述说着苗族不断迁徙的历史文化。"黑土麦田"公益乡村创客入驻大夯来村之后,走访绣娘得知村子里还留有几台纺纱车和织布机。为保留苗绣的传统文化特色,带动村里妇女发展,他们对接县政府劳动局和文广新局,结合少数民族的文化特色,对接苗绣省级传承人举办苗绣培训班,成立苗绣合作社,对接设计师,结合现代人的审美观和苗族的传统文化,承接一些社会订单,为绣娘带来经济收入。

对于当地群众来说,苗绣既是自身文化的组成部分,也是他们对生活的一种情感和态度。苗族姑娘在出嫁之前都会为自己绣一套心爱的嫁衣;当孩子出生时,母亲会为其绣背扇和鞋帽。所有这些都是她们一针一线用心绣的,寄托着他们的祝福与期盼。但随着时代的发展,传统的苗族手绣作品越来越少,而代之以大量的机绣作品,因此失去了苗绣的灵魂。

2. 传统服饰

服饰是用来区别民族或者民族支系最主要的标志。苗服的服饰多以盘扣为主,男士苗服简单大方,颜色以素色为主,有浅黄色、灰色等;女士苗服,年轻的可穿苗裙,年长的可穿裤子,上衣款式相似。苗绣分为手绣和机绣,在未进入现代化之前,村内妇女一般都是自己织布绣花,花色部分体现在袖口、胸前、裤腿,一件苗衣手工制作需要花费3个半月至半年的时间。目前在夯来村,还保留很多过去的苗服,人们也会准备一些苗族服装,在重大节日或者在其他场合进行展示。特别对女性村民而言,更是如此。在苗服上刺绣是一项必需的工作程序,至于在上面绣什么内容要视不同情况而定:适合老年人的苗服,以黑色为背景,颜色较暗,上绣凤凰;而对年轻姑娘来说,以浅绿色为背景,颜色较鲜艳,袖口以花为绣图。

在正式场合,苗服的穿戴还要结合银饰的使用。本地每个出嫁女子娘家都要请银匠为其打造一套银饰,该套银饰除了结婚当天穿戴之外,在其他重要场合也要穿戴。妙龄少女穿戴好银饰,婀娜多姿,叮叮当当,响声悦耳,好似九天仙女,更显苗族少女的万种风情。按照目前的银价行情,每打造一套完整的银饰,包括手镯、项链和头饰(银冠),需要4万余元。

3. 民歌

湘西苗族民歌历史悠久,演唱的语言是湘西苗语。湘西苗歌的调式很多、曲式结构很完整、旋律独特、节奏自由而复杂、演唱形式多样,具有浓郁的民族特色。2008年入选中国第二批国家级非物质文化遗产。

苗歌是村民精神文化生活中极其重要且不可替代的内容,在庆祝性的活动中是必不可少的,尤其在喜庆的场合。夯来苗族情歌诗歌讲求音韵,有五言体、七言体、长短句。语言简练和谐、匀称、通俗易懂,能表达丰富的思想感情,具有很强的艺术感染力。苗歌使用范围极广,如至亲好友迎来送往,男女间谈情说爱,甚至做媒说亲,调解纠纷,制定乡规民约,教育子女,叙述家谱、家规,都可使用。甚至在劳动时也用苗歌来助兴,劳动之余又借苗歌来消除疲劳。

与凤凰县以及本县雅西一带的苗歌形式不同,歌手没有固定的组队传统,通过独唱或者一一相对的方式演唱。苗歌在苗族传统生活中太重要了,在很多场合都需要有苗歌的加入,但是并不是每个人都有唱歌的天赋,于是有时候要专门请苗歌手来参加庆祝活动。由于多数年轻人外出打工,且没有实战经验,大夯来村目前会唱苗歌的村民已经不多,仅限于几位老者。

而实际上,在现代文化娱乐匮乏的传统社会,苗歌是非常重要的文化活动形式。苗歌也是每个苗族姑娘和小伙子出门社交的必备技能。年长村民给笔者描述了以前使用苗歌的场景:在接亲嫁人的婚宴上,接亲的小伙子坐在餐桌前,主人会叫几个姑娘准备好一盘菜和辣椒,放在哪个小伙子面前,他就得唱山歌,唱完之后,主人这边的姑娘就要开始对歌;不会唱苗歌的小伙子和姑娘,主人就会把这盘菜和辣椒倒进他们的口袋和帽子里,让其带回。

每个地区的苗歌都有自己的特点,曲调都是基本一致的,不同在于每个具体的场合歌手会结合现场实际情况现编现唱一些歌词。因此,在外人听来,每首苗歌都是一样的,没有什么区别,但是本地群众通过听歌词内容是很容易听出不同的。一个苗歌高手就是要视不同情境编唱出不同的苗歌来。

依据适用场合,苗歌被分成很多种类型,其中青年男女谈恋爱时所使用的苗歌,被称作是山歌。山歌属于爱情歌曲,不适合在家里唱。在耕田、砍柴等农忙期间,如果有女子唱山歌被附近的男子听到后,男子接歌可能是表示对女子的爱慕。在苗族聚居区,男女未谋面而仅凭山歌互生好感进而通过说媒成亲的例子有很多。

村中歌手给笔者唱了一首情歌:我在这边的坡上,你在那边的坡上,想变成风一场,穿过山林,拂动你的衣裳,拂过你的脸庞,奈何没有动人的容貌,来到你的身旁。另一首山歌与之有异曲同工之妙:一个站在一边坡,一个站在一边山,你站在那边像龙一样,我在这边没你站得正,想到你面前又不敢,我只能想化成风,抚你的衣服,抚你的脸。

而在办定亲酒时,女方母亲会唱给未来的婆家:你们听我唱、听我说,我把心里话说给你听:我的孩子生了四五个,一个送给你们当媳妇,和你们一起生活,孩子很多方面都做不好,请你们一定要多包涵,这是我的心里话。

在正式结婚场合,主客之间对唱,这时的苗歌被称作"劝歌",即主人劝客人多喝酒。歌词内容摘录如下:(先主人)你们做客到我们寨,来到我们家;来我们家,就给你们煮酸汤(最低级的食物);煮的酸汤还不放盐;请你们回到你们那里,不要说我们差;如果你这样说了,人家会说你而不是骂我们(再穷也是你们的亲戚啊)/(后客人)我做客来到你们寨,我做客来到你们家;来到你的家,你们杀猪又杀牛;你们的牛肉切成斧头样;你们的猪肉像刀砧板一样;我嘴巴不张大,塞不进,张大了又怕别人笑话。

4. 苗医

在当地苗医又被称作草医。大夯来村的草医叫龙祥付,生于1959年,他同时也是村卫生室的医生。其草医医术是从董马库板栗村、两河磨岗等地的几个师傅那里学的。在集体化时期,每个村都会组织一批年轻人到外地打工,叫"长年队"。龙祥付就是其中之一,担任采购员,负责买菜等,其间主动向草医师傅学习医术,这时年龄不到20岁。当他27岁左右,被选送到花垣县卫生学校进行了三年的专业学习。32岁到村里做了赤脚医生,42岁成了村卫生所的医生。2017年原大老排村和夯来村合

第四章
大夯来村

并,原来各自的一个村医也一起到了大夯来村医务室。

龙祥付擅长治疗高血压、蚊虫叮咬和中风等。关于高血压,他说苗医可以做到治一年三年不复发,即可以从根本上达到较好的治疗效果。同时他特别提到西医难以治疗的带状疱疹(带子疮),可以敷用他配制的草药。草医最大的特点是可以根治,而西药简单、见效快。草医用的有些草药只长在特殊的地方,采药是非常艰难的。

龙祥付认为草医与中医和西医既有差别,又有相似之处。与中医相比,相似之处为中医在问诊时讲究望闻问切,用药以草药为主,外加推拿、针灸等治疗方法;而草医看病同样主张把脉,以草药为主,在推拿和针灸方面也有研究。不同之处为中医的草药需要加工,如有些药材需要经过蒸、煮、烫之后,进行干燥才能制成,而草医采药后则不需要这些加工;此外草医主外敷少内服,而中医则两者并重。

与西医相比,草医不做手术,哪怕是轻微的外科手术。当然,一个原因是技术水平,另一个原因是本地群众不能接受这种治疗方式。

对于草医从业者,据传以下几种禁忌必须牢记在心:(1)苗医不能吃蛇、狗等动物,否则会丧失某些医疗效果。(2)用完的干草药渣需归还给苗医,并由其放回采药的地方。传说是每一味药都有一位"药神",用完药需要将"药神"回归原位,且不能弄湿,这样的做法表示药到病除。事后,需要用大公鸡或者肉来拜祭"药神",表达对他的感谢。(3)生病的人不能将医生为其配的药拿进没有患过这类病的人的家里,否则,这家人有可能会患这种病。(4)对普通群众而言,吃蛇不能在家里吃,否则以后参加的一些祭祀活动可能会不灵。此外,吃蛇肉时,肉里不能放鸡蛋和糖精,否则会中毒。

5.巴代文化

巴代并不是专门的宗教从业人员,而是平时从事农业生产,仅在业余时间从事相关宗教性事务。当地的巴代分成苗汉两个系统:苗巴代称作巴代雄,使用的是苗语,法器也比较简单,只有一个竹栎和一副牛角卦,所做法事主要与祭祀祖先有关,本土民间信仰的成分较大;汉巴代则称作巴代扎,使用的是汉语,法器有官叉(帽子)、司刀、绺巾、判個、帅印、牛角、竹卦,还有锣鼓等,同时他们还是湘西傩戏扮演的主体,拥有各式各样的傩面具,其所从事法事主要与祈求平安相关,有很多的汉族道教传统成分,他们尊太上老君为自己的祖师爷,每个巴代扎都要有自己的法名,并用法名作法。后者的房屋堂前有类似于汉族的牌位,用以供奉太上老君和天兵天将。

如今巴代的数量正在减少,尤其是本土色彩更浓的巴代雄所剩无几。这是因为巴代扎的传承可以借助于汉字文本,相对来说容易掌握,但是巴代雄技术的传承只能使用口耳相传的方式,因而传承难度较大。非常难得的是,在大夯来村两种巴代都还能找到。大夯来村村民认为,巴代雄和巴代扎的区别:前者是文官,主要是讲道理的,在做法事时,边敲竹枴边唱,从不跳;而后者是武官,有兵马,擅长打仗,在做法事时锣鼓齐上阵,夸张的舞蹈伴随其间。夯来上寨的龙贵天是其中一位巴代扎,而大老排寨的龙昌荣是唯一的巴代雄。

巴代扎龙贵天,生于1947年,他的巴代扎事务是由其三伯传给他的,目前为三代巴代扎。他同时是巴代文化县级非物质文化遗产传承人,国家每年会发给他800元的补助。他的法名叫龙法海,前两代即爷爷和伯伯法名分别叫龙法高、龙法旺。要成为一个真正的巴代,必须履行一套完整的程序,比如要请别的巴代来吃饭,每个亲戚朋友要制作一条布条子,汇总之后将其中36条制成巴代的重要法器之一的绺巾。

本地非常有特色的还愿傩仪式主要由巴代扎主持。巴代之前帮忙许愿,愿望达成之后就要进行仪式。一般要进行两天两夜,这些仪式必须要由正规的巴代来主持,因为如果做不好的话还要重新做一次,损失的费用很高。

巴代雄龙昌荣,生于1953年,其家族几代都是做巴代的,目前女婿正在跟着学习。他从十多岁就开始学习巴代雄的技术。本地区苗族的接龙仪式主要由巴代雄来主持,在苗寨每家每户堂屋正中都有一个"龙座",人们认为其关系到家庭的福气或者兴衰。请巴代雄"接龙"时,主人需要准备一头大水牛或一头猪,还需要找几个穿着古代苗服的妇女来参加这个法事,认为做完法事就能将失去的"龙"请回来,家里自然开始转运。

6. 民间传说

苗族群众早期多生活在山上,环境恶劣。相传在封建统治时期,苗族聚居区连日常生活中必不可少的食盐,也受到严格控制,地方官吏和奸商串通一气,抬高盐价。苗人因吃不起盐,饭食无味,走路软绵无力。所以苗人发挥自己的智慧,做成以酸为主的各色菜肴,从此苗人吃饭有味,精神充足。

在苗族村寨,不论酷暑还是严寒,每户人家的火塘边总有一个陶罐放置在火上,里面盛放着村民每天必喝的酸汤。苗民素有喜食酸汤的传统。酸汤的做法比较简单,只要将蔬菜过一道热水,放置一天左右即会变酸。将其放置在火塘边保持一定温度,即可防止细菌滋长而变质。

关于酸汤,本地流传着一则凄美的故事:在远古的时候,苗岭山上居住着一位叫阿娜的姑娘。她不仅长得美丽,还能歌善舞,并且会酿制美酒。阿娜姑娘酿的美酒有幽兰之香,清如山泉,方圆几百里的小伙子都来求爱,但是都不能得到她的芳心。

有两位小伙子分别叫阿贵和阿福,和她从小青梅竹马。他们白天一起上山砍柴割草,晚上一起在家织布、编花结、刺苗绣、酿酒、唱山歌、跳民舞。

时光飞逝,转眼间就到谈婚论嫁的年龄,但是他们三人都似乎没有动静。三家老人都很着急,特别是阿娜的父母。女儿都15岁了,再过几年就变成老姑娘了。阿娜无法在阿贵和阿福之间做出取舍。在家人的压力下,阿娜把两个小伙叫到自己家里来,准备了两个碗,一个碗里装酒,另一个装酸汤。阿娜含着泪说,有缘美酒味更浓,无缘美酒变酸汤。结果是阿福被选中,阿贵很绝望,久久不愿离开。

当夜幕降临时,芦笙悠悠,山歌阵阵,阿贵就在姑娘的房前房后想用山歌呼唤姑娘出来相会。看着小伙子这样痴情,阿娜只好隔篱而唱:"酸溜溜的汤哟,酸溜溜的郎,酸溜溜的郎哟,阿妹来唱,三月槟榔不结果,九月兰草无芳香,有缘山泉没美酒,无缘美酒变酸汤,感谢哥哥的情义,只是月老不牵绳。"

(三)民俗活动

1. 赶秋节

在古代,苗族的生产方式落后,劳动所得很少,因而吃野菜、草根、树皮是常有的事。饥荒、疾病更是司空见惯,因此苗族人民通过赶秋节来祭祀秋公秋婆,感谢他们的庇佑。赶秋节是苗族民间在秋收前或立秋前举行的娱乐、互市、男女青年交往与庆祝丰收即将到来等为内容的大型民间节日活动。在赶秋日,苗族群众都会停止农活,身穿节日盛装,邀友结伴,兴高采烈地从四面八方拥向秋场,参加或者观看各种文娱活动。人们唱苗歌、吹唢呐、舞狮子、打花鼓、打猴儿鼓、上刀梯、荡八人秋千,热闹异常。

2. "三月三"

"三月三"是本地苗族十分重要的节日之一。这一天,在外工作的村民和外嫁的女子以及邻近几十个村寨的男女老少都会聚于一地进行联欢活动。活动大多由基层政府组织,按程序进行隆重的敬神祭祖。这一类活动由于需要具备较为雄厚的经济实力,一般村庄较少举办大型的活动。吉卫镇夜郎坪村由于经济实力相对较为雄厚,是举办"三月三"活动的主要场地,传统的鼓舞、对山歌、长桌宴等活动都会在这里举行。十里八乡的苗族群众届时都会前往参加。

3. 椎牛祭

椎牛祭,苗语叫"弄业"(即吃牛或"吃牯脏"),是苗族最大的原始宗教祭祀活动,有着极其悠久的历史。一块坪地之中,五彩神柱之下,一头水牯环绕突奔,一群握着梭镖的村民迅猛地向水牯刺去。祭牛倒地,属于同辈叔伯亲便瓜分牛肉,数百乡民跳舞对歌通宵达旦。椎牛一般历时四天三夜,其目的一是为了解除重病,二是求子。主要程序有许愿、买牛、开门、敬家先、享客、摆古、赎名赎利、喂牛水、椎牛、散客等。时间多是选定在秋后举行。在夜以继日的祭祀活动中,巴代参与其中,扮演沟通人神的特殊角色,且歌且吟且舞,使得祭祀场面显得分外神秘而又活跃。

4. 婚俗

结婚这天,男女双方都会在各自家里宴请亲朋好友和同村寨的乡亲。新郎由几个伴郎陪同,带着礼物前去娶亲。娶亲者中要有一位经验丰富的中老年男子,娶亲者到达女方村寨时,会有一些妇女伸出竹竿拦住去路,要与娶亲者对歌。每对完一首歌,娶亲者都要拿出礼物给这些妇女,她们才会收回竹竿让路。如此走一段路,对歌一次,反复数次才能到达新娘家。其间,还要防止新郎被妇女们抢走。如被抢走了,她们会把新郎藏起来,让娶亲者不能按时娶到新娘。

到了新娘家,姑娘们还会围住新郎,将他折腾、戏弄一番,引得宾客发出阵阵哄笑。更有甚者,有的姑娘还用锅灰把新郎的脸抹得黑不溜秋的。望着新郎的狼狈样,人们会哄堂大笑。新娘娶回家后,要举行拜堂仪式,新郎新娘要向长辈和宾客敬酒,并接受他们的祝贺。

开始吃饭时,新郎新娘要先给父母端第一碗饭。这期间,女方家来送亲的姑娘们可以瞅准机会,用大竹箩筐罩住新郎,使新郎动弹不得。望着在箩筐内挣扎的新郎,人们笑成一片,给婚礼增添了无限的情趣。

5. 殡葬习俗

在大夯来村,人死之后要履行以下几个程序。

报丧。本地尚未执行火葬政策,仍然实行传统土葬。成年人正常死亡,用杉树棺木装殓;未成年小孩夭折,则用木匣掩埋。老人死亡,断气时要烧"落气钱",同时要放三炮火,俗称"启程炮"。在巴代雄的主持下,用桃树叶或水菖蒲烧水洗澡,穿寿衣装入棺材。

守灵。棺木放在堂屋正中央,全家举哀,戴孝帕,大门贴上"当大事"

字样,晚上请道士"打绕棺"、念经,停枢三至七日,上山安葬。办丧事时长由风水先生看八字决定。在人死之后至入土为安这段时间,要举行十分复杂的丧葬仪式。全体村民都会上门帮忙打理,在主人家吃饭。

择日上山。选择日子扶枢入土,上山埋葬。灵枢上山要由死者娘舅家找一个年纪大的人,身缠二三丈白布提着稻草把在前面引路,孝子孝孙也要头戴孝帕,手执香纸,撒纸钱,抬丧不走弯路,逢山翻山,遇水涉水。

下葬。棺木入穴后,由孝子亲手持锄连挖三锄,连呼死者三声,然后众人才动手埋葬。送葬人一律要回孝家,孝家门外放有一碗水泡饭,每人手拈几粒,放在嘴边吹散,才能进屋。

对非正常死亡的人,人们认为不吉,丧葬仪式与正常死亡者不一样。在其丧礼上,巴代扎将会表演端犁铧的法术。

6. 赶场

赶场不仅是一种商业活动,更是村民的一种生活方式,是当地的一种风俗习惯。大夯来村的村民主要前往吉卫镇赶场,这个场人们基本上每次都要去。很多时候人们前往赶场不为商品交易,而仅仅是为了会会朋友,或者仅仅是冲着那个热闹劲去的。之前交通不便时,村民们也常常到民乐镇等地赶场,因此有夯来寨村民前往民乐镇赶场路上被人打劫,后来部分村民拜师学习武术防身。

对于赶场时间,本地村民牢记在心,随便说一个日期,他们马上就可以回答出哪里有场。本地区五天一个场,逢一、六赶麻栗场,二、七赶石栏镇(以前的雅桥和排吾两乡合并,赶场是在之前的雅桥),三、八赶吉卫和雅酉镇(但是后者是"小地方",吉卫镇的人基本不去),四、九赶民乐镇,五、十在芭茅镇(以前也很近)。村民们可以去集市买东西,也可以把自己家多余的农产品卖出去。当然在人家地盘上摆摊是要收取一定费用的,占了谁家门前的位子,主人就会视所占位子以及所售卖东西象征性收取几块钱的租金。

三、自然资源

夯来洞

大夯来村的夯来洞也被称作土匪洞,围绕着这个特殊的地理位置,在中国的革命史上也有浓重的一笔,是本地区重要的历史遗迹。

大夯来村据说是湘西剿匪战最后的战场,夯来洞是湘西最后一帮土匪的藏身之地。当时由岳阳解放军军区安排了一个排的兵力,在营长杨万法(四川籍)的带领下,历经十多天的激战,将土匪击溃。解放军随后就直接带着被俘获的土匪奔赴抗美援朝战场了。当时有周子旷、周兴武两兄弟带领土匪负隅顽抗。两兄弟一个居住在夯来洞,另一个居住在对面半山腰处的洞穴之中(围有石墙),都是易守难

别有洞天——声响则雾涌的夯来洞(陈桂 摄)

大夯来村古老坟(王振威 摄)

攻之处。当地的地主为土匪提供了粮食储备,因此可以坚持很久。解放军与其僵持不下,最后使用了欲擒故纵的战术将其消灭。

(本章由王振威、钟程鑫调查,王振威撰写)

第五章　夜郎坪村

　　夜郎坪村成立于2016年,是花垣县吉卫镇下属行政村,位于花垣县吉卫镇东部,距镇政府所在地仅几百米,系原腊乙村和下水村合并而来,由腊乙、田家、结甲和德高四个自然寨构成。因为地理位置较优越,该村的经济社会发展状况要比其他村寨要好。该地历史悠久,民风民俗、民族文化底蕴厚重,是东部苗语标准音发音地。2019年6月,夜郎坪村被列入第五批中国传统村落名录,但由于提交申报材料时主要以原腊乙村为主,所以传统村落建设规划未能将原下水村纳入。

一、村落概况

(一)地理生态环境

夜郎坪村所在地吉卫镇,地处云贵高原东北边缘,地形地貌属高山台地平原,地势较为平坦,平均海拔830米,属于花垣县的高地,而周边乡镇地势陡降,因此本地民众外出皆曰"下去"。地质条件为喀斯特地貌,地表水不容易保持,秋冬季容易干旱。土壤多红土,以种植水稻为主,山地多松林覆盖。

夜郎坪村是一个有一定现代化气息的传统苗族村落。构成行政村的各个自然寨的发展程度不一致,传统文化的保存也不同步。离公路比较近的村庄部分,现代化气息比较浓厚,而下水村则保留着较为古朴的传统气息。村落依照地势高低来布局,各姓村民聚族而居,体现了天人合一、人与自然共生的理念。苗族传统文化在政府和村民为主体的文化自觉影响下得到复兴。

人际山,位于夜郎坪村背后,和石栏镇牛皮村、吉卫双排村共界,此山海拔1093米,登顶可以一览众山,可以看到远处的尖岩山、川河盖、排吾水库、紫霞湖。人际山又叫九龙坡,是苗族巴代和罡仙祷词必经之地,此山乃是附近苗寨神山之一。夜郎坪村选址于人际山脚下,整体呈扇形铺开。

村寨内一栋栋民居错落有致,一条条小路曲径通幽。看似拥挤的小寨,每家每户都拥有自己的小院落。受人供

夜郎坪村传统建筑(王振威 摄)

奉祭拜的土地庙都修建在古树下,与古树相依相伴,融为一体。供村民娱乐、交流、休憩的公共场所则都建在有古树古井的地方。

夜郎坪村耕地充足,布局合理。村落依山而建,大小沟渠纵横其间。多数为木质瓦房,一应的青瓦屋面,板壁刷上桐油进行防潮处理,泛出乌褐油亮的颜色;依山傍水就地势而建的房屋,与山水、田野自然而不失协调地融为一体,犹如一幅幅精美的山水画卷。寨内古木参天,还有那青苔斑驳的老卫城城墙相伴,述说着夜郎坪悠久的历史。

(二)村落来源

据永绥厅志记载,今夜郎坪村所在地为古代苗民集散中心。自夏朝到唐五代,是苗民自治之地域。宋朝时置丰溪寨,明洪武建崇山卫和崇山军民千户所,故名崇山卫城。清王朝置永绥厅厅城,建在吉卫老寨子(老卫城)。

夜郎坪村与明代崇山卫城吉卫镇老卫城村毗邻。老卫城原城为椭圆形,周长3300多米,开东、南、西、北四门,有衙署、街道、跑马厅、洗马池、荷花池等,明末清初时城废,至今仍有遗迹可辨。据考证,崇山卫1368年开始设立,相当于师一级军事管理机构,1730年设六里同知,1732年设永绥厅,1802年厅治迁花垣镇现址。

根据传说,夜郎坪的祖先是驩兜,在尧舜时期因战败被放逐到崇山。他带领三苗部落的部分民众,沿着沅水而上,来到泸溪又分为两支:一支沿沅水而上,去到云贵高原;而驩兜带领一支,沿先祖太黎一蚩尤及其苗族先民的足迹,沿峒河而上,千辛万苦地来到了"务秋务昂"(即今大龙洞、小龙洞),又从"务秋务昂"的合流处的高岩坡上来到了当时以吉卫为中心的武陵崇山腹地。这里既是雄踞湘、川、黔边的崇山峻岭,又是地广土肥的高山台地,宜于发展生产、生活,也宜于兵家驻守的战略要地,被历代统治者称为"边西要塞"。

驩兜到崇山卫城后,先是住在今夜郎坪,同这里的原住苗民和古夜郎民众,开山辟地,建立基业。驩兜派他智勇双全的同胞兄弟驩柔(石玛贞),驻守高岩坡这个直下峒河、南来北往的战略要道。驩柔来到高岩坡上,开山立寨,开荒种地,习文练武,成家立业。至今在村内还流传着诸多关于驩兜的传说,如传说驩兜的坟墓在腊乙村旁的"麻料剖"(苗语,山名,汉译叫"大公坡",视驩兜为苗族的大祖公)。吉卫以至湘西和黔东北境内的石姓苗族,自称"瓜豆"或"代欢",意为自己是驩兜的后代。

不过,令人诧异的是,夜郎坪村并不以石姓为主。腊乙自然寨主要由麻、田、龙等姓构成;田家寨以田姓为主,但也有部分龙姓居住其间,并自称龙家寨。下水两个自然寨则主要以龙姓为主。该村同姓村民都聚族集中居住,极少插花分布,即便田家寨中的龙姓居民也有相对集中的地段。村民小组的分组方式也与姓氏基本重合。

(三)物产与特色产业

夜郎坪是一个土地资源十分丰富的村庄,因此村庄的主导产业以农业为主,辅以农产品加工业。本村的农作物主要有水稻、玉米、烤烟和吊瓜等。农产品加工业则主要是稻谷加工、烟草烤制等。

1.水稻

可以说,水稻是夜郎坪的传统种植作物,水稻种植业又是夜郎坪的现代化产业。说它传统,是因为本地种植水稻的历史悠久,具体时间无法考证。该村的水稻种植面积达到2000多亩。说它现代,是因为村庄专门建设了一条现代化的大米生产加工线,从水稻粗加工一直到真空包装成型,都可以在村内自行完成,大大提高了稻谷的附加值。在水稻作物的经营方式上也采用了比较现代的方式,村庄成立了水稻生产合作社,专门集中管理村庄的水稻种植。但是最近几年由于合作社面铺得太大,产业类型覆盖太多,造成了合作社人手太过紧张。于是在水稻种植方面,村庄又恢复了由各户自己种植,最后由村里统一收购加工。

近几年来,为了保证水稻的质量,村民的谷种由集体统一培育和发放。夜郎坪村的大米非常有名,形成了自己的品牌。村里还有几户村民开起了农家乐,外地游客络绎不绝。

2.烟草

该村的烟草种植大概始于1997年,为农户各家自行种植。以前,村庄中陆续建有私人烤烟房,这些烤烟房就像一座座的碉堡矗立在村中的各个角落。后来,由烟草局出资免费集中建造了现代化烤烟房。烤烟房有偿使用,收入一部分为集体收入,另一部分缴纳烤烟房基地租金(每年7500元)。如今烤烟是该村发展的主要产业,全村种植烟叶约800亩。不过,烟叶种植容易造成土壤肥力的破坏,对烟叶自身的连续种植非常不利,因此烟叶种植采用的是三年两种。根据估算,在正常年份,村庄每年在烤烟项目上可以获取200万元左右的收益。

3.桑蚕

桑蚕养殖对夜郎坪来说是一个崭新的产业,但是其发展后劲较大,有很好的潜力。该村真正的桑蚕养殖始于2012年以后,距今10个年头。由于养蚕见效快、收益高,一年投入,长期收益,从4月到9月,几乎每个月都可产一批蚕茧。因此,只要桑叶足够,每年可以收获六批蚕丝。

如今桑树种植规模已经达到了1000亩,面积仅次于水稻种植。目前的桑蚕养殖还是粗放型的,即大部分村民将蚕茧直接售卖给市场上收购人员,部分村民则使用抽丝机对蚕茧进行粗加工出售。村里现在也有一座小型作坊加工蚕丝被,并在网络上直播出售,如果时机成熟将会成立大型蚕丝被的加工厂。

养蚕可以带动整个村庄的飞速发展,村庄集体也成立了桑蚕养殖专业合作社,大部分有意愿的村民都加入进来,并打算修建新的大型蚕房。预计新建的蚕房将是多功能的且全部为机械化操作。村干部有很好的设想,即教会村民们养蚕并学习蚕丝产品的加工,让每户都有自己的产业,让整个村庄因为加工蚕丝被而闻名。

夜郎坪村的桑蚕养殖还是经历了一番挫折的。据说该村村民从一本桑蚕养殖技术的小册子中得知养蚕比较容易,收益也很高。但是,实际操作起来,遇到了重重问题,本地野生桑树的桑叶产量不够,因而蚕结的茧不鼓,斤两也不够,并且要将茧子运到外地去卖,所以一开始是亏损的。

后来,花垣县农业局局长来村里视察工作,发现村里有人在养蚕,学过养蚕专业的农业局长对此很感兴趣,于是就在工作之余指导村民养蚕,教会村民一些关键的技术。2012年,上级领导在夜郎坪村召开了一个座谈会,之后由县扶贫办为该村购买了5万元的改良桑苗。正是从此开始,夜郎坪的桑蚕养殖逐步走上了正轨。

4.其他产业

在农作物种植方面,玉米也是十分传统的作物,主要用以喂养家畜,在粮食紧缺时也可以用作人们的口粮。和其他一些较为偏远的苗寨不同,本村没有烤酒户(即使用传统技术进行玉米酒的蒸制,当地人称作苞谷烧),村庄所需用酒都从吉卫镇集市上购买。

此外,据说本地区吊瓜种植最早是从吉卫开始的,雅酉镇等地的吊瓜种植都从吉卫引种过去,但是夜郎坪村却没有大面积种植,仅仅有零星种植。

(四)村落人口

夜郎坪选址在山水阡陌纵横、物产富饶无比的人际山脚下,耕地广阔,村民绝大多数是苗族,系花垣县最大苗寨。全村有21个村民小组,500多户,近3000人。主要姓氏有麻、田、龙三姓,还有少数石姓。据历史学家考证,"腊乙"为苗语称谓,译作汉语应为"乙腊","乙腊"与"夜郎"谐音,腊乙坪的汉语称谓则为"夜郎坪",这也是在两村合并后将其命名为夜郎坪村的原因。

(五)经济社会发展状况

夜郎坪村由4个自然寨构成,由于历来离当地政治经济中心即吉卫镇比较近,因此不论从社会经济发展程度还是从文明开化程度来看都优于其他村寨。比如,从传统房屋建筑结构来看,别的村寨比较常见的石结构房本地区就较少,而主要以木质结构为主。

当前,在村主任田金珍的带领下,夜郎坪村在经济和社会发展层面继续向前迈进,村庄成立了由大部分村民参加的专业生产合作社,涵盖了水稻、茶叶、烟叶和吊瓜种植,桑蚕养殖、苗绣制作等。村庄还创建了现代化的大米生产车间,并注册了"十八洞"和"崇山卫"两种产品商标,目前生产线已经投入使用,生产出来的产品在市场上已经可以买到,其产品采用的是真空包装,外表看上去非常精美。现代化的信息传媒技术也进入了比较闭塞的苗寨。田主任一个尚未出嫁的女儿与儿媳现在成为抖音主播,有十几万粉丝。她们在网上直播售卖农产品,也帮助那些在集市无人问津的老人们售卖小物件,甚至可以直接靠直播观众的打赏而获得不少收入。

直播中的苗妹(王振威 摄)

二、文化遗产

(一)物质文化遗产

1.传统建筑

夜郎坪村的房屋大部分比较传统,属于一层木结构房屋,除了基石有部分石头之外,很少看到整座房屋甚至某个墙面由石头垒砌。这些老建筑很多两侧墙面使用了传统的牛粪泥巴,使它们看上去与其他苗寨的房屋有些类似。这种传统性是非常顽强的,根据笔者的观察,虽然有部分村民采用外来式样盖起了三层高的小洋楼,但是在村中仍然能够看到传统木结构建筑文化的坚守,不仅仅是保留着旧有的老式房子,还有几栋新的木结构房屋也正在修建之中。搭建房屋的整个框架大概要花费7万元,做完大概是15万元,从费用上来看与水泥砖房相近。

在建的木结构房屋(王振威 摄)

进行夜郎坪村传统村落规划的湖南省建筑设计院有限公司对该村的传统建筑有以下评价,笔者认为比较恰当合理:

第一,体态自由,次序明确。基于地形地势的特性,房屋多沿等高线排列,依山脉、河流的趋势和走向,而不强求坐北朝南。整体布局和单体形态均表现出不规则的自由倾向,但并未因此而失去整体空间的基本组织关系,并且从不规则和变化之中表现出较为明确的秩序来。

第二,遵从自然,巧于取舍。顺应自然,充分地利用地形条件,争取更多的可用面积,更舒适的生存环境,善于取舍。所以建筑平面常为不规则形,且排列蜿蜒曲折,寸土必争。

第三,开合有度,公私分明。由一个层次的空间进入另一个层次空间都有转折,空间从外到内、由大到小、由明变暗。而每一个层次的变化都有空间的实体作阻隔或呼应,从大门开始,依次为院—堂屋—火塘—卧室,有一定的私密性。

传统的村寨房屋布局是高度统一的,即原有老建筑的基本构建乃至房屋的基本布局都比较齐全。村民麻兴章现在所居住的房屋已经有将近200年了,按照目前的状况来看,可以再住个100年。他在外打工的儿子在马路边修建了一栋三层高的洋房,一直空置着由他看护。但是他本人并不习惯在新房中居住,每天晚上还要回到老房。

其老房从大门进入之后,首先是堂屋,地面没有硬化,因而非常潮湿,在左边就是火塘和祭祀祖宗的地方,右边是灶膛。整栋房屋的后半部分是卧室所在地,其具体的分配方法是从火塘处开始,按照年龄长幼次序往灶膛处排。

在麻兴章老房的楼顶,放着很多根粗壮的杉木,是准备做"老屋"(本地对棺材的称呼)的,同时也放有其他的杂物等。连接地面与楼顶的是一把木制梯子,不需要时就放在门后。

2.田氏宗祠

当夜郎坪田家寨的村民提出要带笔者去参观田氏宗祠(建于2012年)时,笔者脑海中马上想起了三路三进式的宏伟建筑。但是实际到现场时,才发现田氏宗祠仅仅是一块石碑而已。上面密密麻麻刻写着田氏家族的姓名,以及田姓村民的来历,是对已毁石碑的复制,并对增加的人口进行了一定的补录。石碑上只记载男性姓名,不记入女性姓名。对田氏祖先的祭祀每年有三次,分别是大年三十、大年初一以及正月十五。

新旧石碑(王振威　摄)

此外,田姓村民每户家庭都有一册《田氏族谱》,内容与田氏祠堂石碑相同。据田家寨年长者讲述,《田氏族谱》的记录从民国时期开始,并收藏于凤凰县的田氏族人手中。田氏最大的两个祠堂也位于凤凰。

在夜郎坪《田氏族谱》中,有《田氏不食鸡犬序》和《田氏立碑序言》两部分,分别介绍了田氏远古和近代的祖先。远古祖先来自山西雁门口(族谱原文如是记载),有纳恨、那吼两兄弟,为腰缠万贯之人,遭坏人暗算未果,兄弟二人得以全身而退。于是两兄弟约定,他们的后代分别不吃鸡肉和狗肉。至于本村的田姓族人,是明朝时期从贵州松桃迁入,是远祖两兄弟中弟弟那吼的后代,至今不吃狗肉。

根据田姓村民的讲述,以前有个叫孙兵(本姓田)的是个大官,将两个兄弟分到贵州去当官,但后来两人不和,一个去了凤凰,另一个便去了补抽。去了补抽的祖先们辗转到兰家坪发展,最后转移到了今夜郎坪所在地。

3.吊脚楼

整个夜郎坪村,有一栋建筑非常有特色,颜色十分鲜艳,结构也很具有民族特色。它就是位于下水村龙作堂家的吊脚楼。该吊脚楼位于二楼,一楼为厨房,从厨房经过一条旋转楼梯可以进入二楼房内。旋转楼梯上雕满了精美的图案,并配有"欲穷千里目,更上一层楼"古诗句。该吊脚楼的用处主要是用作书房、绣花房,而楼下一般作为烤酒等日常生活所用。据说,这一类建筑以前村中有多处,现在已经不多见了。

夜郎坪红色吊脚楼及女主人(王振威 摄)

吊脚楼的主人龙作堂80多岁,是一位老木匠,技术精湛,现在驼背很厉害,但是即便如此也经常为自己制作一些家具。家中桌椅全是自己打制,在桌椅上还雕有各式花样,甚至为儿子所添置的现代音响也打制了木头架子。

4.古树

夜郎坪有一棵古梨树,树龄350年,需要2到3个成年人完全展臂才能将其围住。令人惊奇的是,每到开花结果的季节,树上就会长出三种不同的梨。

(二)非物质文化遗产

1.刺绣

苗族刺绣及银饰,是苗家女子最贵重的服饰用品。苗族刺绣多用于衣装、门床、祭祀、交往等诸多方面。苗绣既是一个家庭财富的体现,同时又是苗家女主人勤劳智慧的象征。在夜郎坪村,村庄内村民们穿苗服之风重新兴起。人们对苗服的态度从原来的不好意思接受转向大方且坦然穿着。这对苗绣本身的传承具有非常重要的意义,因为苗绣最主要的用途当在苗服之上。

"古时苗人住在广阔的水乡,古时苗人住在水乡边的地方,打从人间出现了'魔鬼',苗众不得安居,受难的苗人要从水乡迁走,受难的苗众要从水乡迁去……"苗家人唱着这样的古歌,想念祖先居住的平原和湖泊,

第五章 夜郎坪村

要把所有场景都绣在衣服上,穿在身上,记在心上。苗服上不仅绣有平原、湖泊,还有鸟、蝶、花、草、虫、鱼以及龙和凤凰。苗绣比较大胆夸张,具有丰富的想象力。红、绿、蓝、黑等颜色的夸张对比,使得苗族服饰异常鲜艳,非常适合年轻人尤其是年轻女子穿戴。年长者则会穿着相对暗色的苗服,如黑色、蓝色等。

苗绣主要用于绣花,绣出来的花具有很强的立体感。具体的刺绣方法及程序为:首先用纸作画,画出需要的花、鸟、虫、鱼等的形状,再把这些形状用剪刀纸剪下来贴在绣布上,然后选用所需颜色的针线将其覆盖住。当然如果绣师的技术够高超,可以先在绣布上直接画上所需图案,甚至可以不用做标记直接凭借经验和想象在绣布上作画。

在传统时代,人们的苗服以及刺绣都是纯手工制作,而现在多是经由机器加工而成,从舒适感以及质量来说,后者无法与前者相比。单就刺绣来看,机器刺绣比较呆板,且千篇一律没有个性,缺少手工刺绣的饱满感。相较于现代机器苗绣,传统苗绣的

夜郎坪村苗绣研习班(王振威 摄)

缺点是耗时长、收益低,同时因为久坐对健康不利,所以很多年轻人都放弃了苗绣而外出打工,以获得更多收益。

出于效率方面的考虑,夜郎坪村苗绣合作社也花钱购买了机器加工设备用以生产苗族刺绣产品。机器设备使用的是计算机自动化操作,只要在计算机中输入图案式样,机器就会自动绣出所需要的图案来。这两台设备目前主要是田金珍的女儿在操作,村民自己的苗服刺绣主要还是以手工制作为主。

除了苗服以及所配刺绣之外,花带也是苗家人常用织物,具有鲜明的

苗族文化色彩。它既可作系物之用,也可作为服饰饰品,还可作为定情之物。花带使用玫红、浅绿、米黄、深绿、橙红、深紫色等多色棉线织成,主体图案是曲线组成的抽象龙纹,织成的图形正好是两面相反,形成阴阳图案。龙纹是苗族纹饰中最常见的形象,千变万化,象征着吉祥、幸福。其制作方法是:先在一种用硬木做成的X形织架上牵双色或多色的经线,然后用牛角或铜制的挑刀挑压经线,加上单色的纬线而织成五彩缤纷的花带。

2. 民歌

湘西苗歌集山歌、傩歌、哭嫁歌、故事歌、椎牛鼓舞歌、拦门歌、扛仙歌、跳香歌(辛女歌)八种为一体,歌词多为七言一句,两句组成一联,两联为一首。有时,根据需要可发展到六句以至数十句。夜郎坪村苗家人和其他苗家人一样,由于历史原因,被迫迁入大山深处,他们为了生存,辛勤生产,经常用歌乐形式来交流思想和感情。由于苗族无文字,他们的文化传承也只能靠歌乐形式来实现。这样,歌乐便成了苗家人一种文化交流的手段。

苗歌分为高腔和平腔,这两种唱腔在一首苗歌中均有。一般每个地区的苗歌基本的曲调都是一致的,不同之处主要体现在歌词方面,视场合和时间的不同,往往会有区别。本地苗歌文化与雅西部分地区苗寨的苗歌有所区分,后者更加倾向于接近凤凰苗歌。在歌唱方式上,本地为单人一对一演唱,而不似凤凰两两对唱。

山歌是苗歌的一种,主要以男女情歌对唱为主,一般会在赶边边场时或者在上山干农活之时演唱。在喜庆的日子,也会有苗歌对唱,歌手们的表现往往会被听众品头论足,因此歌手们会卖力表现,要从气势上把对唱之人打压下去。"如果一个人的苗歌功底不是很深厚,那么他就会被对方唱熟了",这种对唱大家都不太喜欢。而如果是两个高手对唱,彼此不服,这种场景会深受群众喜欢。苗歌对唱都是歌手依实际情况临场发挥,自己现场编造歌词。

第五章
夜郎坪村

苗歌演唱的场合很多,结婚、满月以及房屋建成等都要邀请歌手前来演唱助兴。每个村庄一般都会有一些会唱苗歌的村民,他们非常吃香,受到主人的尊敬和厚待。如果村里没有合适的歌手,主人则要花钱从外村请歌手。

为了能够把苗歌文化更好地传承下来,花垣县政府还专门组织了苗歌协会,把会唱苗歌的人都聚拢在这个协会里面。每年的"三月三",夜郎坪村会在村内自行举办一次苗歌会,到时对苗歌感兴趣的群众就会前来演唱苗歌,全体村民则悉数到场观战。

3. 鼓舞

与苗歌相伴随的往往是苗族鼓舞。鼓舞是将苗鼓与舞蹈相结合的艺术形式。人们普遍认为舞蹈所用芦笙、木鼓之类皆为祖先所创造,而且舞蹈的各种动作亦源于祖先的神意。

苗族的巫术、原始宗教信仰在其生活中占有重要地位。在各种祭祀活动中,苗民们期盼用各种舞蹈来与神灵沟通,跳舞的同时既是拜神,又是祈祷。因此苗族鼓舞与其说是一种独特的苗族艺术,更不如说是一种十分神圣的宗教活动。在苗族村寨中,我们经常在节日集会中看到的诸如求雨、求子、求神、求祖灵等活动,人们并不是直接祈祷,而是通过相应的舞蹈仪式来呈现。苗族鼓舞的各种类型如农事舞、婚丧仪式舞、战争舞等也是如此。

苗族鼓舞分庆年、庆神两种,分别是在年节和祭祀时候表演。有用单独一面牛皮鼓表演的,也有使用多面牛皮鼓进行集体表演的。鼓舞多限于同姓宗族参加,因为它以一个鼓为单位进行,是宗族的大事,在整个祭祀过程中都离不开鼓,以鼓开始,把祭祀活动推向高潮,最后又以鼓仪宣告活动结束。当然,如今的苗族鼓舞已经具有了一定的表演成分,成为一项颇具特色的苗族文化展示类型。随着苗族群众审美情趣和鼓乐承传的变化,一般在农历四月十八、每年春节前后,以及赶秋、椎牛、丰收喜庆、婚嫁、迎宾客等重大活动里,他们都以鼓乐相迎,以鼓乐作为抒发自己情感的特殊方式。

在夜郎坪村,以前会打鼓者较少,仅限于部分巴代等人,如今在政府和村干部的宣传推动下,包括孩子在内的很多人都学会了苗族鼓舞。不过学习打鼓的绝大部分是女孩,男孩较少。根据笔者推测,这多少与推动者为女性有关。村主任田金珍还专门组建了由十几个女村民组成的苗鼓舞表演队,在重要的节日进行表演。

4. 哭嫁

作为一个苗族村寨,夜郎坪村有哭嫁的习俗。新娘出嫁的前三天或前七天,会见人就大哭像唱歌似的,俗称"哭嫁"。有的新娘在出嫁前半个月甚至前三个月就已经揭开了哭嫁的序幕。只是一开始比较随意,哭唱也比较自由,但是随着出嫁日的临近,哭唱就愈发频繁,也不再随意了,因而新娘会觉得很吃力。因为在正式出嫁前的几天,亲族乡邻会纷纷前来,这时只要客人一到,准新娘就要大哭以作道谢之礼节。婚礼的前一天晚上到第二天上轿时,哭嫁达到高潮,这段时间的哭唱必须按照传统礼仪进行,不能乱哭,如果新娘不会哭唱就会被别人嘲笑和歧视。

哭嫁时哭唱的内容主要有哭爹娘、哭哥嫂、哭姐妹、哭叔伯、哭陪客、哭媒人、哭梳头、哭祖宗、哭上轿等。歌词既有一代代流传下来的、传统的,也有新娘和"陪哭"的姐妹们即兴创作的。内容主要是感谢父母长辈的养育之恩和哥嫂弟妹们的关怀之情;泣诉少女时代欢乐生活即将逝去的悲伤和新生活来临前的迷茫与不安。也有的是发泄对婚姻的不满,对媒人为自己乱定终身的痛恨与无奈,等等。

夜郎坪村的姑娘出嫁时,母亲都会送给她一把伞。这把伞是娘家的保护伞,能够保护新娘一生平安。在举行结婚仪式的时候,新娘旁边的人物颇有讲究,比如新娘的兄弟要为新娘撑伞,新娘旁边要有其婶娘陪同,且所陪同的婶娘须儿女双全,家境较好。出嫁当天有一些街坊邻居会送亲至夫家,但是送亲的队伍中不能有孕妇,因为人们认为孕妇参加婚礼是不吉利的。新娘、新郎进门的时候会跨过火盆,意思是在未来的生活中,会遇到很多事情,包括刀山火海,跨过去意味着刀山火海已经过了,未来的生活也会更美好。

5.巴代文化

在交通条件落后、地理位置偏僻的苗族村寨,巴代文化是非常盛行的,巴代的作用体现在日常生活的方方面面。而夜郎坪村由于处在繁忙的交通要道边,受到较为先进的外来文化的影响比较明显,巴代文化在该村虽然仍然有所遗存,但是已经比较衰弱了。比较明显的例子就是"龙座"在本村并不如其他苗寨那么受重视了。目前,在夜郎坪村巴代已经不多见了,仅有几个巴代扎还健在。其中70余岁的麻明秀老人就是其中一位。

麻明秀是第五代巴代扎,即从他往上数五代人都从事巴代扎的职务。但是实际上他目前没有获得法名,严格来说不应该算在巴代扎队伍中。据他讲述,本地确定是否为巴代扎传人需要履行"选举"程序,请别的巴代扎来作法确认,如果在选举过程中,待选举人能够获得感应并不由自主地跳起来,那就说明他是一个被选定的巴代扎,否则就是没有通过这个"考试",不能成为继承人。麻明秀就没有通过这个仪式,但是他的儿子通过了,所以家族的巴代扎职务将直接越过麻明秀而传给了下一代。他目前之所以能够履行巴代扎的职务,是因为他使用了父亲的法名,是借用父亲的"天兵天将"帮自己做法事。

与其他普通村民不一样,巴代扎麻明秀家中有两个祭祖位置:一个是在火塘边,传统的用于祭祀家庭祖先的位置;另一个则是面对大门之后堂前的位置,这里摆放着一个十分明显的祭坛,上有香炉等,柜子上贴满了很多汉字对联,上书"××之位"等。主人麻明秀说,这是"天兵天将所在之处"。祭坛上所祭祀对象是巴代扎的祖师爷,奇怪的是他并不是太上老君,而是一个叫作张赵二郎的人。要说这个祖宗也和太上老君存在直接的密切联系:张赵二郎是太上老君的徒弟。至于其来历据说是在很久以前,张家种了一棵南瓜秧子,藤蔓长到了赵家,并在赵家地盘上结了一个大南瓜,张赵两家都认为南瓜该归属自己,只好用刀将其劈成两半,结果出来了一个孩子,给他起名张赵二郎。后来张赵二郎成为太上老君的徒弟。至于张赵二郎为什么成为巴代扎的祖师,不得而知。

巴代扎有不少法器和傩面具。前者是在做法事时使用,有牛角、帅旗、帅印、道袍、官叉(官帽)和绺巾等;后者主要以傩公傩母面具为主,附带其他若干小角色面具,一般在还傩愿仪式中表演使用。

在传统苗寨每家每户都有一个"龙座",关系到家里的福气或者兴衰。夜郎坪村现在不少人家已经不太相信这个,但是还是有人在入新房之后举行"请龙神"即"接龙"仪式。

6. 苗医

夜郎坪村每一个村民或多或少都懂得一些苗医知识,因为这里的苗医口口相传,许多具有治病功效的草药都会被人们知晓。有些疑难杂症部分正规的医生都未必能够治好,但是苗医使用草药却能够根治。苗医特别擅长蛇毒治疗,当地有人被蛇咬伤,涂上一种草药很快就好了;还有一些皮肤病,以及癫痫、中风、小孩痢疾也会请苗医,现在集市上有许多卖草药的地摊,但是并不太景气。

传统的苗医一般会上山亲自采药,保证药方处于保密状态,不让病人知道草药的名称。对药方的保密主要是草医出于维持生计的考量,因为他们要以此为生,药方公开了,就相当于砸了自己的饭碗。更有甚者,他们每次用草药治病都要把采摘好了的草药捣烂,也是出于类似的考量。现在,随着人们生活水平的提高,以及西药技术的普及,苗医的作用日趋衰弱,人们也可以通过其他的途径获得收入。因此,如今的苗医不再死守药方,会比较大方地把草药介绍给病人,让病人家属自己上山采药。这样许多村民都了解了一些苗医方面的知识。

苗医在行医的过程中,也会招收徒弟,徒弟每天都会跟着师父学习。徒弟拜师没有特定的仪式,只需要上门给师傅买酒买肉即可。当师傅认可了徒弟的医德、人品并确认徒弟热衷医学便会收入门下。但是师傅一般都不会倾囊相授,还常会保留一些药方,如果他突然去世就来不及将其传下去,所以现在有些药方已经失传。

(本章由王振威、钟程鑫调查,王振威撰写)

第六章　油麻寨

油麻寨依山就势而建，青岩石板砌筑寨墙，构成了堡寨外围的固体防御工事，目前保存有50多座明清古建筑。大河与小清河从东西两个方向绕寨而过，自然山水与苗家古寨互融一体。俯瞰全寨，整体呈八卦太极图状，以寨中两口水塘（当地人称"龙眼"）为核心，向四周辐射，村巷、道路亦用青石板铺筑，互为贯通，彰显了悠远的历史文化气息。2016年12月，油麻寨被列入第四批中国传统村落名录，同时还被评为"湖南省历史文化名村""湖南省少数民族特色村寨"和"湘西自治州州级文物保护单位"。

第六章 油麻寨

一、村落概况

(一)地理生态环境

油麻寨位于湘西土家族苗族自治州花垣县的西南部,距县城28公里,属石栏镇人民政府驻地雅桥村的一个自然寨。村寨占地面积3.3平方公里,平均海拔300米,森林覆盖率达97%以上,是湘西州生态环境重点保护区域。该寨原为雅桥乡的一个建制村,2015年12月雅桥乡与相邻的排吾乡合并为石栏镇,撤乡并镇不久,油麻寨便与该镇的保楼村于2016年6月合并成雅桥村。由于油麻寨至今还保存有明代修建的防御外患的城墙古堡,故而又有"油麻古堡寨"之称。

油麻寨一隅(陶金 摄)

(二)村落历史

油麻古堡寨历史悠久。从当地考古出土的文物、建筑遗址与口述史料中,可以推断出至少在东汉末年就有人在此居住,距今已有1800多年的历史。1989年,油麻寨村民麻胜荣在该寨石家大院右侧修整院落时,从石罅中挖出铜盉、铜盆各两件,四件文物均有四足,系古代盛酒器皿。据文物专家考证,乃是东汉末年至三国时期的铜器,现保存在花垣县苗族博物馆。这四件文物的出土,有力地证明了油麻寨有着久远的历史。此外,村寨内目前还保存有大量的古生物化石,如寒武纪时期的三叶虫化石、动物牙齿化石、象牙化石以及动物蹄印化石等,因此也有人说,油麻寨

注:本章有关油麻寨中的传说故事等方面的资料,主要由该寨文化人石承中先生收集整理,特此说明。

有着亿万年的历史。

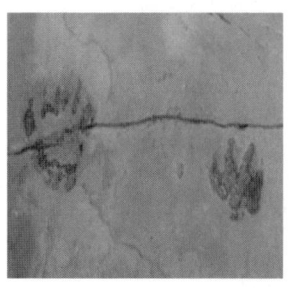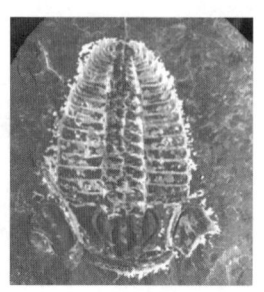

油麻寨出土的动物化石（李技文 摄）

关于油麻寨中古堡及城墙的形成，据该寨石承中介绍：在古代由于当地社会环境恶劣，猛兽出没，匪盗猖獗，附近的一些寨子（如杉树坪、岩板寨和老屋场等）的居民陆续迁移到油麻寨，为了堡寨安全，于此开始修建城墙，随着时代的变迁，便逐渐形成了今天古堡寨的规模。另外，还流传了一则传说故事：相传古时，苗家石姓先祖果洛博，最先居住在油麻寨远处的老屋场，家境殷实，人丁兴旺。他家门前有两条河流交汇，洗衣沐浴十分方便，但却苦于此处无饮用水源，需派人到远处挑水，并要防止毒蛇猛兽、强盗土匪的袭击，他为此常长吁短叹、烦恼不已。这时，有人给果洛博介绍了个绰号"赛半仙"的风水先生，先生对他说："此地尽管不错，但非你久留之处。你瞧面前这座白虎山，虎视眈眈，依我看你也不必远迁，只需搬往山后那一边即可万事大吉，人财两旺，封侯富贵，那里有个地洞，进退自如，可保万事无虞。"果洛博本非常人，经过先生这番点拨，茅塞顿开。经过几年努力，一座庄严肃穆、气势不凡的石家大院拔地而起，从此，果洛博一族更加富强，远近闻名。不久他又命人修城建墙，把整个寨子围了一圈，用以抵御外犯。

古城墙（李技文 摄）

第六章
油麻寨

自从果洛博带领手下修筑围墙以后,他的后代子孙不断修缮围墙。到了明代,统治阶级为了加强管控,在镇溪(今吉首一带)、崇山(今花垣吉卫)设置卫所,派重兵守卫。明嘉靖三十三年(1554年)至天启三年(1623年),朝廷动用国库,修筑了一道长达300多里的"苗疆边墙",又称"南方长城"或"苗疆长城"。随后至清廷改土归流,当地苗民又不断修葺,直至民国,军阀混战。九一八事变后,"湘西王"陈渠珍感到时局不稳,便命人在他经常往返的重庆、永绥(今花垣)、镇筸(今凤凰)中间的油麻寨再重新补修石墙,巩固城池,以便安营扎寨。这座石墙,高有7~8米,宽达2.6米,长约2公里,四边建有5个阁栈,4个寨门,日日夜夜有人轮流把守。此后,民国永绥县(今花垣县)最后一任县长龙矫驻扎此地。今天,从遗留在寨内的断壁残垣,仍可想象当年的场景。

行走在油麻寨内,随处可见错落有致的青瓦木屋。古老而光滑的石板路与颇有年轮的石巷纵横交错、相互连通。大大小小的石板点缀寨中,这些天然而成的石板,秋可晒谷,夏可纳凉,是村民休憩娱乐的好地方。当地苗族十分重视庭院环境,房前屋后,树木郁郁葱葱,四季花香,院落干净整洁,年代久远的石磨、石碾、石碓、石杵、石钵、石臼和石缸布置其间,古色古香,韵味十足。在现代公路尚未开通前,油麻寨还是从湘西通往重庆和四川的必经之地。沈从文《边城》中描写的由四川至湖南所经过湘西边境茶峒小城的官路,往东南延伸,即可通到油麻寨,再继续往南,便可抵达花垣县的吉卫镇和凤凰县的沱江镇。如今,油麻寨中还残存着段段古道,站在古道上,凝视着一块块被先人足迹和马蹄踏得发亮的青石,可想象出昔日的繁华与辉煌。

(三)村落人口

全寨共有9个村民小组,225户,约1000人,以石、龙、麻、吴、廖五大姓氏为主,均为苗族,以最先定居于此的石姓家族人口为主。

二、文化遗产

(一)物质文化遗产

油麻寨的物质文化资源众多,内容丰富,主要以饱经历史沧桑与岁月洗礼的古城墙、古院落、古民居和古遗址等为代表。

1.古城墙

油麻寨最具有代表性的物质文化资源是残留在村内的古城墙。作为抵抗外敌与保寨护民的重要防御工事,古城墙用青石打造垒砌而成,如今虽已失去了昔日的军事功能,但每当人们登上城墙遗址俯瞰村寨全貌时,仍能感受到它坚不可摧的力量。近年来,在中国传统村落保护资金的支持下,地方政府对油麻寨中的部分古城墙做了修缮,曾经的恢宏气势再次得到了彰显。

2.古院落

在油麻寨,最为古老的院落遗址要数石家大院了,相传它由石姓苗族先祖果洛博所建,后屡遭兵火摧毁。果洛博的后人石千秋,于明代重修了石家大院,遗憾的是,大院清代时又毁于大火,如今可见的只是院落遗址。大院坐东朝西,雕梁画栋,凿石刻花,占地约1200平方米,气势不凡,规模宏大。那些残存下来的经过精雕细琢的石墙,像一位饱经风霜的老人,在述说其曾经的繁华。据说石千秋为富有仁,扶穷济

石家大院旧址(李技文 摄)

弱,家丁无数,远近驰名,乃一代苗王。他为了保家护民,出钱纳粮,带领当地苗民继续修缮城墙,对抵御外犯发挥了重要作用。在石家大院西侧,是民国末期的永绥县政府遗址。1949年初,"湘西王"陈渠珍派龙矫回老家永绥县担任县长,由于兵微将寡,受"城乡战争"的影响,龙矫把县政府迁驻油麻寨,直到永绥和平解放,这便是"油麻县政府"的由来。

3.古民居

油麻寨颇有年轮的老屋大多是由木柱加牛粪墙建造而成,这是湘西苗族古老的民居建筑形式之一。据寨中一些老人介绍,牛粪墙的制作并不复杂,先是用竹条或竹片编制好墙面,然后再在墙面敷上湿牛粪晒干即可。因为牛是吃草的动物,粪便中含有很高的粗蛋白与粗纤维,各占成分比例的20%左右,具有较强的黏性与稳固性,牛粪墙干了后不易开裂,也没有刺鼻的气味,有冬暖夏凉的保温效果,非常环保。同木板墙相比,牛粪墙不易被虫蛀,只要做好防水、防潮和防火工作,即可管

"千年壁"(李技文 摄)

数百年,因而它又有"千年壁"之称。当然,随着时代的变迁,如今用牛粪做墙的苗族群众越来越少,即便在油麻寨,除了一些老屋和古民居还保存有牛粪墙外,大多数房屋都被木墙或砖墙所替代。

4.古遗址

在油麻寨村口的两侧,有一片被当地苗语称为"帏杆坡"的大土坡,据说是当年果洛博树立旗帜、召集民众与点将练兵的地方,可以容纳上万人在此操练。如今,此处仍保留着练兵场、祭旗坡和指挥台等遗址。在"帏

"红旗渠"渡槽（李技文 摄）

杆坡"的南边,还保留着古炮台和古椎牛场遗址。在油麻寨的中部,有一块100多平方米的岩板晒谷坪,上面有28个类似虎掌的动物蹄印化石。岩石上这些深深有力的蹄印,不禁使人啧啧称奇。

寨子南面1公里处,有一座海拔725米的高山,名唤牛头山。山上至今还有牛角、牛蹄印等形状的石头,栩栩如生,其中有一块刻着古文字的石板,长6.6米、宽3.5米,考古专家已做拓片研究。

油麻寨西面的大煞山与雷公山及仁山之间,保存有"文革"期间修建的"红旗渠"渡槽和"红旗管"。1966年,为了建设小排吾水库及其水渠工程,花垣县组织一万多人的水利大军进行修建,最后建成主干渠43公里,灌溉五个乡镇2.4万亩稻田。这项工程在油麻寨留下高达30米、长约300米的渡槽和石拱形"红旗管",气势恢宏、坚不可摧,表现了苗家人改造自然的顽强信念。今天,"红旗渠"渡槽已成为当地一道亮丽的风景线,从紧邻"渡槽"下的乡间公路上仰视,仍然能清晰可见刻在槽身上的"毛主席万岁"五个大字。

（二）非物质文化遗产

油麻寨的非物质文化资源丰富,有过苗年、赶秋、赶歌、椎牛、喝拦门酒、舞龙、舞青狮、苗歌、打鼓舞、比武、跳团圆舞、巴代祭祀、祭土地神、做苗绣、打银饰技艺、制作传统美食、传说故事等,不胜枚举。

1. 民族节庆

从2017年起,在地方政府部门的大力支持下,油麻寨已经连续举办了两届"民族生态文化节",展示了苗族人民集体欢度苗年的盛况。至于过苗年的时间,湘西各地苗族各不相同,从冬至到除夕,具体根据各寨实际情况确定。油麻寨2017年集体过苗年是农历腊月二十八日,2018年则是在腊月二十五日。对于辛辛苦苦忙碌一年的苗家人来说,苗年是十分隆重的节日,过节前,每家每户都会准备丰盛的美食,除了鸡鸭鱼肉等传统菜肴外,米酒自然必不可少。节日当天,身着盛装的苗族姑娘打着苗鼓、唱着苗歌、跳着团圆舞;帅气的苗家小伙打着糍粑、舞着青狮长龙;巴代雄与巴代扎展示着自身的巫傩绝技;苗族银饰、苗绣、苗医药等传统技艺类非遗项目也竞相登场。热闹的表演活动结束后,前来过节的亲朋好友们便围拢在村寨中央的文化广场上出席长桌宴,在悠扬的敬酒歌中,大家边吃边喝,有说有笑,场面十分热闹。以2018年1月31日(腊月二十五日)油麻寨举行的苗年节为例,当日活动时间及仪程如下:9:30—9:55,于寨门口举行拦门酒,唱敬酒歌,开始舞龙舞狮表演;9:55—12:30,分别在村文化广场、石国金家大院、土地庙、石龙寿家大院、石金国家中、石远明家大院等地,举行苗歌对唱、杀年猪、巴代祭土地神、打(吃)糍粑表演、苗族服饰与银绣展和特色农副产品展、观古堡寨城墙及石家大院遗址等活动;12:30,举行长桌宴,开始吃年饭,并放礼炮庆贺。

2. 民间信仰

油麻寨的苗族信奉土地神,认为土地神能保一方平安。土地神的居住之所是土地庙,位于寨中的荷花池塘旁,两边有五株古树,环境优美。每到逢年过节与外出时,苗族村民都会祭祀土地神,祈求平安。此外,苗族也崇拜祖宗。与汉族不同的是,当地苗族的神龛是设在进入堂屋后左侧房屋墙壁正对火塘中央的木柱上,人们认为那是历代祖先灵魂的居住之所,并称为"神龛柱"。平常,神龛柱不作任何装饰,不经当地人解释的话,外人很难从中看出祖宗崇拜之隐义。在该寨石姓苗族中,也有将火塘设置在进入堂屋后靠右手边的房屋内,并认右侧墙壁中正对火塘中央的木柱为祖宗神龛。据传,油麻寨古时有一户石姓苗族,生有两个儿子,迫于家贫,有限的财产只能传给一人。为考验兄弟俩,父亲便安排他们开荒,看谁干活好就把家产分给谁。然而,开荒之地山高路远,取水不便,携带的水常不够喝,而每次取水又得翻山越岭,走很远的路。有一天,哥哥开荒时,意外挖到一口水井,但未告诉弟弟,只是自己偷偷喝了水再封住井口。时间久了,弟弟感觉奇怪,只见哥哥每天努力开荒干活,却不见打水喝,于是悄悄观察,不久便发现了其中奥秘,颇为不悦。后来,父亲觉得大儿子开荒能吃苦,分家时便给他多分了财产,并让他住进堂屋的右侧房屋,小儿子则住左边的火塘屋。因为此事,两兄弟闹僵,弟弟因生哥哥的气,不让其在自己家火塘屋内的木柱上祭拜祖先。无奈之下,哥哥只得自立门户,便在进堂屋的右侧房屋内设立火塘,并在右侧墙壁正对火塘中央的木柱上祭祖。如今在油麻寨,据说见到进入堂屋后火塘设置在左侧房屋的人家,即是石家苗族小儿子的后代,而火塘设置在右侧房屋的住户则是石家苗族大儿子的后代。

3. 刺绣

油麻寨的苗绣工艺远近闻名,该寨龙文芝是花垣县县级苗绣传承人,制作各种服饰、家居、配饰和箱包等苗绣产品,能将飞禽走兽、花草树木等图案绣得惟妙惟肖、精美绝伦。石菊是龙文芝的女儿,1985年出生,是村里为数不多的大学生,2010年毕业于中南民族大学动画设计专业,曾在武汉、上海等地的文化创意公司工作。为了照顾父母,2017年石菊便带着孩子返乡,在花垣石栏镇文化站站长麻正兵发起的"让妈妈回家"非物质文化遗产扶贫项目支持下,同母亲龙文芝一起,于2018年成立了油麻古堡寨苗绣苗服有限公司。公司成立以来,先后举行了三期苗绣培训班,带领120名绣娘发展苗绣产业。如今,在当地文化部门的大力帮扶下,该公司通过"订单+绣娘+平台+销售"的模式,将非遗苗绣与精准扶贫有效地结合起来,使当地农村的苗族妇女在家门口就能就业增收,实现了"让妈妈回家"的脱贫致富梦。

4. 素食制作技艺

油麻寨素食极富特色,最有代表性的素食当数"斑鸠豆腐"了。据该

第六章
油麻寨

寨石承中先生介绍，斑鸠豆腐的由来还有一个传说：古时在湘西苗岭的山上，每到炎热的夏天，人们会去山上采摘一种"斑鸠叶"，拿回家后用来制作斑鸠豆腐。由于地方土地贫瘠，粮食总是歉收，一到夏季时村里人常常忍饥挨饿，于是只好到山上寻找食物，山里的葛根、竹笋、蕨菜、蘑菇，田边的野芹菜、鱼腥草，甚至枇杷、树皮和草根……只要没有毒性，都找来充饥。尽管这样，依然不能解决温饱。村里有一位聪明美丽的苗家姑娘，大家叫她"阿雅"（即"姐姐"），也常常跟着乡亲们上山寻找食物。一天她独自一人来到离寨子较远的斑鸠山，看着四周被乡民们剥开的树皮、挖开的泥土，不觉潸然泪下。中午时分，她饥渴难耐，便来到小溪边，双手捧一把清澈的溪水喝，顿觉舒爽多了。这时她发现溪水上边有一只小鹿，津津有味地吃着前面的树叶，时不时又低下头喝水。阿雅见了，心里想道：这种叶子小鹿能吃，我们应该也可以吃吧？她正思量着，忽见前方走来一位老婆婆，长得慈眉善目，精神矍铄，笑吟吟地对她说："姑娘，这漫山遍野的小树叶，可以做成食物啊！"言罢，就把斑鸠豆腐的制作方法告诉了阿雅。阿雅听了，欣喜雀跃，低头拜谢老婆婆，却已不见她的踪影。回家以后，阿雅立即试试刚刚学到的手艺，做出来的斑鸠豆腐果然鲜美滑爽，味道清凉，大家不禁啧啧称赞。后来当地人说，因为做斑鸠豆腐的树叶是长在斑鸠山上的，故取名为"斑鸠叶"，而那位教阿雅做豆腐的老婆婆是观音菩萨所变。故而长斑鸠叶的树又被称为"观音树"，斑鸠豆腐亦称"观音豆腐"。

斑鸠树，属于落叶灌木，树皮淡褐色，叶对生，有柄，圆锥花序，花多顶生，核果球形，多生于山坡路旁田坎边，在湘西州的田间地头随处可见。此树有刺鼻的异味，有人闻之难忍，称其为"臭黄荆"。斑鸠树叶之所以能做豆腐，是因为叶片中含有较高的果胶成分，据专家测定，其果胶脂化度达73%~78%，胶凝度为160~200级，属于优质果胶。斑鸠豆腐的制作，大致分为四个步骤，具体为：第一步：将新摘的斑鸠叶洗干净，放入器皿中备用。然后用柴火把山泉水烧沸，水沸后倒入装有斑鸠叶的器皿中小心搅拌，待到水温合适时，再用力搓揉，直到汤汁变绿变浓，叶中果胶完全析出为止。第二步：将器皿里的叶渣和汁水一并倒入细孔纱布中过滤，去除叶渣,留下过滤后的绿色汤汁,并盛入盆中。第三步:将适量的草木灰和开水混合,并用纱布过滤,然后将过滤所得的灰水按照一定比例倒入绿色汤汁中搅拌均匀。草木灰属于碱性,制成的灰水具有凝固豆腐之效。当然,灰水放入比例要适量,多放会使豆腐凝固过硬,口感不好,少放则会使豆腐稀碎易散。第四步:将调制均匀的斑鸠豆腐浆汁连盆一起搬到阴凉处放置。大约两小时后,斑鸠豆腐即可凝固成型,最后用刀切成小块,一道绿色健康的美食便制作完成。斑鸠豆腐是苗家儿女利用大自然中的植物做出的季节性有机食品,营养丰富,色如翡翠,晶莹剔透,既可凉拌食用,也可清炒或煲汤。盛夏时节,吃上凉拌的斑鸠豆腐,不仅能消暑祛热,使人清爽舒畅,而且还有清凉解毒、退火与降血压之功效。斑鸠豆腐实为当地村寨不可多得的一种美食,体现了湘西苗族人民的传统智慧。

5.民间传说

油麻寨至今流传着许多象征意蕴丰富与寓意深刻的传说故事。

(1)牛头山

古时候,牛头山脚下的麻家寨住着一户贫寒人家,茅草遮天,杉皮做墙。家中有一个寡妇,带着一个10岁左右的小孩,艰难地生活。一天早晨,妇人起床把门打开,只见一头肥壮的小水牯牛卧在自家院子里,不停地咀嚼,时而甩着尾巴驱赶蚊子。妇人感觉奇怪,这是谁家走丢的牛儿呢?她便叫醒孩子,四处打听。一天过去了,无人来找;一个月过去了,仍不见人来找……妇人只得叫孩子每天去放牛,她自己除了忙家务活外,还得去割草来喂牛,个中辛劳自不必说。小孩每天上下午牵着牛儿到附近的山坡上吃草,晌午时又牵牛儿到旋塘湾去洗澡。旋塘湾水深,中间还有水旋,很多人都望而却步。一天下午,牧童依然牵着水牯牛到坡上吃草,或许是牛儿已经吃饱,它卧在地上休息,牧童也靠着他的伙伴不知不觉地睡着了。

不知过了多久,牧童被一阵吆喝声惊醒,他睁开双眼,见周围都是人,自己却睡在一个仓库里,他觉得奇怪:"我不是在牛头山上放牛嘛,怎么会在这个地方?"这时只见一个官员问道:"你是何方小孩,怎么跑到我们铜

第六章
油麻寨

仁府来偷粮食？"牧童这才知道他是在铜仁府的仓库里，被人当作了小偷，他于是回答说自己乃是湖广人氏，不知为什么到了这里，并非盗贼。那人又问："看你只是个乳臭未干的小儿，量你也没有这么大胆，肯定是个探子。你把我们的粮食藏在哪儿？从实招来！"牧童听了，百口莫辩，谁让自己在别人仓库里呢。他仔细地看了看四周，只见牛蹄印和墙角的几堆牛屎，难道真是自己的牛儿吃了别人的粮食？

牧童镇静地说："我确实不是什么盗贼，根本不会偷你们的粮食。我就是一个放牛娃，昨天放牛睡着了，一觉醒来才知道自己到了这里。这里确实到处都是牛蹄印，到底是怎么回事我也不清楚。"那些人哪里相信，他们不依不饶，要牧童赔偿损失。牧童急了，心想如果只是自己一人倒不要紧，家中还有母亲，连牛儿也不见了踪影，如今如何是好？他恳求铜仁官衙放他回去，不然跟他到家里查个明白也行。官衙考虑了一下，想想小孩说的也没错，把他关在这里也无济于事，不如跟他上前看个究竟。于是一员虎将带领大队人马跟随小孩向湘西进发。

不止一日，来到麻家寨，看见了那头水牯牛。不料牛儿却开口说话了："是我吃了你们的粮食，与孩子毫无关系。"兵将们听了，上前喝道："既然你自己承认了，跟我们回去交差。你这个畜生煮汤都不够我们喝！"牛儿一听大怒，双方在岩板寨里鏖战起来，从早到晚，只杀得天昏地暗，日月无光，最后终因寡不敌众，力量悬殊，水牯颈部被刺中一枪，血流汩汩，随后又被一刀砍断下颌，舌头滚到地上，不久便气绝而亡。旋塘湾下的水被染成红河，血水流了七天七夜。

水牯牛死后，化为一座大山，人称牛头山。其实，与牛头山相关的还有一些其他故事。且说太上老君许久没有远游，这天命令童子把牛儿找来，发现牛却不知去向。老君掐指一算，喃喃自语："此乃天数，不可违也！"于是下令徒弟往凡间一趟。徒儿领命，下凡而去。他站在云端看见打败"水牯牛"的铜仁府官兵走到排吾那里，遂用手一指，所有人马即变成奇形怪状的石头，形态各异，这便是今天的石栏杆；而将军则变作了山坡，后人称为"将军山"。仙童又前往牛头山，用手轻轻一划，山顶上的那块大石头立即出现"步入邪道,难成正果"八个金光闪闪的蝌蚪文字,凡人莫识。这块大石板,正是被官兵砍掉的"水牯牛"的下颌骨,今天已成为知名景点。站在那里,山高景美,放眼远眺,乡村美景尽收眼底。

(2)孩儿石

古时候,油麻杉树坪自然寨,住着二三十户人家,都姓石。那时,地方林密山深,古树参天,犹如原始森林一般。有一个叫作石大来的年轻人,年方二十,娶妻麻氏,久未生育。一天,大来到附近山上砍柴,这时彩霞满天,云蒸霞蔚,令人心旷神怡。只见他轻捋衣袖,准备挥斧伐木,耳畔突然沙沙作响。很快树枝纷纷落地,只见眼前龙鳞闪闪,是一条传说比蟒蛇大许多倍的长龙,缠绕在几棵大枫树上,起舞徘徊,不久才逶迤而去。石大来看得目瞪口呆,不知所措。

回家之后,大来把今天遇见神龙的事告知妻子。麻氏欣喜地说,这是吉祥之兆,必须每天烧香纸祭供,保佑家里幸福平安。转眼就是六月伏天,一个夜深人静的晚上,麻氏感到酷热难耐,便起床打水,在院子里准备洗浴。这时,忽然一颗星星直接掉进水桶,女人伸手一摸,却什么也没有。没过多少时日,麻氏自己却怀孕了,她把这事告诉丈夫。石大来一听,妻子有喜,自己就要当父亲了,心中大悦。俗话说,十月怀胎,一朝分娩。此后麻氏生下一个眉清目秀、招人喜爱的小孩,一家人视之为宝,大摆酒宴,村寨邻里、亲戚朋友都前来道贺。

没过多久,石家发生了一件事,让一家人忧心忡忡,寝食难安。那就是每当夜深人静的时候,这个小孩就会变得通体透明、闪闪发光,犹如一个"火孩子"。此事一传,颇受非议,是非好歹,谁也说不明白。无奈之下,石大来只得请来一位精通阴阳五行、谶纬禁忌、星相卜筮的巴代,经他一算,原来这个孩子犯了太岁,火气太重,自有禳解之法,不足为虑。此言一出,石家一屋上下,方才放下心来。

是日,巴代在堂屋中央燃烧香纸,身穿法衣,手挥铃铎作揖叩首,舞动绺巾,对着大公鸡念咒作法。再令麻氏抱着小孩,大来端着装在竹筛里的牺牲祭物,跟着他一起来到村口的井水旁,又手舞足蹈、念念有词,最后对大家说:"从今往后孩子平平安安、无灾无难地长大!"说来也怪,三日过后,小孩身子不再发光了。石大来一家欣喜若狂,可不久,却发现小孩饭量一天天减少,人也渐渐消瘦下去。再去寻医求药,不见效果,命悬一线,不久,孩子竟然一命呜呼,全家人悲痛不已。这时,有人对石大来说,你家这个孩子本是天上的星宿下凡,如果你不听别人的胡说八道,将来一定会封妻荫子、出人头地的。真是造孽,可惜啊!事实上,小孩的夭折,大来一家对请巫师作法早已后悔不迭,但是为时已晚。

在离石家对面不足300米的地方,有人发现多出了一块高约2.4米、宽约1.8米的大石头,同本地盛产的青石明显不同。人们纷纷猜测,这块石头应该是"火孩子"的化身,他怀着对人间无限眷恋之情,以他生前的"石"姓为图腾,变作石头,站在那里深情地望着家里。

(3)苗家天梯

远古时期,宇宙洪荒,盘古氏开天辟地,遗留缺漏,天空出现了一个大洞。不久共工与祝融水火二神发生权力之争,共工战败,他怒触不周山,造成天地一片混乱。造人之神女娲乃熔炼五色之石以补苍天,砍断大龟之足以立天柱,使遭遇灾难的人民得以复生,"苗家天梯"相传即是女娲在炼石补天时所造,以便上天入地而用。据说"天梯"的梯脚在今天油麻寨的登高楼与高博山上,这两座山里面均是那些坚不可摧的巨石。在那茹毛饮血的年代,环境复杂,条件恶劣,医疗条件十分落后,很多新生儿的成活率极低。话说当地有一位"果芈"(龙姓)的妇女,先后生下5个子女,却只剩下最后的一个儿子成活。她常常念想夭折的儿女,心情忧郁。

一天,芈女从鸭堡寨(今天雅桥一带)赶集回家,望着高耸入云的天梯,心想:女娲神所造的梯子还未搬走,既然能通天,为何不上去瞧瞧。她回到家中,便忙活起来:磨柴刀、砍竹子、削篾条,开始编起了竹篮。丈夫问她编这个干嘛,芈女笑了笑说:"用处大着呢。"非止一日,竹篮编成,菜肴也备好了。芈女把米饭装在竹篮的最上层,萝卜干放在中间层,酸菜干放在下层。到了晚上,她才跟家人说要去天上,看能不能找到夭折的孩子。听她这么一说,一家人都反对,但仍未改变她的决心。

芈女连夜登上了天梯,累了歇,歇了爬,爬了吃,过了七天七夜,终于爬到了天穹。初来乍到,芈女感到很新鲜,遂四处徜徉,不知走了多久,来到一个热闹之所,远远地就听到了小孩子的嬉闹声,再往前一瞧,只见成千上万个孩子你追我赶,玩着游戏,无忧无虑,幸福快乐。芈女此时心想:如果自己的几个孩子都健在,家里也就像这个小乐园了。想着想着,眼泪不禁掉了下来。她瞪大双眼,想在这些孩子中间找到一些熟悉的面孔,可瞧了半天,竟然一个也没找着。正大失所望之际,突然一阵似曾相识的童声传来,芈女回眸一看,目瞪口呆,站在面前的正是夭折不久的一双儿女。一番寒暄之后,她才知道不在人间的孩子都来到了天宫,他们没有痛苦和烦恼,也不会长大和变老,真是天上人间啊!

芈女想把儿女一起带回家,便问他们愿不愿意。天宫虽然快活自在,但孩子都愿意跟自己的父母在一起,兄妹俩连连点头答应。芈女大喜,心想好不容易找到了自己的孩子,先把他们带回去吧,以后再来寻找另外两个孩子。想罢,说走就走,于是牵着孩子疾步而行。走了半响,才找到天梯,不料背后却传来一阵天兵天将的吆喝声:"大胆女贼,竟敢到天宫来拐骗小孩!"芈女大惊,手一松,孩子被夺了过去,她一惊慌,便跌了一跤,血流不止,溅到梯子上,天梯断成了两截,下节上端砸在今天贵州的铜仁,下节下端则弹到了花垣县石栏镇的排吾。每当日出或者日落之时,霞光四射,传说便是留在天上的半截梯子。

再说芈女,天梯已毁,如何回得去,顿时痛哭流涕。谁想芈女忧伤过度,食欲不振,剩下的饭菜飘飘洒洒,落在地上:酸菜干变成地上的蚂蚁,米饭经过雨水的浸泡化作了棉花。芈女心想,再去要回孩子已不可能,无奈之下,只得另寻一条回家的路。找啊找,最后发现一棵枝繁叶茂的马桑树,树根直抵人间,好似天梯,芈女沿着树干,一步一步退回到人间。人间亲友看到很久不见的芈女归来,前来问询。

芈女告知他们天上的经过,众人听了,唏嘘不已,似信非信,但都感叹,如能跟夭折的孩子见上一面,亦是缘分,都想去试试。果不其然,此后的日子里,每天都有人沿树而上到天宫寻找孩子,不久就引起了玉皇大帝

第六章
油麻寨

的注意,他急忙吩咐王母娘娘处理好此事。王母娘娘接旨后,想出了一条妙计,她对前来天宫的凡人说:"往后大家不用那么远地爬树上来寻找孩子了,只要你们诚心诚意,请法师在家中搭一座天桥,每天烧香许愿,尔等就会儿孙满堂、万事大吉的!"如今,湘西的苗家人民,每当碰到不顺心的事,或者一子难求的时候,仍然还会请法师作法念咒,用竹片架成天桥,祈求平安,多子多孙。

王母娘娘等到众人都回到凡间以后,便施法把马桑树压了下去。此后,尽管马桑树繁衍很快,生命力强,但总是弯腰低垂,再也长不高了。据说,我们看到皎洁的圆月里面有个树影,那便是当年王母娘娘作法而断掉的马桑树枝。

(4)蹄印石

远古以前,距离此地几百里的西南方住着一户人家,一天,主人到外地探亲,只留姐弟俩看家。他家的后院拴着几匹马,这晚有只老虎跑进马圈觅食,不料听到两个孩子在屋里说话。"姐,父母都不在家你怕不怕?""你呢?"姐姐反问道。"我怕鬼,"弟弟回答说。姐姐说:"我什么都不怕,只怕'五漏'!"(苗家人发音不准,"五漏"就是房屋漏水。)弟弟又说:"姐,我既怕'五漏'又怕鬼。"老虎偷听到了,也害怕起来,心想这个"五漏"到底是个什么东西,这么可怕,我也得注意点。没想到有个小偷也想今晚趁主人不在家,正好偷马,他谨慎地摸着马,却摸到了老虎身上,感觉此"马"毛发油亮、肥肥壮壮,遂用绳索系住虎头,把马鞍套上。那老虎以为碰上了"五漏",吓得不敢动弹,任其摆布。小偷跨上虎背,老虎驮起小偷,飞奔而去。不知不觉跑到了簸箕坡头,这时天已微明,小偷才知道他骑的是只吊睛白额"大虫",吓得魂飞魄散,急忙趁机抓住眼前的枫香树枝,爬上树去。老虎觉得背上轻了许多,心中恐惧,仍一路疾行。跑到猴儿坡,猕猴惊问其故,老虎气喘吁吁地把昨夜的事说了一遍,猴子半信半疑,要老虎带它去瞧瞧那个"五漏"到底是个什么样子。于是,它们俩心怀忐忑地往回走,远远望见枫香树上隐隐约约像有个人在那里。猴子壮大胆子爬上树,要把小偷拉下来喂虎吃。这个小偷当即屁滚尿流,尿液流到猴子脸上,猴子一惊,掉了下来,老虎背起它就跑,一口气跑到了油麻寨,回看"五漏"不追,又见前面有个池塘,累得筋疲力尽的老虎感到口干舌燥,便扔下猴子,下去喝水。据说,寨里的那些蹄印化石,就是当年那只老虎所留下的脚印。

(本章由李技文、石承中、陶金调查,李技文撰写)

第七章　子腊村

　　子腊村位于湘西州花垣县石栏镇的西南部,距县城36公里,距离镇人民政府驻地雅桥村10公里,距最近的G65包茂高速公路麻栗场出口24公里。东接双龙镇,西邻猫儿乡,南与吉卫镇交界,北同龙潭镇相连。该村属于典型的峡谷丘陵地形地貌,周边地理环境多为崇山峻岭,层峦叠翠,奇峰异石,土壤结构以泥沙地为主,各类矿物质含量丰富。村寨四周古树遮蔽,绿荫葱葱,子腊河穿村而过,风光旖旎。2019年6月,子腊村被列入第五批中国传统村落名录。

一、村落概况

(一)地理生态环境

子腊村所辖面积10平方公里,平均海拔约为600米,村庄占地面积3000余亩,其中耕地面积为1202亩,水田841亩、旱地361亩。年均气温13.9℃,年降水量1400毫米,无霜期250天。盛夏时节,走进村寨,映入眼帘的是一幅青山绿水环绕,绿色稻田镶嵌其间,古井、沟渠、巷道与苗家传统民居相映成趣的田园画卷。一条条古色古香的石板路,一栋栋历史久远的苗家老屋,一棵棵颇有年轮的古树,一户户鲜花成景的洁美庭院,一片片金灿灿的稻田,一只只在河水上嬉戏的鸭鹅,在蓝天白云的映衬下,恰是一幅自然和谐的乡村生态画卷。俯瞰子腊村,村寨被五座大小不一的山峰环抱,东边是仁糯嘎山和果得当山、西边是着辽山、南面是觅觉山,北面是兵沟大肖帕山,整体地势西高东低,清澈的子腊河自西向东缓缓流淌。独特的自然环境造就了子腊村优良的生态系统与纷繁多样的植被,堪称天然的生物基因库和绿色资源宝库。

子腊村一隅(陶金 摄)

子腊村的庭院(李技文 摄)

全村森林覆盖率约为70%,生态物种保护良好,有160科580属1300多种植物;脊椎动物区系有20多目60多科,属于国家重点保护的野生动物有近200

种。其中,有野生植物如红豆杉、水杉、银杏、楠木、伯乐树、鹅掌楸、香果树等,国家重点保护的名贵中药材有杜仲、黄姜、天麻、樟脑等数十种,同时还有其他油脂类、维生素类、观赏类和经济类植物数百种。有云豹、白鹤、白颈长尾雉、金雕、蟒蛇、野山羊等国家一级保护的脊椎动物10余种,二级保护动物有猕猴、水獭、天鹅、大鲵、马麝、岩羊、穿山甲、五步蛇、银环蛇等20余种。

(二)村落来源

"子腊"为苗语,翻译成汉语即"来慢了"和"来晚了"。如果仅从语义或字面上理解,难免会有误读子腊村悠久历史之嫌。实际上,子腊村之由来颇有历史内涵,仅从《子腊贡米序》中就可寻其踪迹。相传,宋末元初时,麻大、麻二两兄弟携妻儿自崇山披荆斩棘七天七夜,抵达子腊河谷。两兄弟一到这里,便觉得这儿是块宝地,但是当时烟雾缭绕,他们误以为是"炊烟",以为早已有人在这里定居,于是感叹"来晚了"。后来他们发现,不是炊烟,只是山林沼泽的雾气而已,从此便在此定居,"子腊村"因此得名。除了村名历史悠久外,该村迄今还保存着丰富的文化遗产资源,古井、古民居、古土地庙、古碑、古石板路和古石桥等物质文化遗产在全村5个自然寨均有分布,安苗祭祀、祭土地神、做道场(丧葬仪式)、打糍粑、打苗鼓、唱山歌、刺绣、打草鞋、打花带、纺线、长桌宴、传统种植(养)殖技术等非物质文化遗产传承至今,是一块多元文化融合的沉积地与富集区。

村里的石板路(李技文　摄)

（三）村落布局

子腊村的聚落景观布局颇有讲究，在南面觅觉山和北面兵沟大肖帕山之间的平坝地上，河流、沟渠、稻田和风景林，构成了"山—水—林—田—寨"的完整生态空间。据当地村民介绍，山林是整个村寨的重要水源涵养地，禁止垦伐，目的是保障河流、古井和沟渠中的水流得以持续不断，同时也为人畜的生活及其农田灌溉提供必备的水源。风景林又称风水树，主要种在村寨四周，目前该村有数十棵风水树，其中有的树木已逾数百年的历史。当地苗族群众认为，风景林有保寨和护寨之功用，尤其是那些有着上百年历史的古树，象征着村寨的兴旺发达，不能随便砍伐，正所谓"枝繁寨兴，叶茂寨旺"。据说，寨里曾有一棵老树，相传这棵树在当年先祖到村里定居时就有了，老树的底下修有一座土地庙。每逢节庆之时，村民们便会带上祭品前去祭祀"土地神"与老树，同时巴代也会前来主持祭祀仪式，场面十分隆重。遗憾的是，由于老树历经时代和风雨洗礼，后来枝丫开始干枯，主干也渐渐空心，前几年被一场大风刮倒，如今只剩下一米多高的树桩依旧屹立。

为了保护村中平坝处的稻田，村民在建造房屋时往往选择缓坡或山脚之地，由此形成了村寨环绕稻田、稻田映衬村寨的美丽景象。此外，在建造房屋时，人们还十分重视庭院的美化，常常会在院墙四周种上常青树木和花草，春夏之际，行走在寨中的石板巷道上，随处可见各家各户庭院中高低有序与繁花似锦的美丽景致。习近平总书记曾提出，山水林田湖草是一个生命共同体，人的命脉在田，田的命脉在水，水的命脉在山，山的命脉在土，土的命脉在树。子腊村民创造的"山—水—林—田—寨"的生态景观，实际上就是对习近平总书记这一生态思想的有力诠释。因为有了树木才能有山，有山才能有水，有了水才能滋养稻田，有了稻田才能种出粮食，有了粮食村民们才能得以生存，也才能建设好美丽村寨和幸福家园。

(四)村落人口

全村现有5个自然寨,分为上子腊、中子腊和下子腊三个片区,辖12个村民小组,共计306余户,人口约1450人,主要姓氏有龙、吴、石、麻、廖等,苗族人口占全村总人口数的98%以上。

(五)物产与特色产业

子腊村主要作物有水稻、玉米、大豆、土豆、番茄、辣椒、烟叶、猕猴桃、葡萄、绿茶等。该村自古就是出"贡米"的地方,"子腊贡米"远近闻名,子腊村也被全国公益组织"黑土麦田"列入精准扶贫项目村。

明代初年设崇山卫时,当地便开始大力推广水稻种植,并进贡宫廷,逐渐形成特色鲜明的苗族农耕文化。据吉首大学杨庭硕教授多次考察后认为,子腊贡米"老谷种"应该是引进的"贵阳粘"加工后,逐渐形成适合本地生态环境的稻谷品种,形成时间应该早于清代。在子腊村,纵横交错的山泉溪流构建出脉络清晰的灌溉系统;连片稻田沿子腊河呈条带状分布;四面崇山环绕、森林茂密,形成独特的峡谷稻田美景。"铺树造田"和"稻—鱼—鸭—蛙"复合种养、育林蓄水等传统农耕与生态技术,实现了水土资源的集约利用,是当地苗族人民兼顾经济效益与社会效益的传统农耕智慧的集中体现。该村生物多样性丰富,苗族文化与农耕文化不断融合,形成了异彩纷呈的苗族农耕民俗文化,并产出许多特色鲜明、种类丰富的优质农产品。因为这些积淀深厚的农耕文化与传统生态智

稻鱼鸭共生系统(陶金 摄)

慧,2017年6月,"湖南花垣子腊贡米复合种养系统"被原农业部确定为第四批中国重要农业文化遗产。

有关子腊贡米之由来,清末贡生麻阅芜所撰的《子腊贡米序》有记载:"子腊为湘西一拥有六百余年历史之古村落。宋末元初,麻大与麻二兄弟二人携妻儿,自崇山披荆斩棘七日七夜,抵达子腊村河谷。当此之时,树木丛生,蔽日遮天,野猪遍山,虎豹结伴,河流泛滥,沼泥漫泛。兄弟二人斩木结庐于半坡,砌石出岸,导水成溪,伐松木以填泥,代代繁衍相继。迄今子腊木屋满山,良田满川,麻大、麻二创制之松木填泥,大量松香湖泊浸淫,满川稻米馨香油腻。至明朝洪武年间,崇山卫游击都司始征子腊米进宫赞礼,延及乾嘉,于兹为盛。诗云:'可遇满门金,难得子腊米。水泛千丘田,月笼半山明。'"通读以上文字,我们可以清晰看到麻阅芜不仅叙述子腊贡米之由来,还详细载述了子腊村的形成与当地苗族"铺树造田"种植贡米的历史事实,此三者历史文化都可谓是源远流长。

所谓"铺树造田",是指子腊村苗族先民将伐的木头平铺在所开垦淤泥深厚的烂泥田中,防止肥泥下陷、抑制稻田底部低温泉水渗出以便于人们耕种。如今,当地苗族村民在耕田时,每当遇到泥足深陷之地,还会采取下层横木的方法预防肥泥下陷。有关农史专家认为,"子腊贡米复合种养系统"之所以能成功入选"中国重要农业文化遗产",主要原因即是子腊村民善用"铺树造田"这一开垦利用土地的传统技术。该农业文化遗产包括在峡谷坡面封山育林,在谷底淤泥铺树造田,然后回填砂土,垒石成岸,引水灌溉,由此构建出了林稻相间、多样物种互惠共生的复合种养系统。最具智慧之处在于,通过"铺树造田"等特殊的传统技术系统,有效解决了山区沼泽地深陷和水温偏低等不宜种植水稻的自然环境问题。

"稻—鱼—鸭—蛙"复合种养技术是子腊苗族村民又一传统的生态立体农业模式,以期在保障绿色农产品生产的环境条件和技术水平下,实现农业的效益优化与价值增值。其技术的实践过程分为两个步骤:第一步,在用子腊"老谷种"培育出的水稻长成3叶苗龄期栽插成后,放入当地的鲤鱼苗,待水稻秧苗成活后1~2周,便放入1~2周龄的岩鸭。其生态功能及作用有三：一是利用岩鸭旺盛的杂食性除去稻田内的杂草和害虫；二是利用岩鸭不间断的活动刺激水稻生长，产生中耕浑水效果，保护鱼类；三是排出的粪便作为肥料还田，也可成为鱼类饵料，实现"变废为宝"。第二步，在水稻抽穗后收捕成鸭，放养田蛙。此时田蛙可以吃害虫，起到保护水稻抽穗扬花与灌浆壮米之效，同时田里的鲤鱼还能吃到掉入田中的稻花及田蛙排出的粪便，达到催肥的效果。待到秋天水稻成熟时，亦可收获稻谷、稻花鱼和田蛙。当然，在整个水稻生产与稻花鱼、岩鸭、田蛙养殖过程中，完全不用化肥和农药，全部施用农家肥，是一种典型的绿色、有机、健康和环保的生态立体农业模式，完全实现了绿色防控、提高农业效益、提升水稻品质、改善生态环境等多效合一的生态功能。"稻—鱼—鸭—蛙"的绿色生产模式，即为稻一种三收生产过程，前期和中期利用"稻—鱼—鸭"共生，收获了岩鸭；后期利用"稻—鱼—蛙"共生，收获了稻谷、稻花鱼和田蛙。同时，该复合种养技术还全程开展病虫草害绿色综合防控，实现了农业生产的多效合一和价值最大化的生态效果与经济效益。

俗话说：有了好田好水好气候，才能生产出好稻米。石栏镇的一些文化工作者认为，"子腊贡米"，并非因"子腊村"得名，而应是以"子腊河"而得名，也就是说，沿着子腊河两岸稻田种植的"老谷种"所收之稻米，均可称为"子腊贡米"，故而涉及的村寨除了子腊村外，还有子腊河下游地区雅桥村的油麻寨。其中，有一则流传于子腊河两岸苗族村寨有关"子腊贡米"的故事即可说明。据说在子腊河南岸，以前有一寨子叫鸭堡寨，位于今天子腊村与油麻寨之间。清代时，鸭堡寨的石吉山白手起家、发家致富，他有六个孩子，个个天资聪颖、饱读诗书，并且文武双全，长大后都考上举人，在老家兴修府宅，起桅杆，威风凛凛，在当地引起了不小的轰动。这就是当地至今仍津津乐道的鸭堡寨石家衙门，太平天国运动后期，宅院毁于战火。后石家又捐资重新修葺河上的山神庙，成为当地一道亮丽的风景线。

据测定，子腊贡米具有较高的营养价值，蛋白质、B族维生素以及硒、锌、磷、钙等微量元素含量高于普通大米，其中高蛋白质含量是普通大米的1~2倍。如果种植的是"老谷种",其产量相对于杂交水稻而言较低,亩产225~250公斤。在当地集市,"子腊贡米"每公斤销售16~18元,在上海、北京和长沙等城市,其售价能达到每公斤18~25元。据村民介绍,沿子腊河两岸的稻田,即使所产杂交水稻,其稻米仍比周边其他地方同类水稻的品质要好,米粒长而饱满,颗颗莹白,色泽晶亮通透。大米蒸煮后,油亮醇厚,清香怡人,酥软可口、热不黏稠、冷不回生,煮粥黏而不腻、营养丰富,实乃稻米中的佳品。据一些农学专家分析,"子腊贡米"品质优良,既与子腊村"铺树造田"等特殊种植技术有关,也有当地成土母质以古生代页岩为主的原因,还有子腊河峡谷稻田区域的气候等优势条件之影响。

此外,在种植子腊贡米的稻田中所养殖的稻花鱼、岩鸭和田蛙,也有脂肪少、蛋白质和瘦肉含量高等优点,再配以苗家独特的烹饪和腌制手法,营养丰富、口感鲜嫩、风味独特。当地苗族群众透露,稻花鱼价格不菲,一般都超过了30元一斤。岩鸭20多元一斤,是饲养鸭价格的一倍,田蛙的价格也明显高于市场上所销售的养殖品种。概而言之,"湖南花垣子腊贡米复合种养系统"作为中国重要农业文化遗产,是子腊河两岸的苗族先民们创造性地开垦利用土地、采取复合种养的集体智慧结晶。

(六)经济与社会发展状况

在当前国家脱贫攻坚与乡村振兴有效衔接的政策支持下,子腊村民已将开发优秀农业文化遗产作为带动村民致富增收的重要引擎。据村党支部书记、"中国重要农业文化遗产"稻技传承人吴玉花女士介绍,今后一个时期,子腊村将牢固树立绿色品牌意识,注重科学研究,大力开展"老谷种"水稻种植,既要保护生态环境和人文传承,又要着力推动百姓脱贫致富,努力蹚出一条乡村生态兴农与产业振兴相结合的新路子。

一方面是充分利用"子腊贡米复合种养系统"这一"中国重要农业文化遗产"成果,探索出"农业文化遗产+精准脱贫+乡村振兴"的发展模式;另一方面是打好苗族刺绣这块"非遗"牌,通过"苗绣+精准扶贫+合作社＋市场"的产业模式,有效推动乡村文化产业振兴。

1. 贡米产业

就前者而言,目前村里已成立了"花姐种养专业合作社",并同步步高集团下设湖南贡米农业有限公司(以下简称"贡米公司")开展了合作,子腊村一带生产的香稻米将以"子腊香根米"和"苗家贡米"系列推出,有效解决了子腊贡米的终端销售问题。"贡米公司"在宣传"苗家贡米"时是这样介绍的:苗家贡米来源于子腊香根米,清香扑鼻,晶莹剔透,营养丰富,是有数百年进贡朝廷历史的"苗疆"名优特产。苗家贡米一直秉承传统的自然农耕法,以"生态、有机、环保"为经营理念,尊重土地的灵魂,让土壤恢复最原始的肥沃。它用清甜的山泉水灌溉,不用农药、化肥和除草剂,整个种植生产全程执行严苛的质量控制标准,谷子保持了原始香味,使大米保留了原味及营养,让所有细心品味的人都能感受到它鲜、香、软、糯的高品质。传统种植方式,蕴含了生命传承的能量。当然,除了贡米之外,"子腊贡米复合种养系统"生产出来的稻花鱼、岩鸭和田蛙也是优质农产品资源,也具有极高的经济价值。

2. 苗绣产业

除了贡米产业之外,现在苗绣和苗族服饰制作又成为子腊村的另外的名片。子腊苗族村民龙老香,是苗族服饰制作技艺的州级传承人,也是村里非遗扶贫就业手工坊的老师,她曾经对记者说:"现在到工坊来学习的有100多人,村里的妇女多少都会点,少的10多天,多的1个月就能学会基本技巧,学会了就在家里做,旺季每人每月可以挣3000元,淡季1000多元。"调查得知,子腊苗绣手工坊(又称"花垣石栏镇精准扶贫苗服苗绣有限责任公司")成立于2015年,是龙老香和龙志银、龙桂兰等10名绣娘合伙成立的,先后培训了数百余名绣娘,其中有100多名是外出打工回乡创业的农村妇女。石栏镇文化站站长、"让妈妈回家"苗绣创业就业项目的发起人麻正兵说:"非遗扶贫工坊为花垣县的文化扶贫探索出了新的途径,形成了文化精准扶贫新范式。让拥有苗绣技艺外出打工的妈妈回到家里来,在家门口从事祖辈相传的手工技艺,一方面可以获得经济收益,另一方面,让留守儿童、空巢老人得到亲情关爱,实现了社会和谐发展。"目前,子腊村苗绣手工坊作为"让妈妈回家"项目的首创企业,已经吸纳300多名绣娘,其中技术较好的绣娘有170多人,每月收入超过2000元。

2017年初,事业有成的苗族姑娘石佳回到家乡石栏镇,当看到镇里近2万人口中,留守儿童居然达到1200人时,决定带老乡、建家乡。亦成为"让妈妈回家"公益项目最早的发起者之一。2017年7月,石佳创办的湘西七绣坊苗族服饰文化有限责任公司在石栏镇文化站成立。公司成立后,先后聘请非遗传承人作为指导老师,发动乡镇留守妇女和外出打工妇女到公司基地参加带薪苗绣技能培训,培训合格后与公司签订合同并上岗。2019年11月,当记者采访石佳时,她说:"她们(绣娘们)可以自主选择到基地来上班,或者是在家承接公司订单。一年时间里,我们总共培训了700余名绣娘。签约带动486人,其中,建档立卡贫困户132人。"

如今,子腊村苗绣手工坊的订单很大一部分来自石栏镇的湘西七绣坊苗族服饰文化有限责任公司,基本上能保证村里的绣娘们每月有2000元到5000元的收入,真正实现了"妈妈"在家门口就业。正如子腊村返乡的年轻妈妈石翠凤所说,以前她在浙江打工,有了孩子后不想再离开家,"让妈妈回家"苗绣创业就业项目给她提供了就业机会,在子腊村苗绣手工坊上班,时间灵活,很多时候居家就可工作,既能照顾孩子和家庭,又能挣钱。从这个意义上讲,子腊村苗绣产业作为推动乡村振兴的重要引擎,现已在巩固脱贫攻坚成果与助力实现村民共同富裕的道路上发挥着重要作用。

二、文化遗产

(一)物质文化遗产

据调查统计,子腊村目前保存有清代以前(含清代)的木结构传统风貌建筑19栋,有20世纪50至70年代修建的木结构传统风貌建筑180余栋,如该村5组麻老高家的主屋就修建于1819年,至今已有200余年了,可见历史之久远。调查得知,寨中还有一栋老屋据说是建寨时就修建的,一直保存至今,甚为遗憾的是2019年因为户主修建新房,将之拆毁,实为可惜。因此当务之急,地方政府部门应该加强对子腊村老屋和古民居的抢救性保护、修缮维护和日常养护,防止拆真建假、拆旧建新等"建设性破坏"行为。另外,子腊村还有5口古井,10余条累计长约2公里的古石板路。就古井而言,最为著名的当数中子腊的石板古井,为了保护水质和方便村民用水,村民在水井上方修建一个凉亭供大家乘凉和日常洗漱。井水盖上放着一个水瓢,路过的村民不管老人还是小孩,都可舀上一瓢井水解渴。同时,村民还在水井旁修建了有着二级梯度的水池,用来盛放流出来的井水,通常人们用靠近井口所建的第一级水池中的水洗菜,洗完菜流下去的水进入第二级水池,人们又用之洗衣,洗衣后的水再沿村道两侧的沟渠缓缓下流,经过自然净化后的井水既可用来浇灌田地,亦可达到夏季解暑降温之效。这种用水和引水的科学模式,是身居大山里的苗族群众对水资源有效利用的智慧之举。

(二)非物质文化遗产

如果从文化交融的视域去分析子腊村的文化特点,那么前文所述的"子腊贡米复合种养系统"这一"中国重要农业文化遗产",其内涵就体现了在水稻种植期间与鱼、鸭、蛙等养殖有机结合。一些学者认为,子腊贡米就其"老谷种"而言,就曾是明清时期"贵阳粘"改良后引进到当地,并与独特自然气候相适应而形成的品种。另外,由于杂交水稻的大面积推广,曾经传承下来的数十个"老谷种"消失了许多,2017年中国重要农业文化遗产申请成功后,稻技传承人吴玉花又从怀化、铜仁和黔东南等地区引进了数十个"老谷种"试种,目前已种植成功的有20余个品种。也有学者曾指出,以"子腊贡米复合种养系统"为代表的农业文化遗产,数百年来与苗族巫傩文化、祭祀文化、生育文化、歌舞文化、节庆文化、饮食文化等有机融合和长期演变，逐渐形成一整套集生物多样性保护和生态环境良性循环于一体的农业生态体系，彰显了苗族农耕文化多元沉积的鲜明特色。

1.安苗祭祀

作为不同文化交流与融合的典型范例，子腊村最具代表性的非物质文化要数一年一度的"安苗祭祀"活动。"安苗祭祀"作为当地苗族独有的农耕祭祀习俗，其历史久远，内涵深厚，相传起源于明朝初期，现已经成为彰显子腊苗族优秀农耕文化遗产的典型代表。每年芒种时节，村民种完水稻，为祈求秋天有个好收成，便要举行"安苗祭祀"活动。芒种之谐音即为"忙种"，意味着夏季农忙的开始。当地苗族群众将秧苗种入田地后，自然希望秧苗茁壮成长，到秋天能大获丰收，所以在芒种节气时会举行隆重的祭祀，祈求五谷丰登，保佑村民平安。据村领导介绍，村民插秧完毕，便会请村里德高望重的长辈或巴代选择祭祀吉日和圣洁之地，为丰收祈福纳祥。日子和地点选定后，即可准备祭祀贡品，其中香纸和丰盛的酒、饭、水果等常用祭品必不可少。祭祀当天，村民们便早早起床，身着盛装，各家各户亦会准备香纸和丰盛的酒、饭、水果等祭品，敲锣打鼓。祭祀活动要在吉日的早上举行，祭师由巴代担任，当巴代的法号吹响，便寓意着五谷蕃熟，穰穰满家。整个祭祀的过程神圣而隆重，庄严而极具仪式感，体现了当地苗族与天地自然和谐共生的美好愿望。"安苗祭祀"作为子腊村世代承续的传统农耕祭仪，实质上类似于南方众多少数民族举行的"吃新"庆丰收仪式，只是在举行的时间上有所提前罢了。它不仅是当地苗族群众在漫长的农耕道路上留下的珍贵农业文化遗产，也是人们在长期的农耕实践与同自然环境互相适应中总结出来的极具苗族特色的农业智慧，深刻表现了湘西苗族村民勤劳质朴、勇敢无畏与生生不息的奋斗精神。

2.刺绣

子腊村的苗族刺绣独具风格，蕴含深刻寓意，图案丰富古朴，配色艳丽大胆,用布灵活多样。子腊苗绣的技艺针法包括绣、插、捆、洒、点、挑、串、边共8大类和20多种。苗绣作品不仅装点着当地苗族的日常生活,而且承载着苗族的历史文化记忆,反映了苗族妇女的创造能力和无穷的才思机智。在一幅幅斑斓绚丽的绣图背后,蕴含着许多有关苗族起源、迁徙历史、宗教信仰等信息,对研究苗族历史文化、艺术审美、科学技术、旅游开发、地域经济等都有着十分重要的价值。该村

苗绣作品(李技文 摄)

苗绣传承人龙老香和龙志银,已经带领村里十余名以苗绣产品为主要生计的妇女,共同成立了"十姊妹"苗绣合作社(绣娘集中在村里的1、2组)。"十姊妹"苗绣合作社主要以家庭小作坊的形式运营,绣娘自己在家接订单,订单多为歌舞表演的演出服。如今,"十姊妹"苗绣合作社已得到石栏镇"让妈妈回家"非遗扶贫项目的重点支持,取得了良好的综合效益。

3.酸食制作技艺

湘西苗族爱吃酸辣,子腊村亦不例外。当地苗家人每顿饭,餐桌上必备酸菜和辣椒,尤其是用各种鱼肉瓜果做成的酸食,比如酸鱼、酸肉、酸薹头、酸萝卜、酸青菜、酸豇豆和酸蕨菜等。苗族喜食酸味由来已久,但是并非生性好之,而是由于湘西地处偏远山区,交通不便,得盐不易,自古以来,均处于无盐时代,以致今天苗语中乃咸苦不分。经过长期的探索,苗族先民发明了酸食,以促食欲,流传至今。

对于苗家而言,但凡能够食用的东西皆可做成酸食,便于平日贮存,是过去的家常菜。做酸汤的原料一般是青菜、白菜和西红柿,青菜是上等

原料,用它做成的酸汤不易变质,味道纯正;白菜次之;西红柿做的酸汤时间长了,容易发霉,味道也逊色得多。苗家酸菜的具体做法是:首先在寨子里用洁净甘甜的山泉水把青菜洗干净,洗好后用菜刀切细,左手搓揉,右手舀水漂洗。这样做是尽量除去青菜的苦味,使做出来的酸汤味道纯美。其次在土灶里烧火,于锅里放水倒入玉米粉煮沸,再将刚洗好的青菜倒进锅内跟玉米粉拌匀,然后装入放在火塘边上早已准备好的坛子里,慢火煨热三天左右,绝好美味即成。那时揭开盖子,一股酸味扑鼻而来,用嘴一尝,回味无穷。

关于酸汤,在湘西苗家流传着这么一个动人的故事:古时候,当地人民在山里艰苦劳动,但山多地少,人们常常缺衣少食,有上顿没下顿,加上山里长期缺盐,饮食乏味,时间长了,人们手脚浮肿、浑身发软,走起路来摇摇晃晃。当时有个名叫三妹的苗家姑娘,看到父老乡亲这种状况,很是着急,她每天想着法子,给家里做着适口的饭菜,却一直无法改变这个现状。一天她做饭时没有盆子装米汤,顺手把米汤倒入放有白菜的土坛子里,过了几天,她无意中发现白菜没有腐烂,米汤变成淡黄色,整个坛子散发着一股清新的酸味。她忍不住舀了一勺尝尝,果然酸气馥郁,味道鲜美,不禁大喜。从此以后,大家都用这个方法,把能吃的食物都发酵成酸食,吃饭变得有味了,干活有劲了。

湘西苗族有句诙谐的古语,"酸汤是泼辣的女人做出来的",他们认为,只有那些做事干练泼辣的女人才会做出如此沁人肺腑的人间佳酿。俗话说:"三天不吃酸,脚下打蹿蹿。"苗家酸汤能够增加人类的食欲,具有丰富的钙、磷、铁,能维持骨骼的刚韧、神经的兴奋及体内的酸碱平衡等。酸汤食用之后汤水减少,苗家一般兑以米汤加入,所以不会担心邻居来要,而且不用付钱,这是身居都市者难以体会的,这是苗家的一种优良传统。应该指出的是,现在市场上很多苗家豆腐菜基本上都加入了石膏,它不及酸汤做得天然、健康,自然也失去了一种特殊的味道。今天,苗家酸汤已经成为接待贵客的一道主要菜肴,苗家酸食也已进入饭店宾馆的菜谱之中。

4.子腊贡米的故事

且说石吉山的儿子光荣,中举以后曾任长沙府台。一次进京与众官员共赴宴席,他把他们特地留给皇帝的一碗米饭一骨碌吃进肚里,众人大惊失色,心想此番他定在劫难逃。待皇上过来责问光荣的时候,只见他哈哈大笑,不慌不忙地说:"这样的饭也配留给皇上吃?我的家乡有比这些还好得多的大米,据说还是明朝洪武皇帝朱元璋发动老百姓种出来的呢。"众人听了,面面相觑,无言以对,皇上听了,半信半疑,连忙派人到石光荣的家乡调查真相。钦差大臣不辞劳苦快马加鞭,终于到了天高皇帝远的湘西山区,见这里虽然是穷乡僻壤,但石光荣所说的并非虚言。这儿的米晶莹剔透、芬芳馥郁,煮出来的饭香喷喷的,即使没菜也能吃下三大碗。钦差遂向皇帝禀报,皇帝大喜,把鸭堡寨沿河(子腊河)一带出产的大米列为贡米,从此以后,这里的大米就妇孺皆知了。这就是盛传于当地的有关"子腊贡米"的故事。

(本章由李技文、陶金调查,李技文撰写)

第八章　鸡坡岭村

鸡坡岭村位于花垣县双龙镇的西北部，距县城26公里，距镇人民政府驻地董马库村6.9公里，距G65包茂高速公路麻栗场出口6.1公里。该村西与麻栗场镇交界，北距湘西的机场11公里，地处吉辽河上游，平均海拔686米，属云贵高原东部高山岩溶区。鸡坡岭属于典型的喀斯特地貌区，自然风光优美，有"深山明珠，瀑布之地"之美称，是湘西州神秘苗乡精品旅游线路上的重要苗族村寨。2019年6月，鸡坡岭村被列入第五批中国传统村落名录。

第八章 鸡坡岭村

一、村落概况

(一)地理生态环境

鸡坡岭属亚热带季风性湿润气候区,年均气温16.2℃,雨水充沛。长年云雾缭绕,峰峦叠翠,奇峰竞秀,沟壑纵横,谷幽涧深,怪石林立,溶洞暗河星罗棋布,风景秀美。森林植被覆盖率达90%,是难得的天然氧吧。全村共有维管束植物79科、210属、799种以上;药用植物160种,其中杜仲、银杏、天麻、樟脑、黄姜等6种属国家保护名贵药材。野生动物种类繁多,有脊椎动物区系10目23科,许多属国家和省级保护动物。

(二)村落来源

"鸡坡岭"之村名为官方称谓,当地苗语称之为"咀补龙"。据《湖南省花垣县地名录》记载,因为村寨后面有一条大山脉,苗语称之为"咀补龙",其汉译意思为"后大坡"。据说,"咀补龙"的称呼是村里苗族祖辈口口相传下来的,大约在清朝初年,村里的大户人家上书给当地官员,把原来苗语叫的"咀补龙"取谐音更名为"鸡坡岭"。后来在汉语书写中,"咀补龙"就变成了"鸡坡岭"。据传,鸡坡岭龙姓祖先是从今双龙镇卧大召村搬迁下来的。先是搬迁到今鸡坡岭一个叫"老寨"的地方居住,定居后,每隔几年就会发生火灾,后来请当地著名的巴代看后,说是"老寨"地方风水不

鸡坡岭村的自然景观(李技文 摄)

好,需要重新建寨。说来也奇怪,祖先所放的牛经常到今天鸡坡岭村寨的地方吃草,牛儿每次来到此处便很难赶回去。居住在"老寨"的祖先们见状,就把寨子搬迁到今天鸡坡岭这个地方,搬迁之后村寨人丁兴旺,一片繁荣。曾经居住的"老寨",便改成了供村民耕种的田地。从苗语口传龙氏源流和苗族古语中得到的信息推算,鸡坡岭苗寨始建于明末清初,即1600年至1700年间。

(三)村落人口

全村辖1个自然寨,7个村民小组,138户650余人,均为苗族人口,以龙姓为主,属于典型的苗族聚居村落。该村村民人人会说苗语,迄今仍保留着唱苗歌、打苗鼓、穿苗服和过苗年等传统习俗。

(四)村落布局

鸡坡岭村的村寨选址与布局颇有讲究,长期以来,当地苗族群众出于躲避战祸,又迫于生产生活的需要考虑,村寨通常傍山而建、依水而立,与大自然紧密相融。俯瞰鸡坡岭,村寨坐落在四面环山的凹地之中,一条小河穿村而过。可以说,丰富的水资源和土地资源,宜人的自然环境,是当地苗族先民聚居于此的主要因素。具体就村寨聚落及民居布局而言,沿河依山呈带状分布,小巷均以青石铺地,巷道、建筑布局相宜,古井、古树点缀其中,空间变化韵味有致。

(五)物产与特色产业

该村总面积8.2平方公里,现有水田1238亩,旱土456亩,林地9800亩。主要种植水稻、玉米、烤烟、辣椒、黄金茶等农作物,养殖黑猪、山羊、黄牛、鸡、鸭等牲禽。2018年鸡坡岭建成生态田蛙养殖基地50亩,有机黄金茶1000亩,矿泉水厂一座。

(六)经济与社会发展状况

因鸡坡岭村古民居、古建筑、古村道、苗族农耕文化以及其他非物质文化资源保存完整。目前,湖南省"湘希计划"扶贫团队与该村达成扶贫开发合作,"湘希计划农村就业创业大讲堂""湘希计划综合电商服务站""湘希计划大学生创新创业社会实践基地"设于鸡坡岭。2019年,鸡坡岭村获团中央批准建设乡村振兴青年服务站,由湖南省"湘希计划"团队运营。

二、文化遗产

(一)物质文化遗产

1.传统建筑

鸡坡岭村苗族的传统民居建筑多为穿斗式木质结构,以青石筑基础,墙体的正面由木板填充,侧面则由牛粪和竹编混合填充。民居建造时,十分讲究村落景观布局与自然环境的搭配,村边梯田层叠,林木、土地、水源与传统民居组成一幅古色古香的画卷。这里的苗族群众不仅敬畏自然,还十分善于利用自然,将日常生产生活融入生态环境之中,追求自然秩序与和谐之美。例如,当地苗家人在房屋选址与民居建造过程中,深深懂得保留原生的地形、地貌与自然环境的道理,极力探求民居建筑与自然环

鸡坡岭村的苗族传统民居(李技文 摄)

境互融一体的美学意蕴。如今,许多保存完好的古建筑仍然镶嵌在鸡坡岭村的青山绿林之间,有青瓦木房与吊脚楼138栋。这些古建筑均依山就势而建,层层叠叠,村道、房屋、古道和古井至今仍在使用。

据《花垣县志(1986—2000)》介绍,苗族村寨分为依山型、傍水型和平地型三种。依山型村寨,是依山麓或山堡的形态修建房屋,并排列成梯形状,一层一层地顺山走,屋檐上下重叠,苗语称为"高";傍水型村寨是沿撵河水流的曲折而建的村寨,苗语称为"穰";平地型村寨,是房子修建在平地的一端或中部,苗语称为"董"或"盘"。苗家房屋多为坐北朝南或坐南朝北。苗乡多以族为寨,一个姓氏一个村,如石家寨、龙家寨、麻家寨、吴家寨、田家村等。苗家房子有五柱五挂单挑手或双挑手,也有五柱七挂坐一盘,五柱八挂坐一盘或五柱九挂坐一盘。最大的是六柱十一挂坐一盘,多数是五柱七挂坐一盘。正屋间数均为奇数,即三间、五间、七间,多为三间,七间少见。凡建三间房屋的人家,座两头另配偏房作灶房或猪圈厕所之用。五间房屋的人家,正屋的前面左右均建吊脚楼。楼的底层则做过道,堆放柴草房或做牛栏猪圈茅屋,上层为客房。有女婿走亲时,就安排在楼上夜宿。房顶多数盖青瓦,贫者盖茅草或山木皮。瓦屋前壁用木板装修,中堂开大门六扇,表面刷上桐油,乌黑发亮。

房子的前外壁装修,有全平式和内凹式两种。全平式的外壁呈一字形,大门和两边壁头都在前元柱上。内凹式则大门装在前二柱上,大门外两侧另装一小门。无论是哪种形式,大门都是六合的,故又称为"六合门"或"六扇门"。大门,苗语称"名株"。内凹式大门两边的小门分别为"株丛"和"株地"。大门的地脚,"困龙枋"与屋梁和三脚一样,是主人的象征。除舅父和族人外,外姓人不许在上面踩踏。堂屋左右两间的前外壁中部上方,各开一个窗户,与大门的距离相等、对称。窗户的大小则根据房子的大小、高矮、宽窄而定,窗户用推板从内封住拴牢。故苗寨人又将窗户叫"推门"。窗户的框面可全空,也可装一定规则的格形花样,有的还在格艇上雕龙凤及花草装饰。苗家居室按老、中、少三个辈分排列,老辈居室在"纪丛"房,中辈居室在堂屋房,少辈居室在"纪左"房。家中的孩童则无

第八章
鸡坡岭村

禁忌,可随便与任何一辈同床而眠。

2. 农耕文化展厅

鸡坡岭村中有一处颇有年轮的古民居,由于民居主人早已搬离村寨,村委会便与其房主的后代商量将其改造成了农耕文化展厅。该展厅由五间房屋组成,正屋所对的院子两侧均建有吊脚楼。房屋的窗户上雕有各式各样的窗花。据村民回忆,此处古宅大约有上百年的历史,古宅的后墙上还有"文革"时留下的文字。穿过一条狭窄的小道,便来到了古宅的入口,进去后,就能看见院子里铺的青石板,之前有专家过来做过鉴定,确认该石板大约有100年了,而且古宅铺有青石板亦证明了古宅的前主人家境比较殷实。古宅正门上挂着一副牌匾,牌匾看上去很有年代感,上面所刻字样已有一些模糊,但还能辨认出"玉种蓝田"四个大字。牌匾的四周均刻有雕花,但已看不出来明晰的图案了。门前右手旁堆放着干柴,右手边挂着一件蓑衣和斗笠。

古宅内存放有各式各样的农具,如连枷、晒席、纺车等,门口还摆放着编制草鞋的木机,以及一双看上去颇具年代感的草鞋。据1993年《花垣县志》记载,解放前,县内只有铁制、石制、木制、竹制等传统农具,部分边远山区还保留刀耕火种的原始生产方式。其中,传统的农具有犁、耙、挖锄、踩锹、钉耙、柴刀、镰刀、齿镰、斛桶、连枷、风车、簸箕、晒席等;农副产品加工主要靠人力、畜力、水力,使用的是木、石制工具,如手碓、脚碓、手推石磨、水磨、水碾、木榨等。此外,宅内比较醒目的就是房梁上挂着一段很长的由七根竹编分距而绑的物件,这个物件挂在房梁之上,寓意子嗣延绵、多子

古宅内的农具(李技文 摄)

多福。

农耕文化展厅显示,鸡坡岭的苗族村民在房屋布置与使用方面还有诸多禁忌,比如在火塘屋里忌踩三脚架,忌坐火坑上方。他们认为,三脚架是祖先变的,踩三脚架就是对祖先不敬。火坑右边靠中柱的地方,设有祖先神位,是长辈坐的,因此年轻人和儿童禁坐此地,更不准在这个地方嬉戏、打闹、泼水或说脏话,否则就是亵渎祖宗,会导致"人神共愤"。同时,鸡坡岭村还有忌震"龙岩"的禁忌,据说当地苗族群众每家的堂屋中央有一块岩板,岩板下为"龙穴",如果不小心震动了"龙岩",居住在"岩板"下的"龙"就会受惊离去,房屋主人便会遭殃。此外,鸡坡岭还有父母健在禁止在家戴孝的禁忌,具体指忌在家中戴白帕,因为此举象征丧亲守孝,有不吉之意。

(二)非物质文化遗产

1.民歌

苗歌是苗族群众传统的民间口头文化形式,无论是婚丧嫁娶,还是日常耕作生产;无论是经典传唱还是即兴作唱,都在鸡坡岭苗族群众的日常生活中有着不可或缺的地位。苗歌有着严格的韵脚和唱法,每首歌都有"双韵"和"两面"特征。所谓"双韵"就是歌词的奇偶句各用一韵脚从头至尾,"两面"即每首歌均要重唱一次,重唱时要转换偶句韵脚。苗歌词有长有短,有七言句,有五言句,也有长短句融合,其中,以七言句为多数。苗歌题材广泛,内容丰富,大致可分为风俗歌、劳动歌、苦歌、劝善歌、故事歌、情歌、政策歌等。

鸡坡岭的苗族民歌,是当地苗族群众最为喜爱的艺术形式,历史十分悠久。歌师歌唱时,有"五腔十调"之韵味。所谓"五腔",即有高亢激越、优美动听的"高腔",有悠扬悦耳的"平腔",有高亢婉转的一句式"飞腔",还有既抒情又激越的"仡佬腔"和既粗犷又优美的"叭固腔";所谓的"十调",即为接亲拦门调、送亲调、吆嗬调、情歌调、赶歌调、功夫调、儿歌调、

第八章 鸡坡岭村

哭嫁调、老司歌调、降仙歌调。传统的苗族民歌多用典故,例如情歌《相亲相爱之浓爱》就讲述的是两个相爱的情侣隔很长一段时间未能相见,彼此互相思念,因而每次虽无购物之事,但却经常去赶集,目的就是希望能够在集市上偶遇自己的恋人。最具特色的是,歌中引用了宋代陈兴元和梅良秀两人的爱情故事,此二人均生于官宦之家,青梅竹马,感情深厚,但因战火,两人分离。歌中以此故事来比拟己身的爱情故事,表达对许久未能见面的恋人的深深思念。

在鸡坡岭村,基本上人人都会唱苗歌,因为他们从小只要空闲时,就跟着师傅习唱,张口即来。同时,村民还经常多次参加县市、乡镇和各个村寨组织的苗歌比赛,并屡获佳绩。村民龙明林被当地群众称为"苗歌大王"。农闲时,他就经常翻唱自己编写的作品,灵感一来,马上拿起笔进行创作,经他所编写的苗歌作品不计其数,主题也各不相同,其中尤以时政热点所创作的苗歌最具特色。例如,他所编写的《六十大庆》一歌,就是为了参加2009年中国湖南(花垣)首届苗族文化艺术节苗歌大赛。翻开他歌本中所呈现的《六十大庆》,不仅记录着详细的苗语歌词,而且还有对应的汉语。歌词字里行间表达了对中国共产党将全国各族人民团结一起,并带领大家共御外敌与进行艰苦卓绝奋斗的高度颂扬,以及对中国共产党带领人民过上幸福生活的感恩。龙明林编写的苗歌,不仅歌词紧扣主题,而且还彰显了他对苗歌押韵的追求,如《六十大庆》结尾部分的"唱""扬""树"/"路""布"/"党""钢""光",读起来朗朗上口,唱起来也是一气呵成。

龙明林编写的另一首苗歌《苗家的宝贝》,是他引以为傲的重要作品。据他介绍,此则苗歌的创作灵感来自于对我国神话传说中苗族祖先蚩尤的认知和理解。所唱内容大致是蚩尤与炎黄二帝大战失败后,其后裔如何南迁并定居到湘西的历史过程。该苗歌对记忆民族历史与传承民族文化具有重要意义,并在花垣县首届"法治杯"苗歌、山歌大赛活动中荣获二等奖。

苗族群众聪明智慧,一些村民虽然没有上过学,但却善用苗语编歌唱歌,歌师们通过苗歌传达口述者的意思,从而将上级政策等传达给村里的人。龙明林说,苗歌除了能发挥政策的宣传作用外,也有极强的教育功能。例如,有的孩子不尊老爱幼,倘若用强硬的语气和方法进行批评教育,很可能适得其反,此时用苗歌的歌唱形式进行劝诫,可使教育更加生动入心,能取得意想不到的效果。因此,歌师龙明林常常会写一些劝善类的苗歌,对规劝和教育当地苗族群众发挥了重要作用。由此可见,鸡坡岭村龙明林歌师所编唱的苗歌,不仅仅是一门歌唱艺术,同时也彰显着感化教育人、宣传政策、表达情感的重要功能。

2. 苗年

过苗年是鸡坡岭村苗族群众祭祀、庆丰收、祈愿来年风调雨顺的一种大型民俗活动。于每年冬至举办,活动包括祭祖、非遗文化表演等。关于鸡坡岭的过苗年,有一则这样的传说:古时鸡坡岭村位于深山老林,遇到干旱之年,老百姓常饥饿难耐,龙姓族长见状,心里十分难过。一天夜晚,他梦见一位白发老人说,鸡坡岭村以前杀戮过度,老天爷为了惩罚,给村里下了一百年不准施雨的禁令,若要解除,则需在每年冬至之日用猪、羊、牛三种不同牲畜的头颅祭祀忏悔。族长醒后便着手准备此事,并于当年冬至按照梦里白发老人的示意举办祭祀仪式,经过十年,终于感动了上天,解除了禁令,普降甘霖。

历经十年的祭祀活动,鸡坡岭村逐渐形成了独特的习俗传统。即使后来的禁令解除了,当地的苗族群众仍然会在冬至之日举行隆重的祭祀仪式,即苗年祭祀活动,其目的和意义有三:一是为了感谢上天解除禁令;二是庆祝当年的丰收;三是祈愿来年风调雨顺。如今,鸡坡岭村民过苗年的习俗更加隆重,除了传统祭祀之外,还要举行拦门酒,对唱苗歌,打苗鼓,开展苗族文化活动,吃长桌饭,举办篝火晚会,跳苗家渡龙舞等,苗年节目丰富多彩,人人喜笑颜开。

3. 刺绣

苗绣是当地苗族重要的手工艺术,主要用于花衣、花裙、花被、花枕、

第八章
鸡坡岭村

花带、花巾等。刺绣时,通常以各种布料做底,先画上各种图案,一般以花鸟虫兽、几何图案以及其他所崇拜的图腾为主,再综合应用绣、插、捆、洒、点、挑、串、边8大类20多种针法,大面积以绣针平绣。其中,需要显出深浅色调的,则用插针,将彩色深浅不同插进去,形成几种色彩的连结平面;需要显出立体感的地方,则使用捆针,使其形体在绣面上突出来;绣面上需要显出立体感的细小部分,则使用洒针、点针和挑针;绣料正面和背面需要显出一致效果的,则采用串针。一幅绣品,常综合运用几种针脚,或配合粘花、贴花、补花和堆花等手法来完成。苗绣的色调亦带有强烈的夸张色彩,它常不按照真实物体的颜色配色,而是按其氏族的审美要求,大胆而灵活地加以运用。其色彩讲究冷暖的对比,注重在强烈的对比之中取得一种色彩美的协调,形成一种古朴又绚丽多彩的效果。

鸡坡岭苗绣跟湘西其他苗绣一样,既受到楚汉文化和周边少数民族刺绣的影响,又有自己鲜明的民族特色,表现出一种热烈奔放的浪漫艺术风格。既着意于生机勃勃的客观对象的表现,又有梦境般的幻想色彩;针法丰富多变,色调古朴协调而又鲜艳明丽。苗绣艺术与楚汉艺术的风格颇有一致性,二者的纹样组合复杂、饱满,手法细腻,线条柔美,有怪异之形而无狰狞之态,使人感到亲切、纯真、朴实。苗绣艺术与楚汉艺术之所以有这些共性,与它们共同的文化来源和传统有关。

苗族刺绣作品(李技文 摄)

由于手工苗绣耗时长、效率低,逐渐被机器生产所替代,所以村里从事苗绣的人越来越少,以中老年妇女居多,年轻人外出打工,无意继承传统技艺。但伴随着国家对苗绣非物质文化遗产保护性发掘,"湘希计划"联合花垣县职业高级中学对鸡坡岭村绣娘开展持续性苗绣培训,成立苗绣专业合作社,并积极开发苗绣新产品,帮助苗绣找销路。令人欣喜的是,苗绣在鸡坡岭村重新活了起来,通过苗绣销售,村内20位绣娘重新拿起针线,继续在布片上穿针引线,"湘希计划"成功带动绣娘就业,每月通过苗绣也能获得最低1300元的收入。

4. 美食制作技艺

美食是舌尖上的记忆,承载着一个地方的文化。说到鸡坡岭的美食,不得不提苗家豆腐,苗语里称豆腐为"坨伙素"或"搭伙素",是苗家春夏秋冬一年四季不可或缺的美食。做豆腐时,先用清水将黄豆泡好,黄豆发胀后再用清水淘净豆子皮,盛于盆中拌水磨浆。以前多用人工磨浆,后来大多用机器磨浆,出浆率高,速度快。豆浆磨成后就上锅煮,待浆煮沸后即刻撤火,把浆舀出来盛入容器中。等到稍微冷却后加入石膏水,边加边搅动,以便均匀。这是最为关键的一个环节,豆浆的温度以及石膏水的配量要恰当,否则无法成形或者导致豆腐太老。一般比例是10斤豆子用石膏2.5两至3两,视石膏质量而定,质量差的3两,质量好的2.5两就行。

石膏兑法有生兑和熟兑两种。生兑则直接将石膏捣细,加入水溶解,直接兑入豆腐浆水中充分搅拌即可,熟兑必须将石膏放入火中烧熟,捣成细粉后同样加水溶解后再兑入浆水中。在石膏水催化的作用下,豆浆逐渐凝结,形成豆花,也就是俗称的豆腐脑,刚煮出来的豆腐脑带着泉水的清甜。这时便可将豆腐脑转移至豆腐箱压水,压干水分的苗家豆腐又白又嫩有弹性。苗家豆腐做法多样,在鸡坡岭村最常见的就是炸豆腐,将整块的豆腐切成小块,放入油中炸成金灿灿的豆腐泡。此外,苗家也经常将豆腐煎至两面金黄,单独食之。除了豆制品,湘西的苗家人对于辣椒、各种酸菜有着特别的喜爱,常常可在餐桌上见到下饭的辣椒炒番茄、特色的酸肉、酸鱼等。

鸡坡岭村中有两户以做豆腐为生的苗族农户,其中一户家中只有两位老人,儿女们都外出打工了,碰上赶集日,老人就会在前一天做好豆腐。阿爷阿婆将做好的豆腐于第二天清晨背去集市贩卖,每斤豆腐大概能有7元的收入。这些收入足以维持他们平日的生活开销。

5.苗医

鸡坡岭村系远近闻名的苗医苗药村,许多患者慕名而来求医求药,目前鸡坡岭村苗医苗药传承发展良好。苗医传承人龙爱国擅长骨伤科,在村里开设有苗医诊所,并探索用充气疗法加热苗药治疗肩周炎和皮肤病等疑难杂症的疗法,取得了很好效果。此外,他同时也懂一些治疗妇科疾病的苗族药方,时常为当地苗族妇女治病。

6.竹编技艺

由于鸡坡岭地处湘西大山深处,满山遍岭都是亚热带灌木和山竹子。加之,山沟里的鸡坡岭一切都要靠肩挑背负,于是,形式多样的苗族竹编成了鸡坡岭乃至湘西州的一大特色手工艺品。竹编中式样最多、应用最广的就是背篓和箩筐。当你来到鸡坡岭时,在流连秀美的自然风景过程中,常常会情不自禁地留意那些形态各异、技艺高超与做工精细的背篓和箩筐。无论是在青瓦木房前,还是幽静的古村巷里,抑或是狭窄的山间道路上,只要稍稍留意,你都可见到背着背篓或挑着箩筐的苗家人。

即使你到了当地密林山间与陡峭的山崖边,也会常常见到采苗药的苗家人背上背着一个精巧的小背篓。面对那山、那路、那背篓,再看看眼前纯朴的苗家人,不难想象他们面对生活时的坚韧。背篓和箩筐的制作方法虽然很简单,用篾片编织而成,但对于湘西人而言,却是必不可少的生产和生活用具。如今,以背篓和箩筐编织为代表的苗族传统竹编技艺在鸡坡岭仍得到很好的传承。

三、自然资源

(一)山泉水

苗乡村民饮水,历来以山泉水或井水为主,多为生饮。因鸡坡岭背靠大山,山中泉水自然成了村民们饮用的重要水源,人们过路或农忙时渴了,就用放置在泉水井旁的杯子舀水喝,泉水清凉甘甜,回味悠长。在鸡坡岭村的各个自然寨中,山泉涌出或所经之处形成了多口古井,大小不一。其中,颇有历史的古井有三处,有一处还在出水口新修了水泥龙头,泉水不停地从龙头中流出。鸡坡岭古树众多,有一棵数百年的樟树历史最久,据一位年过八旬的老者回忆,在他的孩童时代,这棵树就已经很大了,需要五六个成人手牵着手才能将树干围上一圈。

(二)飞瀑流泉景观

鸡坡岭村后山有一处飞瀑流泉自然景观,当地村民介绍,此处飞瀑是天然形成的,从未经人工雕琢,村"两委"本着为村民创收与从经济利益的角度出发,考虑将此处自然景观作为旅游资源进行开发,截至目前,该旅游开发项目仍在招商洽谈之中。我们沿着穿村而过的河道徒步约20分钟,然后转向狭窄的荆棘山路,又继续前行15分钟,再穿过一个山口,就到了瀑布所在地。瀑布处于山涧深处,温度略低于四周,有大大小小的山丘环绕,植被覆盖良好。瀑布泻入下方的一个深潭中,潭水清澈见底。

(本章由李技文、陶金调查,李技文撰写)

第九章　金龙村

　　金龙村位于湘西州花垣县东南部的双龙镇,东与保靖县吕洞山镇交界,南临吉首市矮寨镇,北与水田合镇毗邻,距县城41公里,距双龙镇人民政府驻地董马库村10公里,距G65包茂高速公路矮寨出口24公里。这里高山深涧、悬崖峭壁、风光旖旎,在海拔1000多米的高山峻岭之巅,勤劳智慧的苗族人民创造了多彩的民族文化,蚩尤传说、石板古道、古井、古民居、巴代祭祀、樱桃会、鼓舞等文化遗产宛如繁花,不可胜数,是一个典型的集自然风光、聚落景观和苗族特色于一体的传统村落。2016年12月,金龙村被列入第四批中国传统村落名录。并先后获"中国少数民族特色村寨"和"全国文明村"等殊荣。

一、村落概况

(一)地理生态环境

从自然地理上看,金龙村位于地处矮寨奇观旅游区和德夯峡谷景区的东北侧,有蚩尤山、吕洞山、蚩母洞(雷公洞)瀑布、孔雀岭、凤凰台、雄狮拜女神、升官发财石、云海日出、悬崖栈道等自然胜景。站在村寨高处环顾四周,叠嶂的峰峦、险峻的山崖、参天的古树、苍茫的云海与纵横相连的沟壑尽收眼底,构成了一幅险奇优美的多彩画卷,给人以"俯临万丈峡谷,放眼千里山川"之感。在海拔1000多米的金龙山上和落差500多米的悬崖旁,苗族一栋栋木质板房与砖瓦房坐落山顶,远眺或俯瞰金龙村,好似从悬崖上竖起的村庄,故而有"悬崖上的古苗寨"之称,被誉为"悬崖苗寨,云中金龙"。在村民张金诚创作的苗歌中,有赞颂金龙村民歌唱道:"欣喜作词把歌诉,简介金龙诉点滴;地处高山来居住,高人高坝留高山;如有清闲登高处,举目望山山重山;清晨可以看日出,云雾环绕最美观;雷公洞中的瀑布,疑是银河落九天;竹鸡画眉无算数,清脆悦耳叫婉转;樱桃到期成熟时,招来游客千万千……"

金龙村有一半个篮球场大小的石板

凤凰台(李技文 摄)

蚩母洞(李技文 摄)

第九章
金龙村

地,这块石板天然生成,光滑如砥,尾部略向村寨方向倾斜,头部下方即是悬崖绝壁。金龙村民将这块石板平台称为"凤凰台"。登上凤凰台,若是晴天,俯视便可看见山洞潺潺的溪水,以及万丈峡谷中溪流两岸的田坝和散布其间的村舍;平视可见远处的蚩尤山,好似一尊"睡佛"仰卧大地之上;仰视则可见蓝天白云,蓝蓝的天空,如宝石般碧绿;白云朵朵,犹如羽毛般轻浮。若遇阴雨天气,大雨之后,峡谷中升腾上来的雾气,与山峦绝壁叠合,山风吹过,雾起云涌,山峰、悬崖、绿树和村寨若隐若现,仿佛人间仙境一般,场面蔚为壮观,倘若碰到雨后放晴,还可以看到彩虹,自然之景则更为秀美。由于凤凰台是村里观景的绝佳之地,但凡到金龙的游客,好客的苗族朋友都会推荐到此处看看,体验金龙村的自然美景。

从凤凰台下来,继续沿着悬崖栈道步行一华里左右,便可俯瞰蚩母洞。蚩母洞又名"雷公洞",位于凤凰台下面200米的悬崖峭壁上,距地面约300米。每逢雨季,雾漫山谷,瀑布从洞中飞流直下,发出哗哗的轰鸣之声,犹如万马奔腾。据说,蚩母洞中的飞瀑是从金龙山中的溶洞与暗河中泻出,一年四季不断,早晚时分,由于山谷气温很低,飞泻而下的水流还会结冰,站在对面观景台俯视,好不壮观。曾经有诗人这样描写蚩母洞的飞瀑:"瀑布银帘泻水花,春雷阵阵响山崖,众人看得心如醉,疑是七仙女浣纱。"

因为金龙村的景色迷人,吸引了不少文人墨客到此采风创作,一些古诗爱好者撰写了诸多赞美村寨险峻之美的诗歌:

玉立悬崖边,翘角飞檐,云缠雾绕伴炊烟。四月樱花馨漫野,百雀啼欢;月异日新诠,苗寨颜迁,民风淳厚质朴酣。客至贻游忘返故,陶醉流连。 （石武刚）

苗岭映霞光,云海茫茫。群山雄峻刺天苍,惊叹桃源移此处,胜似天堂;景美世无双,天下名扬。金龙仙境深山藏,游客慕名争进寨,醉在苗乡。 （龙泽恩）

梦安悬崖,梦不危;魂寄苗寨,魂不枯;灵栖云上,灵不染;心随金龙,心不落;这样皈依,依了那至淳至朴;就这样入定,定在这世外仙源;樱桃红了;黛崖来了;黛帕笑了;我醉了;醉在吕洞山;醉在凤凰台;醉在蚩尤大峡谷;醉在这;回不去忘不掉梦不断的;云上金龙苗家寨。

(高英伦)

在当地的苗歌和诗歌赞誉声中,金龙村宛如一位婀娜多姿的少女,美轮美奂、精妙入神;抑或像一位刚健有为的男子,锐意进取、坚韧不拔;更像守护绿色家园的使者,在默默地等候着远方尊贵的客人。

(二)村落来源

金龙村原为两个建制村,2016年原属董马库乡的黄土坪村并入金龙,合并后的金龙村由原来的4个自然寨变成7个自然寨,分别为排加寨、金蛤蟆寨、上金龙寨、下金龙寨、排骨架、黄土坪和董得让。

金龙村及所辖自然寨名字的由来充满传奇。有关上下金龙寨的由来,主要说法有二:第一种说法是与姓氏迁徙有关。目前,金龙村主要是由龙、张、石等大姓组成,龙姓人数最多。据说在古代,龙姓村民是最早迁徙和定居金龙村的,后经若干年,由于湘西一直有土匪横行,为了躲避战乱和土匪袭扰,有一年,周边地区其他村寨的苗族迁徙到了金龙村下面的半坡上,以张姓和石姓为主。刚开始,居住在金龙村的龙姓对外来的张、石二姓抱有戒备心理,龙姓村民每次劳作回来,途经张、石二姓的居住地时常常是避而远之,平常亦不主动交往。但是,张、石二姓却报以热情,每当在龙姓村民农忙时都会前去帮忙,路上碰见也主动打招呼,时间久了,龙姓开始消除了戒备心理,彼此间你来我往、互帮互助,渐渐地,大家和睦相处,像亲人一样。看到张、石二姓仍住在半坡上,交通不便,耕地资源也有限,又有易发自然灾害的危险,于是龙姓村民商议后对张、石二姓说:"要不你们上去我们村里安家落户,也就是十几户人,我们村里还有很多田土可以耕种。"就这样,在龙姓的盛情邀请下,张、石二姓也就搬迁到了金龙村居住。为了表达感谢之意,村民们就将寨子的名字取作"跟龙",其大意是指跟着龙姓人家居住,后来为了彰显吉祥之意,又将苗语"跟龙"汉译为"金龙",即"金龙村"。

第二种说法是与蚩尤和消灭害虫有关。相传,居住在金龙村的苗族村民是守候蚩尤的最后一个部落,是由蚩尤后代的几个分支演化而来。在古代,这些分支分别居住在排加寨、上金龙寨、让列寨、桃花寨、牛角寨等,但由于当地自然环境和气候恶劣,虫灾频发,庄稼不生,牲畜不活,生存环境受到严重影响,分散居住在各寨的蚩尤后裔逐渐意识到,唯有团结聚拢在一起才能抗击虫灾,渡过难关。于是,为了共同

金龙村日出云海(李技文　摄)

抗击灾害,各个支系开始搬迁到金龙苗寨,彼此不分你我,相互帮助,一起度过了抗灾的艰苦时光。为了纪念这段抗击虫灾的历史,预防灾害再次发生,当地苗族群众将寨子取名为"达跟隆",翻译成汉语即为"虫子吃了庄稼"的意思。新中国成立以后,当地村民又根据"达跟隆"的苗语谐音译成汉语"金龙",由此形成了今天的"金龙村"。

(三)村落人口

全村辖7个自然寨共13个村民小组,280余户1390余人,属于典型的苗族村寨,苗族人占总人口数的100%。

(四)经济与社会发展状况

1.生态文明建设

建成"中国最美丽的悬崖苗寨",是金龙村"两委"落实国家乡村振兴战

略与下一阶段开展乡村建设工作的主要目标。建设美丽的悬崖苗寨,自然离不开当地美丽生态的环境支撑,更离不开苗族传统的生态智慧。历史记忆中,金龙村曾发生过多次火灾,许多木质板房被大火烧成灰烬,究其原因,据说是以前村民们常常将易燃的茅草、秸秆和柴堆放在房前屋后,一旦失火,火势很快就会蔓延,轻则烧毁自家房屋,重则殃及寨邻或整个村子。为了预防火灾与保护村寨生态安全,当地苗族群众渐渐地摸索出一套方法,即将山上砍来的柴堆码在房屋前后的道路边,并在柴堆上盖上茅草,刻意使之与房屋保持一定的距离,俗称"防火距离",这样做既有效地消除了火灾隐患,又起到了保护薪柴与村寨的作用。如今,只要沿着金龙村的乡间公路行走,稍稍留意,就会看到路边码有许多覆盖茅草的柴堆。

金龙村及周边的地质环境以喀斯特地貌为主,溶洞、洼地、落水洞、天坑、盲谷和暗河等地表形态在此均有分布。近观金龙山,时常会发现绿荫之下仅有薄薄的一层土壤覆盖在岩石表层,有的地方由于过去的毁林开荒,岩石早已外露,植被至今仍未恢复。如果不重视对当地山林环境的保护,一旦森林植被遭到破坏,覆盖在岩层表面的薄土就会在雨水的冲刷下,沿着石缝流入溶洞或暗河之中,从而造成石漠化灾变。值得庆幸的是,金龙村的苗族群众在长期的生产与生活实践中,已经懂得了同山林环境的和谐相处之道,在砍伐薪柴时,村民们通常会避开长在覆盖岩石表层单薄的土壤或悬崖边上的林木。换而言之,所砍伐的树木,往往是生长在土壤肥厚的泥土之上的。同时,在砍伐过程中,还讲究"砍枯留生、砍枝留干、砍弯留直、砍密留稀"的生态规则,最大限度地保护山林环境。此外,在金龙村,至今还保存有"古树不砍、风景树不砍、樱桃树不砍、风水树不砍、经济林不砍、水源林不砍、护坎林不砍、幼小树不砍"等不成文的习俗,对保护当地生态环境产生了积极影响。

再者,在排加与上下金龙等自然寨,村民的房屋大多依山而建,修建房屋的地基往往是用石头垒砌而成,雨季来临时,为了缓解雨水或山水对垒砌地基的石墙的冲刷,人们在砌墙时一般不用石灰或水泥浇灌加固,而是采取岩石垒叠留缝的方式堆砌,同时还在相应的排水沟处留有涵洞,这样做的目的是便于雨水或山水的漏排,有效保障了房屋地基和石墙的安全。在金龙村,垒砌涵洞排水的生态智慧不仅仅运用到地基的修砌上,在修建梯田甚至乡村公路的实践中,也常常运用这种方式降低山水对田土和道路的冲刷,例如从金龙村寨门通往村委会和石板广场的乡村公路上,就设置多个便于排放山水的涵洞,这对防止水土流失与保护道路安全发挥了重要作用。

金龙村的生态智慧(李技文 摄)

2.乡村产业发展

金龙村传统的樱桃会,主要承载着未婚青年男女对歌交友与恋爱的社交功能。湘西苗族人民喜欢唱歌,常常以苗歌传情表意,吐诉衷肠。一首缠绵的情歌,深切表达了一对对痴情男女的爱意绵长。但如今,樱桃会已被地方政府注入了乡村旅游与产业扶贫的功能,每当节会举办之时,除了开展青年男女情歌对唱等传统项目外,还融入了苗族鼓舞、巴代绝技、茶艺、苗拳、刺绣、蜡染和织锦等非物质文化遗产项目,同时还借此展销当地少数民族的农产品和旅游文化产品,使樱桃会在继承传统的基础上又增添了新的活力。例如,2019年5月20日,第十届金龙苗族樱桃会暨文化旅游产品展销会在金龙村隆重举行,十里苗乡未婚青年纷纷赶往金龙苗寨赴约,数万外地游客也被吸引而来参加这次盛大的聚会。在樱桃会期间,除了举行传统的迎客拦门酒、对歌比赛与节目汇演外,还举办了"非遗"项目展示、苗族绝技"上刀梯"以及文化旅游产品成果展示活动。

二、文化遗产

(一)物质文化遗产

金龙村的物质文化资源众多,历史积淀深厚,内涵丰富。走进村子,古色古香的木板房、砖瓦房,石墙、石台阶、石井、石坎、石路,以及石磨、风谷车、簸箕、竹背篓、小木椅、铧犁、锄头等老物件、老古董随处可见。行走在一条条弯弯曲曲的石巷里,抚摸着颇有年轮且布满青苔的路墙,犹如穿越了历史,回到了过去。在村寨古树的荫庇之下,沿着乡间石板小道穿行,颇有曲径通幽之美感。

1. 传统民居

访谈对象张金诚告诉我们,村里的传统民居多为木板房,通常按照五柱七瓜或三柱四瓜的大小来建造,房顶多采用"悬山式"。木房建造并装修好,为了防虫蛀蚀,通常要在梁柱和板壁上涂抹桐油,少则两三遍,多则四五遍,时间久了,被抹桐油的木房就会呈现乌黑发亮的色泽,据说这样做,可以保护房屋上百年不腐。各家各户的木房前还砌有青石栏坎和院子,供人休憩或晾晒农作物之用。进入堂屋内,左侧是火塘屋,火塘上悬有炕杆,供熏制腊肉之用,火塘中间立有三脚架,每到冬季,人们便围着火塘煮饭烧菜,饮酒放歌;右侧空旷的房间是会客或聚会的场所,具有类似客厅的功能;卧室则通常设在火塘屋和客厅屋的楼上或背后。调查得知,金龙村苗族的火塘文化丰富,并有一定的禁忌,如放置在火塘中央的三脚架是专门用来架锅煮饭和炒菜的,不能用脚踩踏,相传三脚架是由苗族三个护火的祖先变成的,如果谁踩了三脚架,就是对祖先不敬,会受到祖宗神灵的惩罚。同时,在传统生活中,火塘也是苗族人民日常活动的中心,吃饭、取暖、议事大多围绕火塘进行,人们也常常在火塘边听着阿公、阿婆唱苗歌、讲故事,承载着传承苗族文化的作用。

2. 古井

金龙村的古井众多,每一个自然寨至少有一口古井,其中以上金龙自然寨的石板古井最为著名。过去该古井是露天的,考虑到环境卫生与饮水安全,现已对之做了修缮,围绕水井三面砌上了石墙,并盖上了严实的石板,仅在迎面处留一个井口供舀水之用,同时还在古井上面搭建了凉亭,便于村民在此挑水、休憩、纳凉、洗菜和洗衣。村后大山深处,通过下渗及地表压力的作用,贮存在高山的地下水通过土壤覆盖下的岩石裂缝下流,形成了一年四季泉涌如注的甘泉。因该村自然植被保护良好,加上雨量充沛,自建寨数百年来,井水从未断过,冬暖夏凉,甘甜可口。因为水质好,村里尚未通自来水前,周边各自

石板古井(陶金 摄)

然寨的村民常常排着长队到此挑水,如今自来水虽已普及,但前来井边挑水、洗菜和洗衣的村民仍络绎不绝。据该村党支部书记龙子彬介绍,时常会见到吉首、花垣和双龙镇等县(市)和镇上的市民开车带着塑料桶前来运水,尤其是清明和谷雨前后春茶产出的时节,以及樱桃会举办期间,前来运水的人最多。好茶需要好的井水冲泡,金龙村适宜的海拔高度与特殊的气候环境,盛产优质绿茶,此茶是春夏季节前来此处游玩的各地游客首选的佳品,购茶之时,再灌装古井中的好水,自然必不可少。因为上金龙自然寨的石板古井知名,2017年10月13日在我国内地上映的,由苗月执导,王学圻、陈瑾等领衔主演的精准扶贫主题电影《十八洞村》,其中有关"古水井"的场景,就是在这里取景的。此外,每逢春节,金龙村各自然寨的各户苗族村民还会到古井里"挑新水"。作为当地苗族一项独特节庆习俗,"挑新水"活动现今仍得到很好传承,时间是在农历正月初二,因为正月初一是禁忌日,禁止一切劳动。当日清晨,人们挑着水桶,带上香纸来到古井边,待祭祀完井神后,便舀上新水挑回家中,祈求新的一年家庭

和睦、吉祥如意和幸福安康。

3.美食

金龙村的苗族传统美食丰富,其代表性的有野胡葱炒腊肉、田鲤鱼炖豆腐、野蘑菇炒香肠、板栗焖土鸡(土鸭)、野蕨菜拌酸辣椒、土鸡蛋炒野葱、爆炒洋荷、凉拌折耳根、蒜姜炒桃花虫、干椒爆田螺,还有酸萝卜、霉豆腐、酸鱼、酸菜、泡辣椒、干豆角,等等,这些美味佳肴,都是农家无污染的绿色有机食品。苗家人都会酿酒,制作苞谷烧、米酒,都是他们用自家种出的粮食进行酿造,酒香味醇,是招待客人必不可少的佳酿。

(二)非物质文化遗产

金龙村苗族的非物质文化资源丰富,除了苗歌、神话传说和节庆习俗之外,还有椎牛、赶秋、鼓舞、玩龙灯、舞狮、苗拳、上刀梯、巴代祭祀、刺绣等。

1.民歌

金龙村的男女老少都会唱歌,也爱唱歌,他们用苗语唱出了内心的喜怒哀乐,抒发心中情感,以歌抒情,以情达意。歌词内容丰富,涉及古歌、情歌、礼仪歌、生活歌、生产歌、祭祀歌等。2013年春,湖南省委组织部派驻扶贫工作组入驻金龙村,开展乡村旅游扶贫工作,经过近两年的驻村扶贫,金龙村旅游环境得到很大改善,最为显著的是乡村道路、文化广场和悬崖栈道等基础设施的修建,为金龙村旅游开发插上了腾飞的翅膀。为了表达对工作组的感激之情,当地村民自发创作了一首苗歌《欢迎工作队进村》(张金诚),其歌词大意为:"欣喜作词谈感慨,心潮澎湃同五涨;新年月阿昂愉快,水笑山乐人安康;瑞雪清早来奉献,风和日丽增光彩;喜鹊报喜叫连串,吉祥预兆台当头;届时光临来进寨,都是德才高首长;传经送宝求剖占,扶贫济困剖让;代表中央的心愿,感谢你们感谢党;肩负人民的重担,村委支部靠埋掌;全村人民的期盼,脱贫致富靠埋郎;越跃山川流大汗,五弄湿埋衣牙奔;千山遥途不见怪,胸怀大志坚如钢;勾埋辛苦费力排,一句言词几口邦;地区贫穷心遗憾,好客只有口一张;待人接物样样欠,粗茶淡饭勾埋当;君子玉月心慷慨,若有不对请原谅。"

2.饮食习俗

金龙村的饮食习俗颇有特色,除了传统的拦门酒、长桌宴和团圆饭之外,最具代表性的就是每年腊月的杀年猪"吃刨汤"。临近年关,各家各户都会宰杀一头肥猪,重的有四五百斤,以备过年之需。杀猪时,左邻右舍及亲朋好友都会前来帮忙,抓猪、烧水、宰杀、烫猪、剃毛、切割、腌制,大家忙得不亦乐乎,待到猪肉切割并腌制好后,主人会将部分猪血、猪肝、猪肚、猪耳、猪粉肠同一些肥肉、瘦肉混炒,做成"杀猪菜",用以款待亲友,俗称"吃刨汤"。亲友们围拢在火塘四周,一边吃肉,一边喝酒,一边聊天,畅谈一年收获和来年的打算,好不惬意。据村支书龙子彬介绍,在金龙村,无论大家平常和邻里亲友关系如何,一到杀年猪"吃刨汤"时,都会盛情邀请邻居和亲友到场,借此一起庆贺即将到来的春节。一定意义上说,"吃刨汤"这一独特的年俗,充分体现了金龙苗族乐观、豁达、包容、热情、互助和友善的文化心理与民族精神。

3.赶秋节

赶秋节,又称"交秋节",已被联合国教科文组织列入人类非物质文化遗产代表名录。传说远古时期,湘西苗族的生存环境恶劣,生活十分困难,于是神农氏一男一女(俗称"秋公"和"秋婆")来到凡间,给苗族送来谷种,教他们种植,使其有五谷食用,立秋之后,庄稼逐渐成熟,获得丰收。为了感谢神农氏和"秋公""秋婆"的恩德,苗寨每年在立秋前后会举行隆重的赶秋节。如今,赶秋节已融入了文艺表演、绝技展示、巴代祭祀、斗牛比赛、旅游推介等各种传统和现代项目。如苗族鼓舞是赶秋节上表演的重要舞蹈艺术,也是国家级非物质文化遗产,以击鼓而舞或击鼓伴舞为主要特征。鼓舞的种类众多,有花鼓舞、猴儿鼓舞、团圆鼓舞等,在击鼓者的伴奏下,表演者打鼓起舞,两手交替击鼓,两脚轮换跳跃,全身扭摆,其动作多与农事劳作有关,如插秧、锄草、挑谷、打谷等,节奏明快,动作舒展大方。

赶秋期间,上刀梯是苗族巴代展示绝技的重要项目。刀梯分为几十级,高达10米,表演者赤着脚踩着一级级锋利的钢刀向上攀登,并不时在刀梯上表演各种高难度动作。金龙村著名的刀梯表演者是金蛤蟆寨的龙光青,他曾于2014年5月1日在矮寨大桥上进行上刀梯表演,当时,12米高的刀梯伸出矮寨大桥上3米之外,完全悬立在350米的高空,龙光青不采取任何保护措施,光着脚,赤手空拳,一步步登上锋利的刀梯,并成功完成了背靠刀梯、双手抓钢刀、悬垂、360度旋转等高难度动作。此次表演被湖南卫视直播,龙光青也因此有了"湘西奇人"的称号。调查得知,年约40的龙光青出生于巴代世家,其父和祖辈上都是著名的巴代扎,自幼就在父辈影响下学习苗族的巫傩绝技,练就了一身好本领,除了上刀梯之外,他还会吞火炭、吃竹签、下油锅、踩铧口等众多绝技。

4. 玩龙灯、舞狮

金龙村的苗族男子爱玩龙灯,寨中保存着一条很长的布龙,据说是老祖先留下来的。每逢过节或村子举行喜庆之事时,男子们就会把这条长龙舞起来。舞龙时,并没有特别花哨的套路,配器以锣鼓为主,看似十分简单,但只要一听到铿锵激扬的锣鼓声,男子们就会舞动布龙在蜿蜒的乡间小道穿行,碰到平坝之地,便会在地上腾跃、翻滚,将龙的精、气、神、韵演绎得淋漓尽致,恰是金龙苗族男子不畏艰险、不屈不挠的性格写照。舞狮也是金龙男子颇感兴趣的节目,每当贵客临门,当地舞狮到寨门恭迎,以示尊重。通常舞狮在前,贵客跟在后,旁边还有身着盛装的苗族女子,唱着旋律欢快的迎客歌,十分热闹。平地舞狮,金龙男子通常会摆上八张八仙桌,呈金字塔般叠起,在喧嚣的锣鼓声中,舞狮者从地面跃上第一层,再跃上第二层,最后再跃上顶层,并在顶层倒扣桌子的四脚表演各种惊险动作,金龙男子刚毅勇敢的气质一展无余。

5. 刺绣

金龙的苗族女子心灵手巧，纺纱、织布和刺绣样样精通。过去，苗族女子们都是人工将动植物的毛发和纤维提取后，用传统的手摇纺纱机将其揉捻在一起纺成纱或线。纱线纺好后，接下来的工序就是织布，空闲时，女子们便坐在木式织布机旁，一梭子一梭子地把经线和纬线交织，持之以恒地重复相似的动作，一匹完整的布就这样织成了。如今，纺纱和织布的工序在金龙村已渐行渐远，欣喜的是，刺绣工艺在当地苗族女子中得到了很好的传承，一些年轻的苗族姑娘仍坚持学习刺绣。就女士的盛装而言，衣服胸襟上的大团图案，衣袖、领口和裤脚上的花纹，以及手绢、头巾、围巾等其他手工艺品上的纹样，都需要苗族绣娘们进行手工刺绣。刺绣的图案众多，生活中所见的花、草、虫、鸟、兽、日、月、星、山、水、石、树、房都是常绣之物，线条和色彩搭配合理，呈现浓郁的乡土气息与典雅古朴之美，彰显了金龙苗家女子持之以恒、细心能干、温柔贤惠的气质和品格。经过手工刺绣后所制成的盛装，是金龙苗族在逢年过节或进行重大节庆活动时必穿的传统服饰，展现了湘西苗族浓郁的服饰文化特色。这些积淀深厚的传统文化，既表达了金龙苗族群众对日常生活的热爱，更体现了他们对未来生活的美好憧憬。

6. 民间传说

金龙村是一个有着丰富传说的苗族村寨，有关蚩尤山、鬼熊山、升官发财石、黄金万卷石、神龟背玉玺、孔雀岭（石）、飞鹰台和樱桃会等的传说不胜枚举，岁月虽已远去，但记忆犹存。站在金龙村排加和上下金龙自然寨的开阔地远眺对面的蚩尤山，好似一个人仰面躺在地上，面部朝天、放眼宇宙，苗语称为"格麻裹"，翻译成汉语为"爸爸倒下了"的意思，又被

蚩尤山（李技文 摄）

称为"蚩尤睡佛"。

(1)蚩尤山

相传近5000年前,黄帝部落联合炎帝部落在今河北涿鹿与苗族祖先蚩尤进行了一场大战,最后以蚩尤战败而告终,史称"涿鹿之战"。蚩尤战败后,被五马分尸,相传蚩尤有81个兄弟,拼命将他的头颅抢了回来,一路南逃到了湘西武陵山区,并为其准备了棺材和超度的经书。然而,蚩尤不愿麻烦他的兄弟子孙,一夜之间头颅化作了山脉,时刻护佑湘西苗族人民和金龙儿女,从此该山被称为蚩尤山。蚩尤的坐骑不忍主人孤独,也顷刻间化为一条山脊,即鬼熊山,面朝蚩尤仰卧的山脉,世代守望主人,期待主人有朝一日能醒来,再次驰骋疆场,开疆拓土,荫泽部落。化为石棺和类似经书的层层岩石,与蚩尤相守相伴,即今天仍保存在下金龙寨的"升官发财石"和"黄金万卷书石"。

(2)神龟背玉玺

相传蚩尤头颅化作山脉后,一些还在前方打仗的部落族人并不知晓,还在为厚葬蚩尤争取时间,苦苦混战。有一千年神龟,有感于蚩尤的英勇和重情重义,自愿奔赴战场解救蚩尤残部,为了便于部落支系之间的相互识别,确定为同根同族,神龟在每个支系后裔的衣服后领上加盖了蚩尤的半圆形玉玺印章。从此,当地苗族的传统服饰,不论男女,都会将后衣领刻意缝制成一个半圆形状,此种习俗,一直延续至今。神龟完成使命后,甘愿放弃成仙封神,也在金龙化为一块龟石,背着蚩尤的玉玺,与蚩尤山默默相守,这便是有关悬崖栈道旁"神龟背玉玺"由来的传说。

(3)孔雀岭(石)

下金龙寨的孔雀岭(石)也有相关的传说故事,据传为风伯飞廉所化。《古史箴记》称:"风伯飞廉鹿身学雀首,头生尖用,通身豹纹,尾如黄蛇。与蚩尤同师一真道人,帮助蚩尤一方参加华夏黎之战。""风伯"又有"风师""箕伯"之称,其名叫"飞廉",是我国古代神话传说中的神怪,为蚩尤的师弟,相貌独特,据说长着鹿身,布满豹纹,头似孔雀首,角峥嵘古怪,尾如蛇样。同蚩尤参加涿鹿之战,被打败后逃到金龙村,身体化作了孔雀岭

(石)。在当地的苗语中,"飞廉"被尊称为"大哨",掌管风雨电、五谷丰登。

(4)飞鹰台

如前所述,"金龙"以前叫"跟龙",龙姓家族势力庞大且首先定居于此,为了躲避匪患,从周边其他村寨搬迁而来的张姓,作为后来者,难免受到龙姓家族的鄙视。然而,张姓家族出现了一位姑娘,恰好龙姓

苗族鼓舞(李技文 摄)

家族的一位帅气的小伙又爱上了这位姑娘,姑娘也喜欢小伙。遗憾的是,出于家族的偏见,小伙的父母及家族都反对他们相爱,认为张姓作为"跟龙"的后来者,娶了张姓姑娘有损家族颜面。同时,张姓家族也十分反对,怕女孩嫁到龙姓家族后会被鄙视,吃苦受累,受欺负。然而,男女双方家族的反对,并没有改变青年男女坚贞不渝的爱情,迫于家族压力,于是双方约定私奔,可在私奔途中又被族人抓了回去。被逼无奈之下,小伙和姑娘决定到村寨一个悬崖边殉情,当双方跳下悬崖时,天神被他们忠贞的爱情所感动,便派了神鹰前来搭救。双方家族得知后,也被感动,于是同意了他们的婚事,成就了一段美好姻缘。为了讴歌这段爱情和感谢神鹰对青年男女的搭救,从此痴情男女跳崖之地,便取名为"飞鹰台"。

(5)樱桃会

金龙苗寨多樱桃树,每到农历四月初夏樱桃成熟的季节,刚好是当地小农闲之时,苗族青年男女便相约在樱桃林中对唱山歌,进行社交集会,俗称"樱桃会"。苗语称樱桃会为"柳比娃",用汉语直译的意思是"摘樱桃",被誉为湘西苗族的"情人节"。目前,金龙苗族的樱桃会已成为湘西少数民族的一个传统节日,并入选湘西州级非物质文化遗产代表性项目名录。相传在湘西"苗疆"的金龙山下,一口清泉流入两个相邻的深潭,苗族将它起名为"留隆"(汉语意为"绿色的潭水")。"留隆"山上种有树,二月

开花,四月结果,果实叫"比瓦"(汉语称为"樱桃")。当地族长的小女儿良要,小时候她每次上山砍柴,总会遇到一个小男孩,长大后,由相识逐渐变为钟情,每月都相约到"孟留"山上约会。一日,男孩对良要说:"今天我邀请你到我家吃中饭。"良要反问道:"你家住哪里?"男孩回答说:"我家住在'留隆'潭水下面。"良要吃惊地问道:"那如何下去呢?"男孩说:"你闭着眼睛,我背你下去。"于是,良要紧闭眼睛,男孩将她背着潜入深潭之中,当到达男孩家后,良要睁开眼后发现眼前金碧辉煌,映入眼帘是的一个身着黄袍的老翁和一位打扮华丽的妇女,此时良要才明白,原来这里是龙宫,老翁和妇女是龙王和王后,男孩是龙王的太子。顿时,太子对龙王跪下说:"父王,这就是我给你说的'良要',我要娶她为妻。"龙王仔细一看,这良要原来是天庭王母的"樱花仙子",后因触犯天条被贬下凡间,于是龙王和王后同意了他们的婚事。两人结婚后,太子改名"巴元",并随良要一起搬到了金龙山上居住,过着悠闲的农耕生活。巴元和良要一边种地,一边种樱桃,不到几年,樱桃成片,漫山遍野,每到四月樱桃成熟时,金龙及周边寨子的苗族青年男女就会相约樱桃树下对歌,寻找爱情,渐渐地形成了"樱桃会",后又演变成了今天的"樱桃节"。

(6)古水井和"榉木王"

据说在古代,金蛤蟆寨古井边居住着一家勤劳的农户,媳妇喜欢上山干活,通常是日出而作,日落而息;婆婆则喜欢纺纱织布,并在家照看一个三岁的孙子。有一天,孙子对奶奶说:"奶奶,我想喝水。"奶奶因忙着纺纱织布,没空给孙子倒水,就对他说:"你自己去水缸旁舀水喝,我忙着织布呢!"小孩来到水缸边,发现没水了,就告诉奶奶,但奶奶仍忙着织布没有理会小男孩,并抱怨道:"你妈妈一天就知道劳动,就知道上山,水都不给我们准备。"小孩不依不饶地闹着要喝水,奶奶却舍不得丢下自己手里的活,于是极不耐烦地说:"你自己到旁边的水井去喝水吧。"果真,小男孩到了井边去喝水,奶奶依旧忙着纺纱织布的活,也把小孩给忘了。日落时分,妈妈干农活回来,问婆婆"我儿去哪里了?"婆婆这才想起来,并一边织布一边答道:"我忘记了,好像是早上说要喝水,水缸没水,我叫他自己到

第九章
金龙村

水井边去舀水喝了。"妈妈一听,大吃一惊,于是箭步赶到水井边,到处找寻小男孩的踪迹,遗憾的是什么都没看见,只见井水上漂着一个小男孩的帽子。此时,妈妈估计小孩可能出了意外,就蹲在井边一直哭泣。这时,一只青蛙从井里跳了出来,开口喊道:"妈妈,你不要哭,我在这里。"妈妈惊奇地望着这只青蛙说:"儿啊,你怎么变成这样了?"青蛙说:"我喝水时不小心掉到井里了,因为在井里时间太久,为了保命,井下面有一个老爷爷把我变成了青蛙,你放心,我还是你儿子。"最后,妈妈用围裙把青蛙包起来,带回了家。

但在此后的几年,家里风调雨顺,日进斗金,五谷丰登,六畜兴旺,富甲一方。忽然有一天,青蛙对他爸爸说:"家里这么富裕了,你也可以给我找个老婆啦。"爸爸按它所说,去一个女孩家提亲,女孩思量再三,决定嫁给它。结婚以后,青蛙对女孩说:"你别看我是一只青蛙,其实我是一只神蛙,是个小伙。"女孩一看,抱怨道:"你就是一只青蛙,难道还能变得好看?"青蛙接着说:"你现在不要嫌我难看,有一天,你一定会喜欢我的。"但女孩仍不相信青蛙说的话。有一日,村里举行椎牛活动,跳着鼓舞,大家成双成对唱歌。女孩想去看热闹,青蛙说它也要去。女孩生气道:"你去干什么,你就是一只青蛙,跟过去丢人现眼。"青蛙说:"你别管我,我自有办法。"在活动中,女孩看见了一个帅气的男孩,并与男孩对歌,送了他鲜花,直到天快亮时,两人才分开。当女孩回到家中时,看见青蛙早已在家,便问道:"你不是说要去参加活动吗,怎么没去呢?"青蛙说:"我去了啊,你看这花还是一女孩送我的呢。"女孩看着花,莫名有些眼熟,突然觉醒:"这不是我的花吗,怎么会在你手里,从哪里得来的?"青蛙看着女孩一脸迷惑,心里颇为愧疚,在半夜把蛙皮脱掉,金光闪闪中出来一个帅气的小伙子。女孩见状,激动地说:"这不就是白天和我对歌的男孩嘛。你原来就是这个样子,为什么还要披着张蛙皮,变成一只青蛙。"青蛙说:"我也有我不得已的苦衷。"

后来,女孩和青蛙特别恩爱,一到晚上,青蛙就脱皮露出帅气男孩的真面目与女孩相处,日子久了,女孩就怀孕了。由于不知道真相,邻居们都指责女孩说:"和青蛙在一起怎么能怀孕呢,肯定是生活不检点。你说你嫁给青蛙图什么,不就是图他家的钱财嘛。"女孩十分委屈,受不了指责,有一天晚上,男孩照样脱下蛙皮,待他熟睡之后,女孩便悄悄起来,用剪刀把蛙皮剪破后扔掉了。第二天清晨,男孩四处找寻蛙皮无果,便问女孩下落。女孩心虚地说:"你本是如此帅气的一位男子,为什么要披着蛙皮,我每天在外面抬不起头,我已经将蛙皮剪破扔掉了。"男孩听罢,大吃一惊地说:"我本神蛙,还没进化完全,本不到我成人的时候,现在你把我的蛙皮扔掉,我已经不能和你在一起了,天亮之时,我必须到水井里去才能活。"女该一听,大哭起来。天亮时,男孩来到了水井边,并对女孩说:"你我本是有缘人,无奈天意弄人,我已化不成人形,你好好保重。"

　　说罢,男孩就跳入了水井之中。女孩见状,后悔莫及,从此便天天在水井附近等青蛙,直到将死之时,知道已经无法等到青蛙了,于是便在水井旁栽种了一棵榉木树,与水井遥遥相望,一直守护着水井,守望着彼此的爱情。由于当地苗族群众常称青蛙为"水蛤蟆",因为有段故事,便将寨子取名为"金蛤蟆寨"。尽管历经时代风雨,但矗立于金蛤蟆寨古井旁的榉木古树依然挺拔。据湘西州林业部门的专家测定,该树距今已有600多年的历史,大致种植于北宋末年,被誉为"榉木王"。目前,"榉木王"的树冠所覆盖面积近一亩,被奉为"神树"。每逢过节与集会之时,村民们都会祭拜古树,祈求风调雨顺,平安吉祥,夫妻和睦,家庭幸福。

三、村规民约

　　为了加强金龙村的生态文明建设,促进乡村生态振兴,推动乡村环境改善,2020年5月26日,该村村民委员会一致通过了《金龙村村规民约》,在12条村规中,涉及生态环境建设的就有5条,具体如下:"……3.爱护林木,保护生态。不准买卖树木及柴火,一经发现,按所交易树木的同等价格处罚。凡偷盗别人的杉木、松木等,一经发现,按杉木每根300元、松木每根200元、油茶树每棵100元进行处罚。禁止挖掘任何树种和药材,若有违反,按照所挖掘的价值两倍进行处罚……5.严禁私自砍伐国家、集体或他人的林木……6.加强村民防火知识宣传,严防山林火灾发生……8.严禁随地乱倒乱堆乱扔垃圾、柴草、粪土,应定点堆放。严格管理自家牲畜,村民做到每天一小扫,每周一大扫。红白喜事结束后,应积极组织力量做好善后的卫生工作,做好清扫。不遵守者,初次教育,再次警告,第三次取消其低保、贫困户识别等国家优惠政策……11.珍惜本村固有资源,保护悬崖景观,不能对原有生态进行破坏,违反者全村村民将对其声讨,并视情节严重情况进行罚款或报司法机关处理……"据村"两委"的领导班子介绍,此次修订的村规着重强化了乡村生态环境建设,期望在承续苗族传统生态智慧基础上,通过发挥生态规约的警示功能,保障金龙村"中国最美丽的悬崖苗寨"建设取得实效。

(本章由李技文、陶金调查,李技文撰写)

第十章　高务村

　　高务村为花垣县雅酉镇下属行政村,由高务和珠实两个自然寨构成,地处湘西土家族苗族自治州西北部湘黔渝交界地,与凤凰县柳薄乡为邻,其距镇政府和县城分别为6公里和72公里,离州政府所在地吉首市为60公里左右。该村虽然地理位置比较偏僻,但是自然景观资源较为丰富,也保留了比较独特的民族文化资源,因而不论从旅游观光还是人文体验方面都具有很大的价值。2016年12月,高务村被列入第四批中国传统村落名录。

第十章 高务村

一、村落概况

(一) 地理生态环境

高务村所属花垣县地处云贵高原东部边缘,海拔700~800米,属高山地区。地处亚热带,属于亚热带季风性湿润气候区,受季风影响,四季分明,光照充足,雨水充沛。本地区地质主要由奥陶系灰岩、白云岩夹页岩和寒武系灰岩、白云岩夹页岩构成。高务村坐落在崇山峻岭之中,四周山林植被茂密,古树较多,森林覆盖率80%。拥有秀丽的自然景观和丰富的特色文化资源,有较为独特的苗族文化特质。该地区民风较为淳朴,传统文化资源保留亦较为丰富。

村落内民居建筑多为一层,建筑材料不一而足。大部分由石制基础通过木柱支撑整栋房屋。村寨的民居分布于山腰,地势相对较高。村域内蜿蜒曲折的乡间小路,田园风光秀丽,全部传统建筑集中连片且保存完好,木雕、石雕、砖雕丰富多彩,巷道、建筑布局相宜。村落空间变化多样有致,建筑色调朴素淡雅,体现了湘西古村落人居环境营造方面的杰出才能和成就,具有很高的历史、艺术、科学价值。从长远来看,具有比较大的开发潜力。

高务寨全景(王振威 摄)

由于高务寨四面环山,位于山间的小盆地,周边山体环抱,位置相对封闭,因此传统村落格局保存较为完整,村民的生活方式也保留了原汁原味的苗家风情。村庄民居使用了当地较为常见易得的石材和木材,风格比较古朴和自然,具有较强的原生态乡土气息。

从行政区划上来看,高务村为花垣县所辖,但是从文化认同的角度来说,本村更加倾向属同凤凰县,这既表现在文化联系上也表现在经济联系上。

村庄传统文化和技艺虽然也受到了外来文化一定的冲击,但是从总体来看还是有所保留的。诸如苗绣、苗歌、唢呐等本土艺术以及烤酒技艺都很好地传承了下来。湘西苗族特有的巴代巫傩文化由于有其深厚的实践土壤而重新兴盛起来,并作为有地域特色的传统文化而被外界所了解。

(二)村落来源

高务村周围青山连绵,河流环绕,村庄聚落依山拾级而建,人们傍水而居,与大自然和谐共生。高务村由珠实和高务两个自然寨构成。珠实寨原称"猪屎寨",意为该地方比较脏无从下脚,后来改为珠实,亦有人称其为"朱司寨",实为同一寨。高务寨在苗语中的意思为"水边的寨子",意指油麻河绕村而过,并有一条小溪穿村汇入油麻河。从村庄布局来看,高务寨在天人合一方面确更胜一筹。也正因为如此,在传统村落的规划与设计方面,主要将高务寨纳入其中,珠实寨则是附带而过。

高务村形成于明末清初,历经数百年,形成了顺应地形的特色格局和大量的传统风貌建筑。整个高务村的建筑70%以上为传统风貌建筑,大部分为石木结构,结构稳固。1958年时,高务村属于超英公社钢铁大队,1961年体制缩小为雅酉公社高务大队,1984年撤社改乡后用村名至今。2017年原高务村与原珠实村合并为高务建制村。村里人口绝大部分为苗民,是非常纯粹的湘西苗族传统村落。因当地环境封闭,交通不便等原因,与其他民族交往交流较少,因而较为完整的苗族风俗文化得以保留。

在中国众多少数民族中,苗族拥有悠久的民族历史。相传,苗族先民最先居住于黄河中下游地区,属于以蚩尤为首的九黎部落联盟,在发展中先后与以炎帝神农氏和黄帝轩辕氏为首的两大部落集团在涿鹿一带发生战争。据《逸周书·尝麦》记载,蚩尤先大败炎帝,"蚩尤乃逐帝,争于涿鹿之阿,九隅天遗"。而后炎帝与黄帝联合战败了蚩尤,"轩辕之时,蚩尤最

第十章
高务村

为暴,莫能伐,于是黄帝乃征师诸侯,与蚩尤战于涿鹿之野,涿杀蚩尤"。

涿鹿之战后蚩尤部落后裔带着战争的创伤,逃离黄河流域的中原大地,开始了艰辛的长途迁徙。他们跨长江,经湖北,直入湘西深山老林。而在南迁的蚩尤部落后裔中,一支五兄弟的隆氏(苗语"仡贬")家族,带着妻子儿女,来到了山清水秀的地方定居下来,结束了他们的长途迁徙生活。这个骁勇善战的隆氏家族,在这片蛮荒之地开荒造田,繁衍生息,传承农耕文化。

高务寨共有五个姓氏,根据迁居进村落的先后顺序,分别是隆、龙、石、吴、麻。据苗族本土学者龙炳文所整理的《苗族古老歌》一书记载,高务寨的隆氏家族是蚩尤部落后裔中南迁来湘西最早的居民,于明末清初之时来到了如今寨子所在地,后来陆续来了龙姓等其他姓氏(龙姓来自相邻补抽像大卡村)。为了在口头上区别龙、隆二姓,当地将"龙"姓冠以大,称作"大龙",而相对应地将"隆"姓称作"小龙"。经过几百年的繁衍生息,村庄的人口有了较大规模的发展。只是龙、隆两姓人口的发展极不均衡,即后来的龙姓家族日益壮大,人口数量反而逐渐超过先来的隆姓家族。现如今,高务寨村民经常打趣道,"高务寨的主人马上就要没有后人了",因为本寨子姓隆的只有两户人家了。

随着村寨规模的扩大,到清朝末年此处已有一处墟场,也就是用于货物交换的集市,位置大概在如今的村民龙加佑住宅附近。可以想象高务寨在当时俨然是附近地区的一个"商业中心"。附近一些村寨都与之存在着紧密的经济联系。

珠实寨也是隆姓祖先先进,随后迁入龙姓。两姓人口基本上六四开,发展较为均衡。据村民介绍,先人最初落脚地并非如今的珠实寨,而在距珠实寨现址约2公里的悬崖附近。

总的来说,隆姓是最早迁入高务村的家族,这也呼应了高务村的隆氏家族是蚩尤部落后裔中南迁来湘西最早的居民这一说法。隆姓是湘西苗族的古老姓氏之一,高务村的隆姓一族自然也拥有着古老的历史。据说,外地有很多隆姓就是从高务村迁出去的,这可能也是如今高务村"小龙"

不如"大龙"人丁兴旺的原因之一。

相对于隆、龙两姓人丁的兴旺,高务村中的其他姓氏如石、吴、麻三姓村民人口要远远少于前两姓,只零星分布在两个自然寨中。这些小姓村民主要是跟随出嫁至此的姐妹或者是入赘等原因而到此繁衍生息,经过几十年甚至上百年时间的共同生活,他们也早已成为村寨不可或缺的一部分。

湘西地区曾经土匪猖獗,花垣近代史上吉卫和雅酉一带曾是土匪活动最主要的地方,原因是这里崇山峻岭较多,而且远离政治中心,"山高皇帝远",非常有利于土匪活动。周遭的村寨往往是土匪们光顾的对象。其中尤以解放前为甚。土匪一般先打探好村里的情况,然后实施抢劫。

据村中老人回忆,土匪抢得最多的还是牛,因为牛是最值钱的,它既是耕种田地的劳力,又是苗族群众从事宗教祭祀活动的最高级牲畜。可以说,匪患作为一个长期存在的影响高务村发展的重要因素,对高务村的历史文化的形成有着很大的影响。本村现有的村落格局以及民居建筑风格也与之有很大的关系。

悬崖附近的珠实寨地处偏僻,村民离群索居,加之人户较少,无力反抗,常常是土匪侵扰的对象。于是绝大多数居户搬到了如今珠实寨所处的位置,这里靠近其他村寨,相对要安全一些。如今断崖附近的"珠实寨旧址"仍有几户居民,不过他们再也不必担心有土匪来侵犯了。

(三)物产与特色产业

高务村地形复杂,山高谷深,高低悬殊,三级台阶分明。以山地丘陵、盆地为主。由于三级台阶式的山原地貌,使热量和降水明显地呈垂直地带分布,形成三种明显的气候类型。由于高温多雨,岩石风化强烈,土壤又终年处于湿度相对大的环境中,植被多为高原常绿阔叶林,黄壤分布较多。又由于处在山地相对温凉湿润的气候条件,土层逐渐变为橙黄色,形成黄红壤。以此自然条件为基础,村中以水稻和玉米为主要粮食作物,同时本地土壤比较适宜种植烟叶。

该地植被种类丰富,曾以漆树、桐树和茶树为主,土漆、桐油、茶油享有盛名。如今天然原生植物已被破坏,当前主要森林植被类型有落叶常绿阔叶林、人工杉木林、柏木—马尾松混交林、灌木丛—马尾松疏林、山竹林、中山台地灌木林、中低山地草丛。原有的油茶树由于被后来的树种所遮挡而产量锐减、果实质量也较低,已少有村民前往采集。

高务村的动物资源类别也十分丰富,各种鸟类等野生动物遍布山中。近年来,由于植树造林提高了森林覆盖率,生态环境也因之得到了很大的改善,吸引了众多野生动物迁徙来此,栖息繁衍。本地村民人工饲养的动物有猪、牛、犬、鸡、鸭、鹅等,以及使用稻田养鱼技术进行的稻花鱼养殖。

村民的生计主要依靠传统农业生产为主,即大量种植粮食作物——水稻和玉米和少量蔬菜瓜果,供自家食用,有富余产出则会拿到集市上出售。近几年,由于农业科学技术的发展,可种植的蔬菜瓜果种类比以前多,产量也有所增加,粮食作物和经济作物也比以前要富余出很多。

"酿酒",本地人称作"烤酒",是吉卫和雅西地区很普遍的传统特色产业。本地区苗族群众没有喝茶的习惯,而流行以酒代茶,因而对白酒的需求量很大,尤其是随着冬季的到来,这种需求更加明显。高务村的两个自然寨都有私人酒坊。本地酿酒以玉米为原料,因为玉米又称作苞谷,故人们将用玉米制作出来的白酒称作"苞谷烧"。制作程序主要如下:(1)选好玉米,将其放在锅中煮熟;(2)将其捞出进行高温蒸透;(3)将玉米拌好酒曲平铺在干净的布上3天左右,这时玉米进行了初步的糖化;(4)将其放进桶里继续糖化7天左右;(5)倒入特制的蒸酒锅里加热,酒气遇冷变成酒水收集在酒器中。烤酒之后的酒糟可以用作喂牲口的饲料。

高务村懂得烤酒技术的村民有不少,每年的2—4月以及8—10月是制作苞谷烧的最佳时间,以前每家每户都会在这时候酿一些酒以备自用。现在仍然在从事这一行当的有十几户村民。这几年高务村由村集体出面成立了烤酒合作社,村中12名烤酒师傅都是合作社社员。2019年更是在村部靠近高务寨一侧由衡南县出资50万元帮扶援建了一座烤酒厂,所有

村庄酒厂（倪田 摄）

的烤酒作坊都将集中于此开展生产。

这些烤酒合作社成员中有一个值得特别关注的人，他就是1993年出生的隆九斤。小伙子是本村珠实寨的村民，曾在长沙的一所大学学习模具设计，并在江浙一带打了两年工后，就回来干起了父亲生前的烤酒行当。他在离村4公里的地方租了6亩地，简单地盖了房子办起了工厂，给自己的产品冠以"雅酉镇九斤苞谷烧"的名称。他用酒糟喂猪、鸡鸭，作为烤酒的副产品。他制作出来的酒主要在本地销售，在吉首市、花垣县等地都设有代售点，同时也会在附近的集市出售。由于纯粮食酒本身没有保质期，抗市场风险的能力也较强。

隆九斤用心传承传统工艺的事迹受到了社会各界的关注。他在经营自己酒厂的同时也是高务村苞谷酒专业合作社的成员，村庄集体酒厂也有他的股份。2017年12月，他们以"雅酉苞谷烧"的名称成功申请了县级非物质文化遗产，非遗传承人的称号则正在申请当中。

高务村产业合作社中有种植吊瓜的项目。应该说，吊瓜产业原本并不是该地区的传统种植作物，属于外来产业，是向吉卫一些村寨学习的结果。2018年，高务村合作社开始大面积种植吊瓜，规模达250亩，吊瓜半成品由专门的公司来收购，当年年底获得了很好的收益，毛利润达30多万元，扣除必要的土地、资金分红外，村集体盈利7万余元。从2019年开始，高务村产业合作社又开始开垦荒地种植高山茶叶600余亩，截至调查时，该产业正处于起步阶段。

（四）经济社会发展状况

高务村所处的湘西地区地形复杂,原来交通不便,信息闭塞,再加上人力资本总体水平低,区域经济发展较为缓慢,以至于在新中国成立前后很长一段时间都处于极度贫穷的状态。经过近几十年来的发展,高务村逐渐从曾经的贫困状态下走出来,在经济收入、医疗教育和公共服务设施建设等方面得到了较大的发展和完善。

如前所述,今高务村合并成立于2016年,由两个自然寨组成,分别是高务寨和珠实寨。其中高务寨的人口数量、寨域面积均大于珠实寨。村内住户分为6个村民小组,其中高务寨为一、二、三组,珠实寨为四、五、六组。据最新统计,全村共有人口721人,常住人口则有400人。村中人口大多为老人、妇女和小孩,青壮年多已外出务工,只有在过年的时候才会回到村中亲人身边一起过年。

高务村地处花垣县和凤凰县交界地带,与凤凰县联系颇多,甚至于超过与自己所在的花垣县。从统计来看,村庄中的许多通婚关系属于县际通婚,但实际上仍然是传统的地域社会通婚关系。同样,在对外经济联系上,高务村也更多地与相邻的凤凰县相关乡镇联系为多,如村民赶场主要是赶凤凰禾库镇的场,而较少赶本县其他乡镇的场。

以往村民都以种地为生,劳动时间长,投入的劳力精力也很多,但获得的经济效益却很不乐观。如今村民们有的通过外出务工,有的在家中发展传统酿酒产业、吊瓜产业等,使得经济收入来源多元化,也有了显著的增长。这很大程度上得益于如今国家对农村贫困地区进行的政策扶持。

高务村目前成立了农业产业合作社,由村支书担任合作社理事长,开展了吊瓜、茶叶、药材和苞谷烧等合作社生产项目,引导贫困户以土地流转、资金、出工等方式入股合作社,以实现分红。生产合作社开展的一般都是订单农业,像吊瓜种植就与一家湘西农业公司订有保底收购的合同。

新模式成效显著,人们可以获得更多的劳务和现金收入,而不再局限于传统的农业劳作了。2018年12月12日上午,在高务村产业分红大会的现场,全村47户农业合作社社员共分得"大红包"13.2万元,其他尚未入股的村民也通过新式产业获得一些收益。2018年,高务村实现整村脱贫。

高务村的交通问题也得到很大的改善。以前,村中根本无法通车,下雨天人们出行时更是得小心翼翼。作为距雅酉镇最远的一个村,从本村去赶最近的一个集也要走近两小时。

村支书隆志品是1963年生人,有一子一女,都已经成家,亲家在凤凰县。儿子儿媳都在浙江宁波打工,家里有一个小孙子是留守儿童。作为支书,他曾被选派前往全国各地农村取经,这段经历也为其在村里顺利开展各项工作做了铺垫。现有村领导班子文化程度普遍不高,隆支书具有高中文凭,有一定的文字功底,甚至还亲自撰写了传统村落申报报告,并顺利获批。

他在1998年被推选为村党支部书记后,便领着村民着手村里的基础设施建设。首先是花了三个月修了一条长6600米、宽3.5米的毛坯公路,解决了村民出行难的问题;之后村里又与当地供电所联系,铺架线路3000多米,解决了村里供电问题。为了发展村庄经济,高务村有一个大胆且前卫的想法,那就是准备搞"茶旅一体化",即结合国家产业扶贫政策,在村庄高地种上了茶叶。

近年来,高务村的道路硬化基本完成,水电设施也趋于完善。据统计,至2017年高务村入村主道路宽度已为水泥硬化路面,宽度为3～4米,主道长1.1公里,高务村主道长0.89公里;村寨道路宽度为2～3米,长度为0.9公里。

高务村风光(王振威 摄)

如今村集体抽取地下水作为自来水安装到各家各户,靠近古井的少数村民仍然使用井水。村内电力基本能满足村庄生活,村内有三处变电箱,其中两处位于高务寨,另一处则位于珠实寨乡村道路旁,引至扪岱村水电站。

村内现有一所小学,位于高务寨原入村口的古寨门旁,设有篮球场,有两层楼多间教室,能满足村内的儿童基本的教育需求。现有4名教师(1名为公办,3名为代课),教授4个年级5个班(其中一个是幼儿班)共60余名学生。除此之外,由于国家政策的扶持,各个家庭的经济负担也很大程度上得到了减轻。2018年,由国家出资在两个自然寨之间为高务村新修了两层村部大楼,作为村干部日常处理村民事务的办公场所。为了方便村民看病,之前设置在村医家中的卫生所也搬到了村部。当村民们需要看病买药时,提前打电话与村医联系即可。

现在的村医名叫吴志林,因为他外公是苗医(当地人称为草医),所以小时候耳濡目染,就对苗医很感兴趣。他先是跟着外公学了一些草药知识,同时购买医书自学,后来又拜吉卫的一个草医为师。在联产承包责任制落实之后,他担当了村里赤脚医生这一角色,并一直为村民服务至今。苗医所使用的药一般是自己亲自从山上采制而来,一些比较稀缺少见的草药则会在房前屋后种上一些。自从当上正规的村医后,吴志林便开始使用西药,并且需要定期去县城进行培训和学习。现在,村卫生室还可以提供吊瓶输液。

二、文化遗产

(一)物质文化遗产

1.古寨门

高务寨南部进村入口处曾有古寨门,是村民进出的必经之地,由于原有寨门影响村民建房所需机械进入而将其拆除,现在仅有一些石块遗存,靠近小学的左边石墙体保存相对完整,而另一边的墙体则已坍塌殆尽。按照传统村落建设规划,该寨门将会进行原地复建。苗族村寨的寨门实际上并不具有实际上的防御和隔离作用,因为它并没有可以活动的门板,而且作为通往凤凰县的道路,并不是一寨所私有。它的存在意义更多表现在精神象征层面,人们认为通过施行法术,能够让寨门具有阻挡鬼怪的作用。

2. 古桥遗址

沿着公路进入村中不过百米,便是一座苗寨古桥遗址,该座桥梁是连接两边寨子使用的。由于村民建房原因,原有小桥已被改造成水泥结构,只能从桥下的石基尚能依稀辨认出原来的古桥所在。所幸的是原来小桥桥边的一块石碑尚在,经过仔细辨识,得知名为"桥碑",上书捐钱修桥的人名字,落款时间是"民国八年"(1919年),距今已有100余年。借着传统村落建设的机会,高务寨将择机把原有桥碑重新立在桥边。按理说,石桥已然不在,原有桥碑已经没有再立的意义了,但是作为一种可以记载村民传统记忆的资源还是有很大的保存价值的。

3. 传统民居

在桥下小溪边上,水中时常有几只水鸭在慢条斯理地梳理着自己的羽毛,流水从桥下静静地穿过,一路向前汇入油麻河。从沿溪大路走过桥面,另一端便是高务寨的主体部分了。沿着石阶上去,是错落有致的民居。一户挨着一户,高低相错,一色的木质民居,一色的楚式建筑风格。村落小巷多以青石铺地,巷道、建筑布局相宜。村中建筑最大的特色便是用平整的石块砌在木质民居外面的石墙,完全由石块垒砌,不用水泥之类的黏合物。同样的,村落巷道的石墙也是如法炮制,这样砌成的墙体宽厚结实,经得起烈日霜雪的考验。

在村落里的一些民居中,用石块砌好墙基,垒到一定高度后,有时也会用土砖来继续垒砌更高。在村中,这类建筑多修建于明清时期,并且多只有一层,到近代以后可能会在两侧或一侧修建二层干栏式建筑。"土

第十章
高务村

砖"——顾名思义就是用黏土调和做成的砖。民间有句俗话说"泥菩萨过江——自身难保",既是泥土造物,必惧水。而且据观察,这类房屋的出檐宽度一般都比较窄,遇大风雨下截墙体难逃被打湿的劫难。这大概也是人们多将土砖砌在上层的缘故。除此之外,人们往往在外层还要再加一层编织好的竹篾,一般取细长的竹子剖成两半即可。特别是,在编织的竹篾外还要涂上一层牛粪,防水、防蚊、防风。

高务村石头房(王振威 摄)

据统计,村内民居建筑年代多以20世纪50年代以后为主,并有少量清代建筑和民国时期建筑。全部传统结构建筑占村庄建筑面积的70%,其中清代建筑7栋,民国建筑11栋,近代建筑若干。古建筑为木结构、均为穿斗式"吞口屋"。多由石制基础支撑整栋建筑。

人们的卧室都在房屋的后半部分。前半部分分别是堂屋、火塘和厨房。每家堂屋正中间是一个或圆或方的石板,底下是本地苗族群众普遍信仰的"龙神"之位(即龙座),据说底下摆有一碗混有朱砂的酒。平时龙座绝对不能随便打开,只有主人感觉运势不佳时,才会请法师作法帮忙重新请"龙神"。在大堂的左边是火塘,在此处靠近墙底处是祖宗之位,此处虽然最为重要,但是一般家庭并没有做明显的摆设记号,或者仅仅是摆放一块砖以方便上香而已。本地群众认为祖宗所在火塘一边是整栋房屋最重要的位置,家中成员按照长幼排序从这开始分配卧室。在大堂的右边,则是灶膛,上有数量不等的铁锅,具体数量视人丁而定,但是必须是单数。

村落空间变化错落,建筑色调朴素淡雅,体现了湘西古村落人居环境营造方面的杰出才能和成就,具有很高的历史、艺术、科学价值。抬眼望去,村落里古巷道两旁的斑驳墙体已遍布苔藓,从石缝里长出的绿色植物,为古朴的青石巷平添了几分韵味。

4.土地庙

在苗族聚居区,一般的每一个寨子都至少有一个土地庙。高务寨有一大一小两处土地庙,小土地庙位于寨子正中的三岔路口,大土地庙则位于小土地庙上方十几米处。村民说这两个土地庙是父子关系,前者为子后者为父,共同庇护村寨的安宁。土地庙在本地区是十分神圣的,其周边的任何东西人们都不能随便移动,村中还有某人因动了周边的草木而癫狂的传说。据说如果确有必要动迁土地庙,必须要通过法师来履行程序之后才可以。

5.古井

在寨子最东边,有一处古井名叫"古了务井",与两处土地庙构成三角形,此处水井常年流水,即便村庄用上了自来水之后,也有不少村民还来取用井水。苗寨中的水井与汉族地区的水井有所不同,并非人工在地面之下开凿而成,而是利用山体的自然走势,将泉眼所在地方围成一圈,最多将泉眼附近的石块凿开扩大。在这些水井边上,一般都能看到有一两棵大叶灌木,这是人们专门留下方便上山村民将其叶子摘下,卷成碗状喝水。

村民们将水井视作神明。每年春节期间,人们会在井边烧香供奉水神,或者祈求来年风调雨顺,或者保佑家庭平安。祭祀水井的时间一般是正月初一或者十五。而且在每年的第一天即年初一,是不允许从井中取水的,村民需提前取水储存。因为人们要让水神在这一天好好休息。另外,正月里的龙日、蛇日和鸡狗日也不能取水,前者是怕旱灾(因为龙要喝很多水),后者是因为这些动物比较脏。这些禁忌要一直持续到元宵节后,才可以恢复正常。

6.炮楼

在高务寨,还遗留有两处炮楼。炮楼是一种防御工事,既能起到瞭望台的作用,又可用以预防匪患,保护村寨安全。炮楼由石块垒砌,下方有一个小木门作为出入口。墙体厚达60厘米,能起到很好的防御效果。当土匪来的时候,大家就会躲到炮楼里避难,土匪即便使用土枪也拿它没有办法,因此村民将其称为堡垒。如今由于年久失修,废弃的炮楼已失去它曾经的作用,已经成为了危楼,静静地矗立在民居间,旁边的村民时常在里面堆放些柴火等杂物。

7.宝塔

在该寨还建有一座宝塔,大约六七米高,下半截由石头砌成,其间建有一个龛盒供人们烧香祭拜;上半部为现代水泥砖,做成塔尖式样。它也起着保护村寨的作用。

(二)非物质文化遗产

苗族是一个古老的民族,在长期的生产生活中,他们形成了独特的民族文化,创造了许多的智慧,留下了丰富而珍贵的文化遗产。有些文化在产生之初可能与当时当地比较落后的社会生产力有关,但是现在仍然被广泛地使用则是由于它早就成为了一种嵌入人们灵魂的文化习惯了。

1.苗年

本地最隆重的节日是苗年,具体的时间不定。在高务村是每年的农历腊月初八。在过年的头几天,家家户户都要把房子打扫干净,积极准备年货。杀年猪、买猪肉是不可少的。除此之外,还要打糍粑、磨豆腐和酿米酒。有时还做香肠和血豆腐。苗年三十的晚上,全家人一起吃年饭,守岁到午夜开门放鞭炮,表示迎接龙进家。天刚拂晓时,由长辈在家主持祭祖。吃完早餐后,中青年男子便上邻居家拜年,苗语称为"对仰",表示新年快乐。新年还要赶年场,定在每年的农历正月,各地的苗民自行约定地点、日期赶场。那一天,男女老少都身着盛装聚会,各地艺人歌手、狮子龙灯云集,年场内人流如潮,异常热闹,青年人也趁此机会赶边边场,物色情侣。

2.吹唢呐

音乐是民族文化的一种表达,是体现民族特点的一个重要途径。在高务村现存的传统音乐艺术中,苗唢呐是很重要的一种,已连续传承100年以上。唢呐是村中红白喜事时必不可少的乐器,在节日庆典中也占有一席之地。苗唢呐吹奏的曲调有六点曲、插花腔、五打六、四门曲、六打七、二胡调等长、短格6种。内容涵盖祝贺调、欢乐调、迎宾调、送客调、敬酒调、答谢调、请八仙等。隆老珍和隆昌谊两兄弟是本村苗唢呐的传承人。外村还经常会花钱请他们前去参加一些仪式场合的唢呐吹奏。

关于苗唢呐,民间流传着这样一个传说。早在远古开天辟地有人类祖先出现的时候,有一个穷小伙子用竹子制作了一个最原始的唢呐,经常在一条大河边吹。有一天,一位美丽的姑娘从水里出来走到他身边,对他说:"你吹的曲太动听太美妙了。"她请他到家中去见父母。小伙子就问她家住哪里,姑娘回答:"只要你把眼睛闭上,我就带你去。"小伙子把眼睛闭上,等他睁开眼时,只见自己在一个金碧辉煌的宫殿里,龙王正坐在他面前。他这才意识到自己原来是遇到了龙王的女儿。龙王答应把女儿嫁给他,并答应他们到人间生活,于是他就带着龙王的女儿,回到人间过着幸福美满的生活。此后,他凡是遇到大喜大悲的事都会吹唢呐。

自古以来,苗唢呐就是招龙引凤、求福求贵必备的乐器。在一些仪式场合,如果缺少唢呐则不灵验,办不好事情。所以,凡苗族的婚、丧、嫁、娶,吹唢呐必不可少,并且在正事的当天,主、客双方当夜必须通宵对吹。高务村以前会吹苗唢呐的人有很多,但是现在情况发生了很大的变化。现在年轻人主要在外打工,没有太多机会接触这些传统文化。

3.民歌

苗歌也是村民精神生活中极其重要的内容。和苗唢呐一样,苗歌在庆祝活动中是必不可少的,尤其在喜庆的场合更是如此,有时候唱上一夜也不罢休。和对山歌差不多,苗歌要求即兴创作。两人互唱苗歌,人们把这叫作"比萨(音译)","萨"就是苗歌。苗歌还与人们的情感生活联系在一起,男女在赶集的时候若是心仪对方,便可通过唱苗歌的方式表达心意,当地人称之为"赶边边场"。每年"三月三""六月六"的时候,青年男女则会聚在一起唱苗歌。男女相爱后,女方便会住进男方家中,有时长达一个月。这期间,女方家人是不知情的,有时会去询问一同去的其他男女,但他们一般会笑着隐瞒,直至男方上门提亲。

在高务村,苗歌唱得最好的是隆旺全和隆国大,在重要的赶秋节等场合,他们也会被选派上场进行表演。隆国大是个老木匠,从小自学苗歌。隆旺全则是年轻时(17岁)在雅西高达村修水沟时,拜当地师傅学的。两个人合作几十年,非常默契。他们说,本地的苗歌演唱者都是要成双成对,换一个搭档就唱不好,这种情况与花垣其他地方是不太相同的。

高务村苗族服饰
(夫妇照)
(王振威 摄)

4.刺绣

除了音乐能反映人们的生产生活和精神生活外,苗绣也是反映苗族妇女卓越创造力和无穷智慧的重要文化载体。

珠实寨有位苗绣老人叫龙老妹,如今已80岁高龄了,仍然还在每天织布。她回忆道,因为母亲去世早,她14岁的时候就跟着别人学织布,学刺绣,16岁的时候就开始把自己做的布拿到集市上卖。之后成为了村寨附近里人们交口称赞的裁缝。她如今使用的织布机已有一百多个年头了。由于视力不如从前,刺绣之类的精细活她已经做不了了,现在只能织一些做头帕用的布。

湘西苗绣传承发展已有500多年的历史,据统计,如今高务村35~50岁的绣娘有38人,50岁以上的绣娘有13人,长年在家并从事刺绣技艺的有11人。苗绣的艺术美感与苗族传承习俗、民族图腾、苗族村落艺术协调一致、自成一体,古村落所能体现的苗族文化传统基因,是苗绣赖以生存、发展的土壤水分,是苗绣生存发展的空间。

5.巴代文化

在高务村,巴代主要负责主持当地苗族整个族群、家庭或个人在祭祖、过年过节、丧葬、建造房屋、驱鬼禳灾等仪式活动,在当地享有很高的地位和荣誉。当然,他们之所以获得这种尊重,必须是以愿意从事这种工作并为群众提供各种所需服务为前提的。据高务村村民说,巴代之所以为巴代,并不全是自愿的,而是他们有义务将巴代父亲的这种工作传承下去,如果不愿意传承的话就会被村民们所鄙视。

巴代有巴代雄和巴代扎之分。从目前的情况来看,巴代雄文化由于没有书面材料,只靠口耳相授,现在要想将其继续传承下去遇到了很大的困难;而相比较而言,巴代扎文化由于是汉语传承,有一定的传承优势,因而其数量比较可观。具体来说,两者之间存在着以下不同。

首先,在服饰方面,巴代扎和巴代雄的服装有样式和颜色上的区分。巴代扎做法事时所穿的服饰一般为长袍,以红蓝色调为主,一般里层为蓝色布料,外层为大面积红色布料,袖口和袍摆露出蓝色布料;而巴代雄作法时的穿着则要简单些,服装样式一般为苗族传统的上衣和下装,色调以青、黑为主,上衣多为斜襟样式,不同于巴代扎法袍的对襟,而且较少场合全副着装。

第十章
高务村

其次,在法器方面,除了两者的种类和数量不同外,在使用方式上也有差别。巴代扎和巴代雄都有一件被称作"绺巾"的法器,巴代扎的绺巾是用一根木棍穿着的,而且木棒要用被雷劈过的木材来做;巴代雄的绺巾则一般是直接将布穿在一起,并没有木棒。另外,巴代扎使用的"卦子"一般是用竹根或牛角做成,不相连接;而巴代雄的"卦子",则是只能用牛角,并且卦子是用绳子连在一起的。相传,巴代雄的祖师爷是个盲人,为了方便取用才将卦子连在一起,拾卦时无需弯腰,直接用手拉绳子便可。

再次,在作法的方式方面,巴代扎用吹牛角的方式叫来天兵天马,巴代雄则用敲竹筒喊来祖宗鬼神。巴代扎作法时是站着边跳边唱,而巴代雄则是坐着唱,这大概与巴代雄的祖师爷眼盲有关。巴代雄作法时为静态坐唱,称文官;巴代扎则为动态立舞,称武官。

人们认为,巴代在世时是沟通人与神灵的使者,而当他逝世后,灵魂就要去阴间做官,其中巴代雄为文官,巴代扎为武官,因而为他们举行的葬礼和普通人是不一样的。他们的葬礼流程就是送其去做官的流程。巴代死后只能请巴代来送,其中,巴代扎可以送巴代雄,而巴代雄则不能送巴代扎。这是由于巴代雄为文官,巴代扎为武官,两者就像父子一样,巴代雄为父,巴代扎为子。子能送父,而父不能送子。巴代雄送巴代雄和巴代扎送巴代雄的大致流程是一样的,但其中或许有细微的区别,如今不得而知。从形成逻辑来说,两者本质上是不同的文化信仰,但是从实践来看,两者已经融为一体难以区分,共同成为当地苗族群众的信仰了。

高务村目前拥有巴代扎四名,其中高务寨和珠实寨各有两名。全村最后的一个巴代雄——隆老海,已去世,这也就意味着如果村中有需要巴代雄出面的仪式活动,就只能去其他地方请人了。在本村的巴代扎中,最有名气的当属高务寨的龙加佑。他法名龙法哥,生于1963年,其巴代技术直接传承自父亲和爷爷,其叔叔也是巴代,但由于后者的客话(普通话)说得不够好,法力不太强。

龙加佑除了正常的作法技术外,还可以表演神秘的定鸡术,这个技术甚至得到了媒体的报道。据说他还有端犁铧的本领,即徒手将烧得通红的铁犁抱起而不被烫伤。虽然未能眼见,但村民们都证实确有其事。这一类法术,一般是在驱鬼尤其是驱"恶鬼"的仪式中才会表演,比如为非正常死亡的人做法事时就要有这些内容的展示。村民认为巴代通过显示这些本事可将"恶鬼"吓走,并且借助其他仪式将其赶走,不再回来危害主人。

三、自然资源

1. 拿坡山

高务村的两个自然寨中的高务寨,坐落于四面环山的凹地,地形复杂。临近村口,映入眼帘的便是高桂务山和高桂吊山,高务寨夹在两山之间。整个寨子被穿村而过的小溪一分为二,通往村部和珠实寨的连村道路也沿着小溪而建。西边约三分之二的住户分布在高桂务的山坡上,而东边约三分之一的住户则分布在高桂吊山脚。村内还有座山名叫拿坡山,和高桂务山、高桂吊山一样,山上树木葱茏,生物资源丰富。

2. 高务河

高务村自然遗产主要体现在一处极具观赏性的瀑布"尖朵朵"中。高务寨南边有一条自西向东流过寨门前的河,名为高务河,因发源于油麻村也被当地人称作油麻河。油麻河水流相对较大,河床也较为宽阔,其间河石裸露,水体较为浑浊。河水经过该寨之后则往凤凰县流去,并在两县交界地带形成湘西较为著名的景点"尖朵朵"瀑布。据测量,该瀑布瀑高236米,为中国落差最大的瀑布之一。在瀑布底端,经常有游客前来欣赏大自然的美景。这处景点也是当地几个村寨准备打造文化旅游产业的一张大牌。

第十章
高务村

高务村的高务河及村下的"尖朵朵"瀑布(王振威 摄)

(本章由王振威、钟程鑫调查,王振威撰写)

第十一章 五斗村

五斗村位于花垣县雅酉镇的东南部,距镇政府和县城分别为4公里和64公里。该村从东到南都与凤凰县柳薄乡的德榜村接壤,西边为本镇下水村,北边是本镇的另一个传统村落扪岱村。该村地理位置比较偏僻,交通条件较差,但由于其与凤凰县为邻,受后者的辐射影响比较明显,有较多的外来文化影响的痕迹。该村具有优美的自然环境、丰厚的物质文化遗产、独特的文化资源,尤其是银器文化表现最突出、最亮眼。2016年12月,五斗村被列入第四批中国传统村落名录。

第十一章 五斗村

一、村落概况

（一）地理生态环境

五斗村由三个自然村寨，即下五斗、上五斗以及由后者搬迁而来的新村组成。本村居处云贵高原东部边缘，平均海拔700~800米，地势较高。从气候类型来看，该地属于亚热带季风性湿润气候区，受季风影响，四季分明、光照充足、雨水充沛。作为一个典型的山地村落，五斗村拥有比较秀丽的自然景观和丰富的特色文化资源。从交通条件来看，五斗村与凤凰县接壤，是本县雅西、吉卫一带人们前往凤凰禾库集市的重要一站，因此其对外联系比较便利。

由于历史原因，本地苗族群众的房屋建造格局具有十分鲜明的本地特色，大部分为砖木混合结构，甚至有相当部分为纯石料结构。这是古代苗族先民克服自然的重重障碍，迁徙到湘西就地取材建设村落的成果。村寨周边有很多的片状砂页岩，不用过多打磨，只需直接剥离使用即可。建筑墙体除了石头、木板之外，还有部分为黄泥牛粪涂抹垒砌而成。

上、下五斗两个寨子均位于山腰的向阳坡地，光照充足，体现了古人择吉地而居的观念。村落依山就势，村落与自然环境完美融合。五斗村传统建筑规模占总建筑面积的80%以上，保留有明清建筑达20多座。村落中建筑布局、建造手法乃至装饰手法等都无不体现着苗族高超的智慧和独特的建筑风格。建筑基本选用当地石材与木材打磨加工，垒砌而成，加上村中保留完整的堪比艺术品的古石板栈道、石头山墙、挡墙等，不仅全面地记载了先人克服自然障碍，利用自然资源而创造出来的地方性建筑文化和艺术，也充分体现了古代苗族村寨营建的特色。

五斗村依山势而建，三个自然寨按照地势高低排序分别是上五斗、下五斗和新村。新村寨的村民全是从上五斗寨搬迁而来，因此两者实际上属于一村，村民之间存在着兄弟家人关系，逢婚丧嫁娶大事，该两寨村民之间互相帮忙。而相较而言，下五斗村与另外两寨虽然同在一个建制村，但是村民之间联系较少。

五斗村村落格局主要以姓氏为基础，同姓家族聚族而居，这种居住格局主要基于家庭发展规律，而非由于苗族村民的宗族观念，据调查本地群众的宗族观念是比较弱的。隆、石、龙、吴、杨是五斗村五个姓氏，五斗村从隆姓迁入之后随着其他姓氏的进入而逐渐壮大。村民绝大多数为苗族，只有极少数外嫁进来的媳妇是汉族或者土家族。

五斗村居处山区，自然景观优美，空气清新，具有很大的文化旅游开发潜力。在湖南省建筑设计院为五斗村制作的传统村落规划书中，对该村的整体景观特点进行了如下概括：以自然山水为基底，以苗族村寨建筑为载体，以人文景观为内涵的"两寨抱阳连天坑，三山一水绕良田"的传统村落的山水格局。这样的概括是比较贴切的，特别强调了自然景观的特点。

(二)村落历史

五斗村形成于明代，距今有500多年历史。关于村名的来历有多种说法。一说此寨因位于五斗山脚，五斗山上产中药乌豆，以此起名，后演变成五斗。二说由于上五斗村地势太高、路途太险，连当年到此抢劫的土匪也一直抱怨"太陡了，太陡了"，故取其谐音"五斗村"。三说，五斗村原来只有一户人家，有两个兄弟，五斗村十年九旱，一年收成不过五斗，故曰五斗村。之后，兄弟长大分家：大哥外出学习银饰加工谋生，回家后在路边建房，逐渐发展成下五斗村；弟弟在家种地，慢慢发展成上五斗村。

此类传说当不足为信，可以从现在村寨的人口构成及其特征加以验证。上、下五斗村虽为一建制村，但是由于分处高低两处、相距两三里路程，故平日联系并不多，即便是丧葬大事，除非有亲戚关系，两寨之间亦不互相帮忙。上、下五斗村的姓氏构成截然不同，上五斗寨(以及新村)以吴姓为主，下五斗寨则以石姓和隆姓各半。在下五斗寨，村民聚族而居，即

第十一章
五斗村

相同姓氏各占据村中一块地盘。石姓位居寨子的东半边,隆姓村民占据了寨子的西半边,只有一户吴姓自上五斗村搬下。其余的为少量杨姓和龙姓,居住在下五斗水井处。下五斗寨还有一个称呼叫作"洗水塘"。可见,本村的两个自然寨当是各自发展而来。

村民普遍认为隆姓是最早迁来五斗村的成员,也是目前五斗村人口最多的姓氏,主要聚居在下五斗。但是部分石姓村民并不如此认为,因为在下五斗村石姓村民聚居区,有一棵260余年的古梓树矗立寨旁,它是村寨中最古老的一棵树,因此它被石姓村民用作证明其历史久远之证据,并主张石姓是村寨最早的主人。至于各自从何处迁来此地,人们大概知道吴、杨两姓来自吉首方向,而石姓主要来自花垣方向,至于"大小龙"("龙"与"隆")来自何处则无从得知。

五斗村总户数137户,约800人,其中:上五斗30户,186人;新村33户,223人;下五斗74户,400余人。一、二、六组村民分散在上五斗村和新村寨,三、四、五组构成了下五斗村。在传统村落保护规划中,上五斗村和下五斗村作为一个整体加以开发保护。至于新村寨,由于是近些年来易地扶贫搬迁而来,传统性保留较少,而未能被纳入传统村落计划。

五斗村由于地处偏僻,山高路远,曾经是匪患十分严重的地方。现在上五斗寨好几处房子中至今还有防堵匪患的机关设置,即在大门后面另外加设一些横梁,以防土匪轻易破门而入。由此可见当时的匪患有多严重。根据五斗村80岁高龄的村民石老坝介绍,在20世纪30年代有从贵州来的土匪大约30人,进入五斗村,村民自发组织进行抵抗,各有伤亡,当时村中有一个老妇人因此丧生。

抗日战争时期,五斗村也曾有人参加过对日作战,这名抗战老兵名叫石庭杨,解放后又参加了抗美援朝战争。据说在朝鲜作战时被困在山洞中,并因被美军投放毒气弹而受伤。退役后即返回村庄,于1965年左右去世。到了20世纪70年代中期,五斗村遭受了十分严重的旱灾,原先就已糟糕的境况更是雪上加霜,村民只能去凤凰县借粮食。好在五斗村在与凤凰县相邻村庄的相互扶持中平稳度过,没有造成灾难性的后果。

五斗村还有一个年长村民叫隆再清,生于20世纪40年代,他所在家庭的历史较为丰富,值得特别陈述。其祖父隆八章是民国时期本地区的富贾乡绅,早期靠着帮别人打官司因而发迹,属于当地有名的师爷,后来负责调解整个镇的纠纷。现在其所居住的房子就是在祖父手上建造的。在他3岁时,祖父被土匪打死,同时父亲和叔叔都相继被土匪绑走,之后赎回。如今,隆再清家的房子依然是大户人家的式样,在大堂中柱上依然绑着一黑一黄大小两个牛角,这在传统时代是非常富有的标志。因为牛作为主要的生产工具,只有大户人家才舍得宰杀。

由于交通条件的限制,该村受外来文化影响较小,使得五斗村在几百年的发展过程中,依然保有和传承着丰富多彩的苗族传统文化。

(三)物产与特色产业

五斗村夏季降水集中,雨热同季,夏秋季干旱发生较多,冬季较寒冷,易发生冰冻灾害。同时,该村沙地较多,土壤贫瘠。该村村域面积100公顷,村庄占地面积368亩,总面积1509亩。耕地面积950亩,水田面积450亩,旱土面积450亩,山林面积1200亩。从整体景观上看,五斗村东面为五斗河,河边是大片的低缓田地;南面主要为山林,农田散落在山间谷地;西面丘陵、农田交织;北面为大片农田。尽管受制于自然地理环境的局限,五斗村因地制宜种植适宜沙地的西瓜和烟叶并进行产业化。除此之外,部分村民世代相传的银饰加工也成为众多银匠的生存之本。

1.银饰加工

苗族银饰制作传承数百年,堪称民间工艺一绝。五斗村的银饰制作闻名于三县十乡,尤其是下五斗寨的技艺水平最为高超,民国时期就已负有盛名。当地苗族群众每户出嫁女子娘家都要请银匠为其打造一套银饰,该套银饰除了结婚当天穿戴之外,在其他重要场合也要穿戴。妙龄少女穿戴好银饰,婀娜多姿,银饰叮叮当当响声悦耳,好似九天仙女,更显苗族少女的万种风情。

第十一章
五斗村

本地银饰加工主要以家庭作坊形式进行,主要产品有项圈、大麻裙链、围腰带、耳环、戒指、头饰、"八仙链"、帽花、龙背袋等。产品主销花垣县、凤凰县苗族聚居区,部分产品还通过专家或游客带到中国的香港、澳门及东南亚地区,影响深远。五斗村比较知名的银匠是吴氏家庭。从20世纪60年代开始,本村吴碧硅、吴碧成兄弟就精钻技艺,从事银饰加工销售工作,吴秀珍三姊妹如今还在传承着父辈们的技艺。

今天,要打制一套传统的苗族银饰大约要花费4万元,一般是结婚的时候由男方以出彩礼钱的形式,让娘家购买。五斗村懂银饰制作的村民有不少,但是将其作为主要收入的只有五六家。至于为什么有些人宁可放弃传统手艺而外出务工的缘由,主要是银饰打造的成本比较高,如果一时卖不出去,资金周转就很麻烦。

除了吴氏之外,五斗下寨还有几户石姓银匠,石章辉夫妇即是其中技艺较高者。石章辉生于1962年,高中文化,十六七岁就开始从父母那里学习银饰制作,至今已经从事银饰制作40多年,属于五斗村石姓的第三代银匠,其妻子则是嫁入石家之后才学会的。据说石姓的银饰制作手艺与凤凰德榜村直接有关,原来石章辉的爷爷从小在德榜村的外婆家长大,所以从那里习得了银饰打造技术,并在自己的儿孙中一代代往下传。如今,在这些银匠中,石章辉家的条件是最好的,除了父母给盖的房子外,自己又盖了一栋三层小洋楼。

银匠所需原材料银皮一般是从贵州或者福建购买的,双方存在着长期的合作关系,只要一个电话对方就会将材料寄过来。笔者以一条大约700克重的银坠子为例,对银匠的收支成本进行了估算:银皮价格为每克4元,它的成本价在3000元左右,需要4天来制作完成;成交价一般为4000元,因此可以盈利1000元。摊到每天可以赚250元左右。据介绍,如果做一些式样简单的工作效率会更高,最多一天可以赚400多元。可见,银饰制作的收益是比较高的,比起传统农业的收入要高很多。只是银饰制作需要非常细心,并且需要长时间坐在车间,这对身体健康不利,所以银匠们每周只工作4天左右。

石章辉一般是在接受预订之后再进行银饰加工制作。而有一些银匠则会事先把银饰做好,待赶集日再拿到集市上去卖,这样一来平时会做得多一些,但是也会由于卖不出去而造成资金的积压,这对于经济实力小一点的银匠来说是一种压力。

五斗村苗族银饰的加工,全在家庭作坊内用手工方式操作完成。根据需要,银匠先把熔炼过的白银制成薄片、银条或银丝,利用压、錾、刻、镂等工艺,制出精美纹样,然后再焊接或编织成型。苗族银饰工艺流程很复杂,一件银饰要经过多达一二十道工序才能完成。而且,银饰造型本身对银匠的手工技术要求极高,非个中高手很难完成。据石章辉描述,银饰打造过程中一些简单的步骤,其妻儿都能够完成,但是对很复杂的工序仍然需要本人亲自动手才能完成。

银饰的雕花技艺是很常见的也是最主要的技术。苗族银饰雕刻有着固定的样式,而样式来源于模具。模具的统一以及样式的固定使得苗族银饰在千百年来一直保有着基本相同的特征。模具是两块叠在一起的已经雕刻好花纹的铅块。之所以选用铅来做模具是因为它的熔点比较低,很容易进行模具的浇筑成型,具体的方法是用特殊的纸板卷成直筒状,将祖传的雕有各种花样的金属片放入中间,然后在两端倒入铅水,冷却之后就成为一公一母两个模具,之后将浇筑模具所用的金属片收起来下次再用。

在正式打造银饰之前,如果使用的不是银皮,而是碎银渣子,就需要先将其融化成为银水,并倒在一个长条状的铁制容器中,待其冷却后剥离,即可以锤打成为银片。这时就可以将所需大小的银片夹在模具中,用力敲打,即可获得所需要的形状。当然这样获得的银饰是比较粗糙不精致的,需要使用小工具慢慢地雕刻和加工。最后对有些需要编制的环或者其他造型需要手工完成。

反复雕刻使细节更加精细,一块银饰会在银匠的细心敲打和雕刻下,逐渐显现出漂亮的花纹。石章辉有一小筐的"钉子"和剪刀,这些工具对银饰制作不可缺少,需要雕刻不一样的花纹时,就要用不一样的"钉子",

这些"钉子"各司其职,和模具一起组成了银饰雕刻的重要工具。将所有雕刻好的银饰焊接、编结、镶嵌在一起,一套完整的银饰就基本打造好了。但是这还不是最后的成品,这时的银器比较粗糙,并且有点发黑,因此需要使用特制的水对其擦洗和抛光,使其变得银光发亮,从而更有卖相。具体方式为放入加有明矾的水中烧煮,并使用铜刷子将其刷洗干净。

2. 烟叶烤制

烟叶是湘西的重要经济作物。五斗村现有烟草种植面积为375亩,占耕地资源的40%左右。村中有两座现代化烤烟房,其中之一在村部旁边,另一座在五斗村前往下水村的路边。和传统的各家各户自行修建的土烤烟房不同,新式烤烟房集中连片、统一管理,并且使用自动化控温系统,能够更好地控制烤烟的品质。

五斗村烟叶加工厂(王振威 摄)

五斗村的烤房是由长沙烟草公司免费建造供使用,前提是所烤制烟草由该公司独家收购。每年7、8月是烟草收获的重要时节,这时不断有村民将整理和捆绑好的烟叶从田间地头运到这里来,将其码好挂进烤房,并打开自动开关进行烟叶的烤制。在烤房外面,已经烤好的烟叶则有序地放在烤房外面等待称重收走。烟叶一般被分为3个等级,好的烟叶可以卖到30多元1公斤。五斗村所种植的烟草大部分是归村庄烟草合作社经营,村民采用土地入股的形式参与烟叶合作社的生产,参加生产的工人一般是被承包土地的村民,他们也可以通过劳动获得收入。

烟叶种植对土壤质量的要求较高,同时其本身对土壤质量会造成较大的损害,使得土地的肥力下降,尤其是不能连续种植烟叶,因为往后烟叶质量会越来越差。因此,当地一般会使用轮作方式来解决这些问题,具体到烟叶生产来说,就是三年一作,也就是第一年种烟叶,第二、三年就改种其他作物,等待土壤肥力恢复之后再继续种植烟叶。

3.西瓜种植

尽管五斗村所在地区属于喀斯特地貌,地表水缺乏,但是其土壤属沙地较多,比较适宜种植西瓜。在漫山玉米和烟叶中间,时不时能够发现有些地块种植有密密麻麻、绿油油的西瓜。五斗村的西瓜全县闻名,以个大、香甜、水分足为特点。当前,村庄集体成立了西瓜产业合作社,合作社承包了村民的土地用以种植西瓜。村民们可以通过劳动获得工钱,年终还可以按照土地和资金投入获得分红。调查时发现五斗村当年种植了大约100亩的西瓜,这些西瓜除了村民自己食用之外,大部分通过订单被人收购走,销售到周边市场。

(四)经济社会发展状况

2019年,五斗村属于精准扶贫帮扶村,村人均纯收入820元,主要经济收入为粮食(水稻、玉米)种植,经济作物(烤烟、西瓜)种植,部分村民则通过苗族银饰制作获得收入。全村一共136户751人,其中劳动力331人,外出务工228人,外出务工已经成为五斗村重要收入来源。

在教育方面,五斗村的教育资源匮乏,对教育的重视还不够,到目前为止村里只出过4个大学生。近几年来由于村庄集体经济有了好转,村里决定给考上大学的本村学生每人奖励1000元,以表示对教育事业的重视。在坐落于下五斗寨的村部所在地,之前专门留出两个大办公室作为村小学办学场所,但是由于学生太少,于2011年撤销了。实际上五斗村由于总体人口数量多,学龄儿童人口也不少,但是因上五斗和新村离邻村下水村比较近,且在后者村落设置的小学较为正式,教学质量也相对较高。因此,大部分本村的适龄儿童都被安排在下水村上学了。

在医疗卫生服务方面,也有了基本的服务设施。在五斗村村部辟有卫生室,能够进行常见病的诊断和治疗。五斗村的村医由以前的赤脚医生龙碧辉担任,他懂得一些传统的苗药,部分中药就由他亲自从山上采集或者从别处购买而来,当然大部分时候使用的都是从上级医院进来的西药,西药使用起来方便,见效也要快不少。

村民吴占国生于1953年,从做巴代扎的父亲那里学得了一些草医(苗族群众对苗医的称呼)知识,同时也继承了父亲的巴代扎技术与法器。吴占国的草医技术据说十分有效,效果甚至比去医院治疗还好。据村民描述,像脑膜炎这种疾病只要使用苗族草药就可以彻底根治,绝对不能结合西医使用;如果先使用西医治疗的话,苗药就没有用了。部分村民认为,西医是治标的,草医是治本的,因此有些病人去医院看病之后还是需要来找苗医巩固治疗效果。

近些年来,五斗村的交通情况也得到了较大的改善。目前已经有一条4.5米宽的乡道接入县道,可以直达雅酉镇政府及花垣县县城,向南跨过五斗河石桥即是凤凰县的德榜村,可以方便地到达凤凰县县城。2015年,由于有国家专项扶贫资金的帮助,在村内修筑了砂石机耕路,主要服务于山间高地农户的生产物资运输。目前,各项配套建设已基本完成。在国家经济、政策的帮助下,五斗村正从一个默默无闻的普通小山村朝着欣欣向荣的充满着朝气的特色村落转型。

二、文化遗产

(一)物质文化遗产

和本地区其他村一样,五斗村也是传统的苗族村寨,因地处三省交界地带,地理位置十分偏远,交通条件也不太便利。村民们的日常起居和生活也只能依靠当时当地的既有自然资源。本村拥有包括石头屋在内的较为丰富的物质文化遗产,这深刻体现了天人合一的生活和生产理念,也说明了自然环境对人类生活的绝对影响力。

1.石头屋

从某种意义上来说,五斗村尤其上、下两寨可以称作"石头寨",因为一眼看去五斗村就是石头的世界。传统的村庄建筑材料绝大部分为石头，辅助以部分树木和牛粪泥土等材料作为支撑。这是特殊地理环境和特殊历史背景下的产物，该地山区多产砂砾岩石，稍加用力即可轻松获取。本村的石头房首先在地基处使用石块将其垒砌，尽量将石材的规则一面朝内，不规则一面朝外；建了一半之后，有部分房屋就使用木材或者泥土继续往上加建。

村民的正房多为穿斗式"吞口屋"，在房屋内部分成堂屋区、居住区、生活区和厨房区几个部分。厕所和猪圈一般都建在一起，被安排在正房侧边的偏房里。正房的前半部分分别是堂屋、火塘和厨房，后半部分一排都是卧室。每座房子正中间是一个或圆或方的石板，底下是本地苗族群众普遍信仰的龙神之位（即"龙座"），据说底下摆有一碗混有朱砂的酒。

石头屋（朱钰娟 摄）

五斗村石头墙（王振威 摄）

平时"龙座"绝对不能随便打开，只有主人感觉运势不佳时，才会请法师作法帮忙重新请龙神。在五斗村，一般在大堂的左边是火塘，在此处靠近墙底处是祖宗之位，此处虽然最为重要，但是一般家庭并没有做明显的摆设记号，或者仅仅是摆放一块砖以方便上香而已。本地群众认为祖宗所在火塘一边是整栋房屋最重要的位置，家中成员按照长幼排序开始分配卧室。建造房子时的第一根柱子也要从此处开始。在大堂的右边，则是灶膛了，上有数量不等的铁锅，具体数量视人丁而定，但是必须是单数。

至于屋内左右方位的优先次序，五斗村中有一部分石姓村民是反其道而行之的，即他们的房子从左至右分别是火塘、堂屋和灶膛。相对应地，家中成员从长到幼依次从左开始分配房间。至于为什么会有这样的区别,传说之前有石姓两兄弟,父母去世的时候,老大已经成人了,就独立生活了,但是老二还很小,生活不能自理,是一条狗用自己的奶水把他养大的。后者的后人为了报答对狗的感恩之情,直到现在都不吃狗肉。为了显示自己的独特性,很多方面都会表现出与另一石姓的不同,包括房屋的结构与布置。

当前由于经济的发展和外来文化的进入,石头房有被水泥屋取代的趋势。为了追求洋气和居住的舒适,有一些外出务工人员以及本村从事银饰制作的村民,纷纷建造起了多层洋楼,在原先的石头寨中虽然非常突兀,但也是无法避免的。目前,五斗村依然保有20户石头屋,有4户石头屋保存完好,在交通最不便利的上五斗寨则保存得更为完好。由于五斗村被列入第四批中国传统村落名录,石头屋成为了传统村落保护的重点,五斗村的石头屋避免了被拆毁的命运。

2. 牛粪墙

牛粪泥巴墙是本地区苗族群众房屋建造技术的一个特色。使用这种方法来制造房墙主要先将牛粪和土和在一起,敷抹在石头墙上或者竹木墙板上。在别的地方,牛粪一般不受待见,但是本地苗族群众认为牛是吃草动物,牛粪并不肮脏甚至还带有百草的香味。如今五斗村的部分石头屋也在用这种方式进行修葺,有的人还对传统技术进行了一些"创新",即在牛粪泥巴中加入强力拉铝网。强力拉铝网的作用就相当于之前人们使用的竹子。这样一来,墙体就会更加牢固,而且同时具有很好的透气功能。

五斗村所处的自然条件比较艰苦,但其选址还是凸显了古代择吉地而居的文化内涵。上、下五斗两个寨子均位于山腰的向阳坡地,光照充足。五斗村整个村落依山就势,古建筑清一色都是一层,这是因为沿袭了数百年的传统观念,不能超越周围山体的高度。村民选取当地特有的青石材,垒砌成青石板路、墙面、晒谷场等,石头的艺术充斥了村落的每个角落,充满了独特的艺术美感,传统建筑还运用了木材。远处看来,村落与自然完美融合,形成了特有的和谐美感,是古代苗家人适应自然追求与自然和谐的典范模式。

3. 古道古垣

五斗村自古以来就建有石板道路,只不过比如今的道路稍窄一点。启动传统村落保护计划之后,村庄对原有的石板道路进行了加宽,使得村中石板道路更为美观大方。在上、下五斗寨中,石板古道更为常见,为村落增添了更多的古色古香。石板道路多以青石和片石铺地,石板方正坚固,历经数年都保存完好,如今仍是村寨的主要步道。

另外,因五斗村依山而建,地势原本较为陡峭,村寨房屋也是逐级抬升,以前为解决垂直交通及建筑找平问题而垒筑的石塬石墙历经数百年依然坚固如初,保存完好。石墙也是取材于当地石材,方正而坚固,稍加打磨即可成为上好砌筑材料。石墙的砌筑充分反映了苗族群众祖先为改造不利的居住环境而做出的艰难努力,也反映了古代苗家人先进的砌筑工艺。

石缸也是本地苗族群众每家每户都有的。由于五斗村地处喀斯特地貌区,地表水严重缺乏,因此几乎所有家庭都有古石缸,用于储蓄生活用水。古石缸是由整块石头凿空而成,十分坚固,但是现在很多家庭中的古石缸并不是由一块石头凿空而成,并且随着自来水的开通以及水资源的改善,古石缸在家庭中的作用变得微乎其微,逐渐变成牲畜饮水器具或者是被闲置。

4. 古井

苗族群众主要通过取用井水来满足日常用水所需。水井在村民心目中非常重要,起着神灵庇护的作用。逢年过节每家每户都会前往井边烧香祭祀。该地区的水井与汉族地区的水井有所不同,并非人工在地面之下开凿而成,而是利用山体的自然走势,将泉眼所在地方围成一圈,最多将泉眼附近的石块凿开扩大。在远离村落之处的水井边上,一般都能看到有一两棵大叶灌木,这是人们专门留下方便上山村民将其树叶摘下卷成碗状喝水的。

五斗村有古井四处,其中"板毛绒"水井至今仍在发挥作用。"板毛绒"水井位于五斗下村布仡佬山下,该水井由之前的位置向外挪了50米左右,原有水井已经填埋弃用,水井的水清澈而凉爽,很多村民在水井旁洗衣服,夏季晚上还会有人过来这边洗澡。现在通过抽水机为上、下五斗两个自然寨提供自来水。

5.土地庙

在苗族聚居区,一般每一个寨子都至少有一个土地庙。五斗村有两个比较显眼的土地庙,都在连接上、下五斗寨的道路边,分属两个寨子。土地庙在本地区是十分神圣的,其周边的任何东西人们都不能随便动,传说如果有人妄动就会在当事人身上出现一些莫名其妙的事情,除非当地法师帮助,否则将不得好转。如果确有必要动迁土地庙,也必须要通过法师来履行程序之后才可以。

相比较于其他村寨简单的搭设,五斗村的几座土地庙都进行了精心的修葺和装饰,用水泥砖搭砌,上面盖上泥瓦,俨然是一个小房屋,门口悬挂一块红布帘子遮盖住里面。目前土地庙仍然在发挥重要作用。村寨的中老年人在经过土地庙时一般都会停下来拜祭。

(二)非物质文化遗产

非物质文化遗产是一个民族一个地区的特征,是其区别于其他民族其他地区的重要标志。苗族群众的非物质文化遗产是非常丰富多彩的,具体到五斗村,也有一些非遗文化值得大书特书。如前所述,本村的银饰制作远近闻名,村寨银匠可以与凤凰县的银饰艺人相互叫板,并得到了社会各界的高度认可,在提高了本村村民收入的同时,也为五斗村增添了一层厚厚的文艺气息。除此之外,本村在苗绣、苗歌、巴代及其他民俗文化方面都有十分鲜明的特色。

1. 刺绣

苗绣反映了苗族群众尤其是苗族妇女们卓越的创造能力和无穷的才思机智。它不仅能够起到装点生活的意义,还能够起到传承苗族的历史文化的重要作用。在一幅幅色彩斑斓绚丽的绣图背后,往往蕴含着诸多关于苗族起源、迁徙历史以及宗教信仰等方面的信息,对研究苗族历史文化、艺术审美、科学技术、旅游开发、经济效益等都有着十分重要的价值。

至今五斗村35岁到50岁之间的绣娘有40人左右,50岁以上的绣娘12人,长年在家并从事刺绣技艺的有13人。苗绣的艺术美感与苗族传承习俗、民族图腾、苗族村落艺术协调一致、自成一体,古村落所能体现的苗族文化传统基因,是苗绣的赖以生存、发展的土壤,是苗绣生存发展的文化空间。村民吴秀珍的苗绣技艺和作品远近闻名,经常有人前来拜访或者聘请其为自己做苗绣。

2. 民歌

苗歌是村民精神文化生活中极其重要且不可替代的内容,在庆祝性的活动中是必不可少的,尤其在喜庆的场合更是如此。由于该地苗族只有语言而没有文字,限制了五斗村苗歌的记载,因此五斗村并没有对苗歌的文字记录。可喜的是,随着时代的发展以及人们对传统文化的逐步重视,苗歌文化的使用更加频繁,并有意无意地通过各种现代传媒手段被记录下来传播出去。

和凤凰地区的习俗相似,雅西一带的苗歌形式是比较固定的,从人数上来看都有比较固定的搭档相互配合,即每一组歌手组合是相对固定的二人,他们的对手也是固定的二人。苗歌在苗族传统生活中非常重要,在很多场合都需要有苗歌的参与,但是并不是每个人都有唱歌的天赋,于是有时候要专门请苗歌手来参加庆祝活动。五斗村目前有5组苗歌队伍,隆再清、石合兴二人是最有声望的,他们经常会受邀在结婚以及满月酒仪式上唱苗歌。

本地区苗歌一般是在现场视情况不同而进行有针对性的编曲,因而所歌唱的内容有很强的时效性。当然,苗歌的调调基本上是一致的,只存在本地与外地的区别,而这多少降低了苗歌对唱的难度。但是要满足主人对歌词适用性的要求也绝非易事,如果使用之前唱过的苗歌,人们马上就能听出来并起哄,这无疑让歌手感到尴尬,因此他们必须尽量避免这种情况的发生。从实践来看,苗歌手发生这种事故的可能性极低,不得不让人感慨于苗族歌手的现场编曲能力。

苗歌不仅在节庆场合发挥着重要作用,在青年男女处对象找配偶的过程中也十分重要。这就是苗歌中的"对山歌"了。每逢赶场日,在正式集市周边,会有一些青年男女在较为偏僻处活动,人们把它称作"赶边边场",即青年男女寻找情侣的地方。每到这时青年男女群体就会相约一起、相互面对站立,开始对唱。若有一对青年男女相互有好感,在赶了几次"边边场"之后,就可以确定恋爱关系,然后就可以开始履行从定亲到结婚的程序了。

3.民俗

(1)椎牛祭

据记载,"椎牛"这一古老的宗教习俗,在湘西苗族流传数百年,苗语叫"家聂虎锷",译成汉语为"吃牛合欢"之意,是苗族祭祀活动中最盛大、最隆重的一项还愿仪式。古时苗家为了消灾祛病、生活安康,家道兴旺,会祈求神灵保佑,许下椎牛心愿。许愿后按照许下的年限还愿,还愿时邀请上亲以及同寨族人参加,场面盛大而热烈,隆重而神圣。

在椎牛仪式上,有一个古老的传统至今仍然被遵循,那就是牛必须由舅舅来杀,这个传统源于一个传说。相传有一女子嫁给了一个好人家,但是她有一个弟弟生活贫苦,于是在一次椎牛祭中,因为怕丢脸她便没有邀请那个弟弟参加,当他们准备杀牛宴请宾客时,牛大叫并开始乱跑,没有一个人能够控制住,然后有一个老头便说,要不让她那个弟弟来杀牛,弟弟来了之后,牛乖乖倒在地上任其宰杀。从此之后,本地苗族群众便开始流传牛必须由舅舅来杀的故事。这个故事的主旨是,不要嫌贫爱富,应当一视同仁,展示了人们平等的思想。

舅舅的重要性(有些学者称其为"舅权制")在包括汉族在内的很多民族那里都有所表现,这非常深刻地体现了人类从母系氏族社会向父系氏族社会转型时期的历史痕迹,是从一个知其母舅不知其父祖状态向知其父祖状态过渡时期的必然社会现象。对舅舅权威的重视恰恰说明了苗族文化还保留有一定的原始色彩,对我们认识人类社会的早期社会文化具有较高的价值和意义。

(2)"六月六"

"六月六"苗族赶歌节,是苗族的传统节日。苗族群众会举行集会,使用载歌载舞的形式来歌颂和赞美英雄,同时表达美好的追求和向往。届时,湘黔边界的苗族同胞,青年男女都会身穿节日盛装,汇集在歌场,尽情地唱歌尽情地跳舞,以歌会友、以歌传情、以歌为媒。

当地苗族群众相信,每年的农历六月初六这一天,芋头的阔叶上会有露水,将其轻轻摇一摇便会滴入土中,并长出新的芋头苗。其他的植物如玉米、花生也一样会在这一天长出新芽来。这一天,村民们会前往集市购买一些新鲜的肉和蔬菜来食用。人们希望,自己的日子也会越过越好,体现了村民们乐观向上的精神和对美好生活的向往。

(3)赶年场

赶年场也是苗族群众的盛大节日,一般定在每年的农历正月,每到这时各地苗民自行约定地点、日期赶场。是日,男女老少身着盛装聚会,各地艺人歌手云集,年场内人流如潮,异常热闹,人们可尽情地坐秋千,观看舞狮、龙灯、武术、杂耍、上刀梯、听歌手对歌,青年人则趁机赶起了"边边场",物色自己中意的情侣。

4. 巴代文化

随着外来文化的进入,本土的巴代雄已经为数不多,而在五斗村已经没有巴代雄了。因此每当村民有需要开展一些与祭祀祖先有关的活动时,必须从外地请巴代雄前来帮忙。其祭祀仪式所记录和传承的全是苗族生态的民族文化,巴代雄的神辞是古苗语,是口传,因此并没有文本记载,主持的祭祀有椎牛、吃猪、祭雷神、接龙、招魂、吃血、丧葬等。主要道具有冠帽、教袍、竹柝(乐器)、阴阳暗竹篓、五色布巾大摇铃、大钹、小钹、大鼓、中鼓、小鼓、包包锣等。他们在苗族社会中享有崇高的地位,所从事的宗教文化活动,纯属苗族原生态宗教文化,全部由男性传承。在苗族群众的丧葬仪式中,巴代雄尤为重要,人们认为必须经过他们的法事,才能让家族和村寨的列祖列宗认领刚逝去的人归队为最新的祖宗,享受后人的祭祖待遇。即只有经过巴代雄"洗身"下葬,才能和祖先一起,不然便会成为孤魂野鬼。

巴代雄的法器有魂床、形仪(招魂筒)、坑迈(蚩尤铃)、偶哒香(香炉)、竹卦(有一条线栓连到一起)、魂布、蜂蜡、米糠。这些法器都是世代相传的,巴代雄一般是父子相承,但是只有当巴代雄去世的时候,才会将法器传给徒弟。徒弟的接班仪式一般是在师傅逝世不久进行,摆宴席邀请亲友,亲友赠送自己绣的魂布,也代表着一种认同。正是巴代雄的世代相承,苗族文化才能够最大程度地被传承下来。

巴代扎在苗族群众中也有较高的地位,备受推崇。现在五斗村已经没有巴代雄了,只有几个巴代扎还时常为村民做一些平安法事。巴代扎作法主要是通过各种仪式,使用自己的法名将名下的"天兵天将"召唤过来,帮助自己驱除不祥和"凶神恶鬼"。在这一过程中,巴代扎恩威并施,既让"天兵天将"驱赶,又有好酒好菜接待这些"鬼魂",最后将其赶走使其不再危害主人的平安。巴代扎在举行作法仪式时,身穿红袍,头戴官帽,左手拿绺巾,右手拿司刀,手脚并用跳起舞来,虽然从外来旁观者的角度来看,场面较有喜感,但是对当事人来说却是异常严肃和神圣的。

(三)丧葬习俗

2020年7月,笔者在驻村期间刚好遇到一个丧礼。风水先生按照黄历推算,该丧葬仪式要持续5天。以下仅将最后一天上山埋葬过程中的所见记述如下。

早上八点多鞭炮烟花齐鸣,一个孝子举着一根绑着幌子的小竹枝在前面行走,很多人抬着裹着红布并绑着一只公鸡的棺材在后面往村外走去,所有五斗下寨的男人们包括从外地赶回来的都参与其中。后面跟着几个道士敲锣。到了开阔的路上,就改用两个大棍子抬着。在队伍的最后面有两台车跟着,一台装满了烟花鞭炮,随走随放;另一台则放满各种饮料、香烟和糖果。

到墓地之后,人们已经事先就挖好了一个15厘米左右深的墓坑,在坑里点上香纸,接着众人一起将棺材放入坑内。之后风水先生拿着罗盘晃了一圈,说"行了",就开始举行埋葬仪式。先是挪动棺材盖,往死者口中放入朱砂、一小块银子,再穿上寿衣,在棺材盖好之后铺上寿被。然后请从凤凰县来的巴代雄做法事,最后将周边的土往棺材上埋,当天并不要求完全埋好,因为第二天大家还要再一次上坟完成埋葬。孝子只要将其所举的幌插在坟头,即可离开。

在这一过程中,鞭炮烟花一直响彻周边。其间有人会拿着酒碗轮着让帮忙的人喝。这时,死者的姐妹和女儿们都已经将她们带来的物资搬到了现场,她们将要把这些物资分发给所有前来帮忙的人(上山的人都是本村寨的人和亲戚),以示答谢。在现场,会有专人手提铜锣,按照亲疏等级依次敲打铜锣并喊亲戚上前分发物品。这时村中的老人和小孩也都纷纷出现在现场了,每个人都提着大袋子,里面装满了香烟、各种饮料和糖果,满载而归。

本地坟墓只有极少数立有墓碑。是否立碑由风水先生按照死者的八字情况来决定,如果要立碑,其内容也由他抄给主人,之后请人刻碑。关于丧礼的时间主要看黄历决定,多的要连续办10天。如果按照5天时间来算,主人家请全村人吃饭需要买牛、猪,至少花费5万元,姐妹姑姑等女方所花的钱则要更多,往往会超过主人家的花费。后者所花费的费用主要在正式出殡之前招待客人所需,以及在正式上山完成埋葬时候的答谢物资方面。

巴代雄在葬礼仪式中非常重要。自人死之后,巴代雄就被请到了死者家中。先要做法事给死者清洗更衣,之后才能正式开始后续仪式。上山埋葬头一天他是最忙的,要把亲朋送的寿衣寿被挨个边喊名字边盖在死者身上。上山棺材落定放好之后,还要念一段话,之后才可以开始掊土。最后一天中午,从坟墓处回到主人家后,则要开始举行收尾性的仪式,这个仪式是要把死者变成为新祖宗的过程,因而十分重要。

仪式举行完后,巴代雄和死者的舅兄就会背着一些猪肉和粑粑回家了。他们出门之后,主人不但不能相送,而且还要把大门关紧。舅兄更是要背着一个临时制作的竹篓,里面放着一点主人家的东西,在河边将其丢弃或者将其烧掉。这象征着舅兄将死者家中的不吉祥的东西都背走丢弃了。

三、自然资源

(一) 五斗河

五斗河是五斗村唯一的河流,是花垣县和凤凰县在本地的分界线。在以前交通不便时,两地之间的居民往来主要依靠双脚。那时连接双方的是横亘在小河上的一排石步,虽然如今依然在发挥着作用,但是使用者多为日常干农活的村民。五斗河的河水清澈凛冽,蜿蜒盘桓,滋养了附近的稻田,也是五斗村重要的自然景观。今天,双方人员的往来主要通过现代化的交通工具来实现,当汽车行驶在新修建的大桥上,人们可以欣赏美丽的景观。

(二) 古树

在前书已经提及,五斗村有一棵据称是建村以来就有的古树,在下五斗寨石姓村民聚居处。园林部门所挂的铭牌显示,该古树为梓树,已经被列入湖南省国家三级保护古树名木,树龄约为260年。整棵梓树郁郁葱葱,在旁边小树的衬托之下更显高大雄壮。关于这棵古树,当地人有个传说:有一个人捡了这棵树掉落在地上的树枝拿回去当柴烧,当天晚上他便高烧不退渐渐昏迷,家人急忙找来巴代寻找原因,后者通过作法才得知是得罪仙人的缘故。于是家人就来这棵树下烧香祭拜,并请巴代做法事,当事人的身体才恢复正常。从此以后,这棵古树就被村民认为是神树了,每当人们在这棵树旁边都很小心,不敢做出不敬的事情。在古树旁边,还有多处上香祭拜的痕迹。

对这棵古树的敬畏与祭拜,说明了在经济社会生活发展相对落后的条件下,人们对大自然存有敬畏之心,也正是这种敬畏之心使得五斗村虽然为喀斯特地貌区,却依然能够一直生存繁衍下去,并保持有良好的自然生态平衡。

(本章由王振威、钟程鑫调查,王振威撰写)

第十二章　谷坡村

　　谷坡村位于花垣县东南部,隶属长乐乡,其村部距离长乐乡政府约8公里。谷坡村南与保靖县水田河镇交界,西与花垣县麻栗场镇交界,是湘西十分典型的苗族聚居村。村内传统建筑集中且保存完好,相对闭塞的空间环境使得当地的苗族传统文化得以妥善传承和发展,文化种类丰富且多以本真面貌存在。作为曾经的深度贫困村,在多方政府的共同参与和努力下,谷坡村以种植经济作物为主要手段,通过不断与外界加强合作,其市场得以逐步拓宽,产业链也日趋完善,村民生活蒸蒸日上。2019年6月,谷坡村被列入第五批中国传统村落名录。

一、村落概况

(一)地理生态环境

谷坡村的喀斯特地形地貌的特征非常明显,村庄被群山环绕,属山谷地带,全村平均海拔750米,最高海拔约800米。村内的水田密布,地势平坦且较为开阔。村内年平均气温15.2℃,常年降水量达1000毫米,良好的气候环境使得村内植被多样,天然林系以樟树、楠树、石栎、苦槠等居多。该村总面积6.8平方公里,耕地面积约1100亩,其中稻田面积668亩、旱地面积432亩,人均可耕种面积仅为1.2亩,是花垣县深度贫困村之一。

(二)村落来源

谷坡村的历史最早可追溯至明末清初,为苗族迁移聚居而成。"谷坡"乃为苗语的音译,意为"十炮"之意。由于该村落位于偏远的深山老林峡谷之上,地势相对较高,因而纵然是使用土枪、土炮连放十发也未能打到村中,谷坡村因此而得名。

(三)村落人口

谷坡村现有3个自然寨,7个村民小组,共有206户人家,村民总人数为920人,其中90%的村民为吴姓。此外,村中还有梁姓、胡姓、龙姓、石姓和黄姓村民。

(四)物产与特色产业

人多地少的现实情形严重影响了谷坡村的发展和村民生活。过去,人们以种植水稻、玉米和烟叶为生,所生产出的传统农作物均是为了满足自我的生活所需,未曾有富余产品可用于售卖。所以谷坡村的经济基础较为薄弱,人均年收入仅有近1600元。因此,谷坡村的青壮年多选择外出务工,仅留老人在家务农。于是村内的留守儿童较多,在缺乏劳动力的情况下,谷坡村的发展长期处于缓慢态势。自精准扶贫工作开展以来,在帮扶单位的科学指导与协助下,村内已建成若干食用菌和茶叶种植基地,稻田中也开始投放鱼苗并养殖稻香鱼,因地制宜的经济作物种植规模不断扩大,近年来该村人均收入有了显著的增长。

(五)经济与社会发展状况

面对村内留守儿童的受教育问题,谷坡村积极宣传并加强引导适龄儿童入学,村内虽无学校,但村内儿童皆会选择到附近村庄就学,其中建档立卡贫困户的子女可依照国家相关规定享受优惠政策。

在医疗保障方面,村部边的谷坡村卫生室已经实现新农合医保联网,村内也全面实现了家庭医生签约制度,由乡村医生、乡卫生院和中医院组建而成的三级联动家庭医生服务团队可切实保障村内民众的身体健康,乡卫生院的医生也会定时进入村庄坐诊,为百姓看病治病。

在精准扶贫帮扶单位的努力下,道路已由原来的土路、泥路改造成为水泥路,且道路两边均已架起路灯,村内广场安装有公共照明设备,并建有公共体育设施,饮用水工程和污水排放工程的完善彻底改变了该村的面貌。据村民所说,在精准扶贫工作开展之前,村内多数道路还是泥巴路,野草丛生、泥泞不堪,再加上没有路灯照明,以前出门需要拿着手电筒,草丛中常会有蛇、虫,偶有伤人的情况发生,所以每到夜晚时村内就一片死寂。后来随着公共照明设施和路面硬化与铺设,村内面貌发生了翻天覆地的变化。

二、文化遗产

(一)物质文化遗产

1. 传统民居

谷坡村现有传统民居相对较多,虽部分民居为翻修或新建,但由于生活习惯的固化和文化习俗的沉淀,新的房屋依旧以传统木质建筑结构为基础,采用穿斗式"吞口屋"形制建造。民居与民居之间呈抱团之势,并随山谷地势的高低而错落有致。村中开垦而出的旱地、水田环绕房屋,青砖、灰瓦、碧山、绿林,古朴的苗族特色建筑与大自然相得益彰,彼此衬托与映照,俨然一幅幽然静雅、鸡犬相闻的田园山水画卷。吞口屋是湘西苗族民居建筑的较具代表性的形式。所谓"吞口",又称"虎口",即民居正中大门这一开间的正面墙壁向后退进一定距离,形成一个向内凹进的入口,有"聚宝进财"的隐义。传统建筑房子多为杉木构建的木楼,是从古越民族继承而来的干栏式木楼构建样式。这些干栏式民居不用一钉一铆,主要通过柱、瓜、枋、扣串、檩条凿榫来连接。小青瓦屋顶,屋顶呈人字形,前后两边倒水,这些建筑的处理形式,反映了苗乡的特色民风民俗,是湘西苗乡民居建筑的经典之作。

谷坡村的"吞口屋"民居建筑兼具生活和祭祀等多重功用。苗族以小家庭制为主,因此民居在平面布局上适用于小家庭居住,正房一般是面阔三开间,中间为堂屋,两边为侧屋,单开间的尺寸在4~5米,进深7~10米。苗族很多祭祀活动在室内进行,因此正房室内没有墙壁分隔,仅在侧屋的后部和堂屋之间设小段木板分隔,以形成较大的室内空间为祭祀所用。堂屋一般处在住宅的中轴线上,是日常起居、劳作、会客、祭祀的场所,堂屋大部分的情况下不放过多摆设,也是为了留足空间给室内祭祀所用;侧屋隔成前后两部分,通过床铺悬挂的厚布黑蚊帐做间隔,后半部分均为卧室,放有床铺和衣柜,前半部分右侧屋为厨房,设有灶台等设施,左侧屋则设置火塘。除火塘上方需通风排气不设二层阁楼外,其他二层通常作为储藏空间,部分也作为青年人或客人的卧室。当然,房屋的规格会根据占地面积的差异而有所不同,但是谷坡村中的"吞口屋"民居之形制却大体相同,过去与当下差异较小。为了达到房屋耐用、防蛀的效果,村民往往会将自产的桐油涂抹于屋外板材上,从而使房屋纵然历经数十年也依旧光泽如初、结实不倒。

过去,由于生产力水平低下和经济发展落后的局限,谷坡村的传统民居少有装饰性元素,仅有部分房屋的窗户采用循环往复的方格纹饰加以点缀,在起到采光、通风目的的同时点缀房屋的外部整体样貌。但随着生活水平的改善和人们审美观念的不断加强,村民在新建木质结构民居时,不再单纯地追求其实用性功能,审美性元素也是其考量的重要层面,因此在门楣、窗户、正门等处皆会使用木雕,且所雕刻的纹饰也较为集中地以花、鸟等主题为主,以此美化自我居住物理空间。

2. 土地堂

谷坡村又称土地堂为土地庙,从形制上来看与其他地区的并无不同,但在具体细节处却略有差异。首先,谷坡村的土地堂外壁上贴着白色瓷砖;其次,土地堂内设有神像,常以红布遮挡;另外,土地堂前的空地面积相对较小。很显然这是村民对其翻修过的痕迹,但从土地堂前的种种香烛灰烬可以看出,谷坡村内的苗族人民对其十分虔诚,逢年过节时人们都会在此烧香祭祀,以求诸事平安。

3. 其他

谷坡村内有一口古井和一棵古树。古井是以前谷坡村民的生活水源,长年流水潺潺。村内古树据说已有近200年,笔直且高耸。在万物有灵观念的影响下,人们普遍认为世间万物皆有灵性,特别是对于类似古树这样的自然物,因其生命力顽强的缘故,所以当地人认为这棵树已远不是单纯意义上的植物。古树下有若干石龛,部分石龛内又放置有香炉,从散落其上的香烛同样也可看出,当地人对于这棵古树有着虔诚的信奉。

(二)非物质文化遗产

1. 巴代文化

湘西地区的苗族民间信仰极为多元,出于"利己"的综合考量,凡是能够"为我所用""助我兴昌"的神灵均可成为该片区苗族民众信奉与祭祀的对象。因此,诸多信仰杂糅于一体,共同作用于当地民间事务管理和嵌于风俗习惯之中,从而在日常的生产与生活中潜移默化地影响当地民众的认知和判断,并发展成为极为重要的精神文化形态,且得以在代际的历时性传承中实现"父辈—子辈"之间的单线式影响。

在谷坡村中,民间信仰的痕迹较为集中地体现于巴代文化中。

谷坡村的巴代乃为巴代扎,在祭祀活动中以使用汉语来进行。作为当地隐性文化知识的巴代文化,由于其自身知识体系中所具备的口诀、手势、步伐等构成要素需确立师承关系后方才能够完成代际传承。因此,巴代文化在谷坡村中以家族内部的长幼传递而实现历时性的纵向传承。自小,致力于学习巴代文化的学徒便要在父辈的引导下学习各类经文和练习各种技能,在祖辈口传身教的引导过程中逐步掌握巴代信仰体系中的核心要素,待到考验合格后方能独立进行祭祀活动。湘西地区的巴代扎使用的道具高度同一化,主要有司刀、牛角、傩画长卷、令牌、傩面、筶子、柳旗等,所开展的祭祀活动有安家仙、驱灾辟邪、做清洁、赎魂、还傩愿等。

在村中巴代扎所开展的众多祭祀活动中,还傩愿往往是声势最为浩大且庄重的祭祀。所谓的还傩愿是指主家因身体不适、家中不顺或接连灾祸等种种原因而向傩公傩母许愿,以求万事亨通、身体健康、诸事顺利,待到愿望得以实现后,主家便会邀请巴代扎协助自己向傩公与傩母还愿。还傩愿仪式的开展并非需要特殊的场地或空间,其祭祀活动往往是在愿主的家中进行。愿主在祭祀活动开始之前需准备好蜡烛、烧纸、牲畜等物品,待到巴代扎与所跟随的数人到来后,由巴代扎在堂屋正中摆放法坛,法坛上安放傩公神像和傩母神像。举行还傩愿仪式的时间或两天两夜,

第十二章
谷坡村

或三天三夜,因巴代扎在日常生活中与普通村民无异,故而使得该类祭祀活动仅能在农闲时方才开展。经过所用道具的布置和摆放,庄重的仪式性空间得以形成,在经过洗屋、架桥、迎神接驾、法器开光、劝酒、请神下马、演傩戏、辞神等一系列逻辑缜密且完善的仪式过程后,还傩愿的整体祭祀活动方才结束。

作为还傩愿中最为热闹的环节——演傩戏,因所演绎的题材来源于日常劳作与生活,且需多人相互配合,因此内容较为生动有趣。傩戏在演出之前,巴代扎通过作法请求傩神归位,方将傩公神像与傩母神像按照从左向右的顺序摆放于法坛上,傩戏中其余固定人物傩面便依照一定的顺序依次排开。从谷坡村傩面的摆放主次之序不难看出,还傩愿的仪式过程实则是以傩公、傩母为主神的多元信仰体系的体现。

2. 苗医

谷坡村现有能够从事采药、看病等相关事宜的苗医数位,但是真正依旧坚守看病并以此为生的仅有吴某某一人。该位苗医自七八岁时便跟随父亲和爷爷学习医术,经过数年的学习,于十二三岁时便懂得一些看病的基本知识,时至今日已从医四十余年。由于古人对致病原因和治疗方法知之甚少,所以人们只能借助苗族巫医实现其认识疾病和治疗疾病的愿望。这是人类渴望征服自然愿望的反映,虽然这种反映是对自然界的一种"虚假观念"或"幻想的反映",但它却是苗族经济发展低级阶段的产物,在苗族社会中其地位是极其重要的,其功能也是不容忽视的。谷坡村苗医不仅懂得药草理论,在看病时,还会念诵口诀。从药方与所念的口诀可以看出,苗医具有一套兼具药理和信仰仪式的综合性特色文化系统,积极的心理暗示和经过实践所检验的药材配比,使得苗医具备了当地人极为认同的价值与意义。

3. 银饰

苗族银饰作为苗族民众日常生活所配备的装饰性要素,一直以来贯穿于人生仪礼、节庆活动和日常生活之中。谷坡村现有一位90岁老艺人坚持手工锻造银饰,据他所说,目前周边几个村庄中仅剩他一位银匠,其银饰锻造技艺师承于父亲,"子承父业"的传统职业观使得苗银锻造技艺在谷坡村得以延续三代之久。

现在的谷坡村银饰所用原料来自于广州,银饰匠人或其家人需每年前往广州购买一次。购买回来的白银需要先被置于老式的风箱上进行熔铸,将其制成易于敲打的银片或银条,而后根据具体的需要,或是将其比对模型裁剪后錾刻,或是将其经过拉丝后再进行编丝。基本成型的片段型部件经过焊接后组成成品,再经过清洗、抛光后便可得到闪闪发光的苗族银饰。在这复杂的工艺流程之中,处处都彰显着当地百姓的智慧。例如在錾刻的流程中,谷坡村银匠通常会将钢制模板放在盛满石灰的容器中,只有待到使用时方才取出,其目的在于防止模板受潮。使用模板时需要将表面的石灰擦拭干净,将熔铸好的银片依模板大小剪裁后置于其上,并将硬度较小、易塑性的锡块放于银片上,经过锤子的反复捶打,模板中的凹凸纹饰便反向作用于银片之上。剪裁后的白银边角会被集中收集,待到下次使用时将其熔铸。谷坡村银匠现有钢制模板40余个,花纹、大小不一,均为祖辈传承而来,模板的制作也极为复杂,由于钢材的硬度较大,因此在刻绘钢板的时候需要花费较大的力气与较多的时间,且钢板刻绘的成功与否将直接影响银饰成品的最终艺术效果。除錾刻流程中所用的钢制模板,银条拉丝过程中同样也会使用到一些辅助工具,其功用性与模板一样,便于银匠所拉银丝大

谷坡村苗族银饰(朱起德 摄)

第十二章
谷坡村

小一致、粗细相同,便于在之后的制作过程中不影响成品的视觉效果。

随着时代的变迁,谷坡村的银饰制作过程、使用环境和文化本意等内容都发生了一定程度的变化。

首先,银饰的使用群体发生了较为显著的变化。在传统社会中,谷坡村的女性多在30岁以上方才佩戴银饰,且多为赶场、赶秋、吃酒时佩戴,是为了装饰自身且增强喜庆气氛。但是随着生活水平的提高,银饰已不再具备年龄和场景的限制,已然成为十分普通的首饰。

其次,银饰制作过程中工具发生了一定的变化。传统点火装置中的燃料由先前自产的茶油转变成为煤油,工业燃料的使用不仅节省了生产过程中所需的时间成本,较为低廉的煤油也同样节省了部分经济开支。为了迎合市场化发展,特别是出于对大众审美需求和偏好的考量,先前在传统制作过程中几乎很少打磨、抛光的银饰成品现在也同样会放置于现代化的抛光机中,经过机器的处理后,银饰更加具备金属光泽。

再次,银饰购买时间发生改变并出现显著峰值期。苗族银饰在传统社会中本就是一种作为流通所用的装饰性物件,银匠可根据乡邻的需求按需供货,实现较为细化的私人订制。除此之外,银匠同样也可将制作而成的银饰拿到市场上进行售卖。原本在麻栗场和长乐等圩场上售卖情况相对较好的银饰由于近些年乡村劳力的不断输出,导致具备购买能力和购买需求的消费群体不断缩小,因此现在圩场上的银饰销售量大大降低。但在过年前后,外出务工的年轻人纷纷返乡,作为置办生活用品和年货的圩场便成为人流量最密集的地方,拥有消费能力的人群回归促使苗族银饰的售卖量达到一年之中的峰值,谷坡村银匠在此时便会将家中所有银饰拿到市场中,供大众挑选购买。

4. 织绣

苗族织绣是谷坡村苗族传统服饰文化的重要组成部分之一。所谓的苗族织绣实则包括织锦与刺绣两类艺术形式。刺绣较多地应用于衣服、裤子和孩童所戴帽子等物品之上,根据不同的服饰类型,其刺绣的成品也同样存在一定形制上的不同。衣服和裤子上的刺绣因缝制在衣领、袖口、裤腿处，所以其刺绣多呈现为长条状，并以一中心纹样为基准，左右两边的图案呈对称的方式依次排列。上衣和裤子所用的刺绣面积相对较小，但恰到好处的装饰性元素使用使得村内的苗族服饰具备灵动美，整体朴素大方却依旧不乏热情洋溢的美感。运用于孩童帽子上的刺绣则略显繁杂，花、鸟等具备吉祥寓意的主题往往被绣于其上，混以同样具备吉祥寓意的银饰，表达出长辈对于孩童的喜爱和美好期许。谷坡村曾因服饰的完全自制而种植棉花、养殖桑蚕，传统的男耕女织生产方式使得女性的价值和地位多由纺织技术的高低而得以呈现。因此，纺线、缲丝等技艺是特殊历史时期谷坡村苗族女性所必须习得的本领，那时的谷坡村家家户户均能听到机杼之声，苗家人常将棉线与丝线混纺后使用，使得衣物具备一定的光泽度，且其光泽能够在阳光的照射下呈现出多种颜色。在刺绣的色彩选择上，谷坡村的设色习惯极为契合民间大众的集体审美认知，较多使用饱和度相对较高的颜色，并喜好使用大红、大绿、粉白、翠青、亮紫和明黄等颜色，各种色彩相互搭配使用彰显出热闹非凡的美感效果。

谷坡村的织锦均为工艺流程相对简单的绦，绦乃是细长带状苗锦，民间俗称花带。由于细长的性质使得花带被广泛作为腰带、系带等使用，是苗族生活中极为重要的实用之物。谷坡村编织花带所用的装置较为简单，属于折凳式织绦机，因为其装置简单且易于搬运，所以在织造花带时女性常汇聚一地，一边闲唠家常一边织绦。谷坡村传统的花带设色较为简单，并非如刺绣用色多元且对比度强烈，花带在图与底之间通过设色的区别使得纹饰凸显出来。综合来看，谷坡村的织绣所织绘出的纹饰与银饰的图案之间并无较大的差异。但是，由于花带受到工艺技术的限制，在经纬纵横交错之中所展现出的折线式图案无法较好表达

谷坡村刺绣童帽（朱起德 摄）

出曲线,所以所呈现出的纹饰几何化程度相对较高,这给纹饰的识别增加了一定的难度。但是通过几何化纹饰展现事物的过程中常会遵循严苛的构图法则,对称性的构图和二方连续式的纹饰排列规律令谷坡村的花带虽缺乏色彩的繁复之美,却因图案的反复而具备强烈的律动感。谷坡村花带较多地被作为捆绑所用,例如作为背带两端的系带。实用性与审美性兼具的花带体现出了当地民众善思的特性,在保证其实用功能的基础上亦能将其成功转化成为赏心悦目的艺术品,并凝结了本民族文化内涵。

如同其他类别的民间艺术品一样,受到技术进步的影响,机械化生产已经代替了原本的手工制作,先前谷坡村女性自产的布匹已经成为压箱底的"古董",人们更倾向于在市场中购买机织布和机绣,低廉的价格和多样的款式使得传统的手工织造不再受到青睐,手工技艺也便在该种情形下被大众逐步遗忘。

5. 鼓舞

苗族鼓舞是流传于湘西地区的一种特殊民间舞蹈艺术,该种舞蹈巧妙地将击鼓与舞蹈融为一体,或喜庆欢快、或刚劲有力,是湘西地区苗族喜闻乐见的一种艺术表现形式。根据表演的节庆活动之不同,可将其划分为年鼓和神鼓两类。年鼓为过年时击打,神鼓则为在举行椎牛、椎猪等祭祀活动时击打。谷坡村的鼓舞主要体现为三类主题:其一是用以表现生产劳动时的场景,例如插秧、犁地、施肥、割谷子、打谷子、种棉、纺纱、织布等;其二是用以表现日常生活时的场景,例如刷牙、洗脸、梳头、扣纽扣、穿围腰、绕帕子等;其三是用以表现对于动物的模仿,例如猴鼓等。从以上苗族鼓舞所展现的不同主题可以看出,其舞蹈动作的展示均是对于生活场景与日常所见的描摹,通过一定的艺术化加工和处理后,将其编排成为可供大众欣赏的舞蹈动作。作为将舞蹈与击鼓合而为一的地域性民间艺术,苗鼓舞的舞蹈动作千变万化,表演的人数也可依场合的不同做出调整。据谷坡内的从事苗鼓舞表演和教学的吴某某说,依据打鼓时所承担的任务不同,可将鼓者细分为两类:打鼓的人和打边的人。打鼓的人站在立鼓之前,手持鼓槌,并依据节奏而扭动身躯、击打鼓面。打边的人则站在立鼓一侧,同样手持鼓槌,根据不同的表演主题敲打鼓边。打边的人节奏性地敲打鼓边,其目的在于为打鼓的人确定节奏韵律,以便其依照节奏而击鼓和起舞。因此在谷坡村,懂得击鼓起舞的人并非少数,但是能够掌握打边节奏的人却寥寥无几。打边的人数是根据鼓前起舞之人的多少而确定,间隔穿插打边之人,便于击鼓者能清晰听到节奏。

在苗族舞鼓的制作过程中,部分细节也十分考究。传统的苗鼓鼓面多用牛皮,鼓边用实木,不用钢钉,而是使用竹销将牛皮与实木鼓边钉在一起。鼓槌则多选用茶树木和桃树木。茶树木的鼓槌因木料密度高所以结实耐用,桃树木的鼓槌在当地被认为有驱邪作用。

谷坡村现有习得苗族鼓舞的人数较多,在每日傍晚,村内部分男女(多数为女性)会集中在村委门前的广场上一起打鼓。因为苗鼓舞往往能够带动气氛,所以时至今日仍有突出的作用。例如过年和盖房子的时候会打迎宾鼓,结婚和抱孙子的时候会打喜气鼓,开店做生意的时候会打喜气鼓或者迎宾鼓,有人去世的时候会打得失鼓。目前村内跟随吴某某自发学习苗族鼓舞的人数较多,不仅性别涵盖男女,其年龄跨度也相对较大(最小的只有七八岁,最大的则有60多岁)。据吴某某所说,她现在经常被邀请至边城镇和长沙市表演与授课教学,这些活动的开展令很多人了解了谷坡村的苗鼓舞,了解了谷坡村的传统文化。

6. 民歌

苗歌是谷坡村村民闲暇时的一种自娱方式,同时也是表达自我情绪,特别是愉悦之情的一种重要手段。当地苗歌的魅力之处在于千变万化的歌词,多为即兴创作,在原有传统曲调的基础上通过歌词的自由发挥,从而表达特定情绪。谷坡村里会唱苗歌的人很多,在他们看来,演唱苗歌其实就是日常的说话交流,人们经常三五成群地聚集在一起,想唱就唱、张口就来,唱歌的时长不设限制,可长可短。

7. 上梁仪式

在过去,谷坡村在房屋建造时首先会请巴代测算建屋位置,因为当地人相信建屋位置的好坏会直接影响家人的运势,所以建屋过程中的每一个环节都具有仪式性的行为。而在整个过程里,上梁被视为最为重要和神圣的环节,即便是在当下,人们在建造屋子的时候也通常会遵循传统来完成上梁过程。房屋的梁必须使用笔直且粗壮的杉木,为了体现梁木的重要性和特殊性,在被置于房屋顶端之前梁木不得与地面接触。上梁时,人们会把用红布包裹的一双筷子和一对用白银制作的圆形"富""贵"文字牌放在梁木上,以此祈求家庭和睦、富贵满堂。在上梁的这一天,家中亲朋好友都会到场,在一系列的仪式过程后,梁木被安置在屋顶,家中主人随后会将糖果、糍粑等物分发给大家。自此,上梁仪式便最终完成。

房屋顶端梁柱(朱起德 摄)

(本章由朱起德、张晨调查,朱起德撰写)

第十三章　董马库板栗村

董马库板栗村位于花垣县双龙镇西南部，距镇政府所在地约5公里，距县城约31公里，与花垣镇的花香村、麻栗场镇的立新村以及保靖县水田河镇马尾村接界，该村原称板栗村，因2016年董马库乡、排碧乡、排料乡三乡合并为双龙镇，而原排碧乡也有一个村叫板栗村，故并镇之后在板栗前加上董马库，以区别于原排碧乡的板栗村。2019年6月，董马库板栗村列入第五批中国传统村落名录。在各级政府的大力扶持下，如今董马库板栗村社会稳定，经济发展，百姓和谐。

第十三章
董马库板栗村

一、村落概况

(一)地理生态环境

董马库板栗村处于花垣县南部,自然生态条件较为优越。

董马库板栗村位于北回归线以南,属于亚热带季风性湿润气候区,这里生长着大片亚热带针叶林和阔叶林,森林覆盖率达85%以上。该村年平均气温在18℃,年平均降水量1500毫米,其气候特点是:冬暖夏凉、四季温差不大。秋冬短、春夏长,雨热同季,无霜期年平均为260天。水力资源丰富,村西边有一条河流即吉辽河横贯而过,直奔酉水,大部分农田作物灌溉用水得到了很好的保障。

董马库板栗村是一个山高坡陡、山石纵横、七沟八壑的苗族聚居村,海拔530~770米。在这些已开发利用和闲置的土地上,覆盖着大量的苔原和地衣、乔木与青草,是天然放牧的优质场所。

(二)村落由来

关于董马库板栗村的起源,有个古老的传说。据村里的老人们讲述,最早的时候,板栗村有三位祖先来到董马库板栗,一个姓吴,两个姓龙。三人在这个地方中生活了一段时间,之后到周边其他地方去,当旁人问及他们来自哪里时,三人一时语塞,竟不知该如何回答,因为他们新定居的地方尚未有名字。于是三人回到村里后,开始想名字。三人左思右想,不知道应该给这个新村子取个什么名字。后来,三人突然注意到三家房子合围的空地正中长有一棵高大粗壮、树干大得需三人才能合抱的板栗树,而且村中及周边也有很多板栗树,故决定给这个新村子取名为板栗村。

20世纪50年代初以前,湘西匪患严重,花垣县亦不能幸免。新中国成立后,解放军开进湘西剿匪。当时解放军有一个班驻扎在董马库板栗村。匪患肃清之后,板栗村的社会才开始稳步发展。

村里龙姓有100多户,繁衍至今已有10多代。吴姓则有五六代人。

(三)村落人口

董马库板栗为双龙镇最边远的村庄之一,地表面积约3.28平方公里。全村现有3个自然村寨,7个村民小组。第一、二、三、四组较为集中,第五组和第六、七组则分散在两侧。村里现有178户,共896人,除两名外省嫁入的女子为汉族之外,其余均为苗族人口,主要姓氏为龙、吴。劳动力人口420人,外出务工310人,村支部现有党员20人。

(四)物产与特色产业

全村共有耕地698亩,其中坡度大于26度的256亩,林地278亩,荒地100亩,可利用荒地64亩。人均耕地面积较少,陡坡耕地所占面积比例较大。主要土壤类别为水稻土和黄壤土。农作物主要以水稻、玉米、红薯、大豆为主。

根据《花垣县志》记载:这里土地使用率较高,陡坡种植面积所占比例也较大,水土流失程度较轻,生态环境相对较好,同时山上有珍稀名贵的草本植物、药用植物品种繁多,资源丰富,主要有黄柏、杜仲、厚朴、紫苏等药材。一方面是用于苗医的传统治疗;另一方面,也成为本村收入的部分来源,经常有村民去山上采草药,背回来经过晾晒之后拿到集市售卖。

村民养殖的主要有猪、白山羊、牛。

(五)经济与社会发展状况

村中苗语保持完整,村民日常通用苗语,但成年村民都会汉语。当地的汉语方言具有湘语和西南官话的混合性特征,是一种混合性方言。

董马库板栗村集体经济收入主要是门面收入和光伏发电收入,村集体经济年收入约4万元。村里现在完成入村主干道路拓宽3米,入户路1米。第一、二、三、四组的饮水工程项目于2018年申报,2019年实现了家家通自来水的目标。村里现有标准茶园100亩,蜜蜂200箱,桑树450亩,烟叶60亩,均为村集体经济收入的组成部分。村民个人收入主要来自外出务工,家里年轻的一辈大多外出务工,村中留守的主要是老人和孩子。

董马库板栗村现有小学一所,小学课程只开设语文和数学课,且村中的小学只有一、二年级,一个老师教授所有课程,课上使用普通话教学。随着国家扶贫项目的开展,该村教育形势逐年向好,今后国家将会继续加大对该村进行教育扶贫的力度。

二、文化遗产

董马库板栗村所在的花垣县是个以苗族为主的典型少数民族聚居区,自古有"百里苗乡"之称,也是"中国蚩尤文化研究基地",多次被评为"中国民族文化艺术之乡",是国家武陵山片区民族文化实验保护区,现有苗绣、苗戏等十大省级苗族非物质文化遗产项目。作为第五批中国传统村落中的典型代表之一,且处于民族传统文化氛围浓厚的湘西土家族苗族自治州的大环境之中,董马库板栗村拥有资源丰富、多姿多彩的物质文化遗产和非物质文化遗产。这些文化主要有苗绣、苗族服饰、民俗、巴代,等等。

(一)物质文化遗产

1.传统建筑

村子里有一处具有悠久历史和浓厚民族特色的老房子,相传是民国时期的建筑物。房子是砖瓦结构,外部加以石灰粉饰。据村里人介绍,年代久远的石灰可以用来治病,村民常来刮取石灰治疗疾病,所以这座年代久远的建筑物年久失修,保存得不是太好。

传统上,苗族多居山区,聚族为寨,房屋因地理环境,毗连而造,新中国成立前房屋多为木质结构,亦有部分土木结构和石木结构,均为平房,因贫穷无力建造时,则住岩洞。房屋一般为三间,少的一二间,多的五六间。房屋小的为三柱四瓜、三柱五瓜,一般为四柱五瓜、四柱七瓜、五柱六瓜、五柱七瓜、五柱八瓜、五柱九瓜,最大的是六柱十一瓜。房屋多数盖青瓦,贫者盖茅草或杉木皮。茅屋一般三柱五瓜,一、二间为一栋。瓦屋前壁用木板装修,中堂开大门六扇,表面刷上桐油,乌黑发亮。左右两壁和后壁用山竹编织,表面糊上牛粪、泥巴,部分人家用石头筑壁。这样的房子冬暖夏凉,又可以防土匪。房屋一般以中堂右间为上首,是家人休息、吃饭、待客之地,因而,多铺地板楼,中置火塘一个,火塘中置铸铁三角架,上面可放置腊肉等,制成烟熏腊肉,中堂左间一般为灶房。房间里间用木板隔成卧室,并铺地楼板以防潮湿。一般人家,在房屋左侧另修茅厕屋,猪、牛、羊等都关在里面,富裕人家在两侧修建厢房。

2.防空洞

董马库板栗村中还有很多革命战争时期留下来的大型防空洞,因其地理位置和天气的原因,内部滴水形成很多钟乳石,现也成为当地的一个特色自然景观,有待开发。

(二)非物质文化遗产

1.刺绣

董马库板栗村女性几乎都擅长苗绣。绣苗绣有一定的步骤。从挑选布料、描绘图案,到开始绣,到最后的蜡染等,每一步都凸显了苗绣的精致。村里现在的苗绣一般有两种用途。一是留作家用。比如日常的衣服上、被褥上的图案基本上都是自己绣上去的,先选好布料,然后找到绘画的能手将自己想要的绣图绘于织布上,图案多以蝴蝶、鸟雀、花朵为主。

苗女在农闲时就用自己配好的各色绣线进行刺绣,手工做出来的绣品颜色明亮,立体感强,图案栩栩如生。二是售作商品。苗绣作品除了留作家用之外,还有一部分用于市场交易,换取收入,但这一部分数量并不多。由于时间成本的原因,市场上的绣品以机器纺织为主。

2.传统服饰

苗族服饰是我国各民族服饰中甚为华丽的一种,是中华文化瑰宝。银饰、苗绣、蜡染是苗族服饰的主要特色。苗族服饰,苗语叫"呕欠",主要由童装、便装、盛装组成,盛装在苗语中叫"呕欠嘎给希",即"升底衣服",为节日礼宾和婚嫁时穿着的服装,繁复华丽,集中体现苗族服饰的艺术水平。便装样式比盛装样式素净、简洁,用料少,费工少,供日常穿着之用。从用色上看,她们善于选用多种强烈的对比色彩,努力追求颜色的浓郁和厚重的艳丽感,一般均为红、黑、白、黄、蓝五种颜色。

与其他湘西苗族女性一样,按照传统,这里的妇女着装,一般穿圆领大襟,短衣,盘肩、袖口等处有少许绣花;宽脚裤,裤筒边缘多饰花边;包扎又高又大的青布或花布头帕,戴银饰。苗族男装以对襟和满襟为主,女装分为三种类型,松(桃)凤(凰)型、花(垣)保(靖)型、泸(溪)古(丈)型。一般男性的苗服上面没有花纹,而女性苗服上的纹理是从上往下的,并伴有苗绣。以前,苗族男装多为短装,对襟衣多,满襟衣少。为保暖起见,老年男子穿满襟衣,衣长袖也长;安钉五对布扣,领下一对,肩下一对,腋下三对;袖长齐手指尖,均为青布做成。男装裤子短大宽松,无论大人小孩,均为苗绣青花带。小孩的花带一概打死结,以防脱落。苗家女子一旦成年(按传统为16岁)后,除夏天外,春秋冬三季一概戴头帕,脚裹青布或花布,套穿布鞋或麻板鞋。

围裙是湘西苗族服装的重要代表,分为高腰围裙和低腰围裙,凤凰一带的苗女喜爱高腰围裙,吉首、花垣一带的苗女喜爱低腰围裙,两种围裙均为已婚妇女装束。平常穿着是为了劳作时保护围裙后面的衣服不被弄脏;逢年过节或走亲访友穿着主要用来搭配盛装或显示苗女的刺绣水平。

苗族服饰以夺目的色彩、繁复的装饰和耐人寻味的文化内涵著称于世。特别需要注意的是苗族服饰上的各种图案。苗族服饰图案承载了传承本民族文化的历史重任，从而具有文字部分的表达功能。由于历史的久远，这些图案所代表的文字功能和传达的特定含义也蒙上了一层神秘的色彩，无法完全解读，这也是苗族服饰图案所具有的独特魅力。从苗族服饰图案符号所代表的文化内涵看，苗族服饰距今已有几千年的历史了。苗族服饰图案浓缩了苗族生活环境的景物，表现苗族妇女高雅的审美情趣。服饰图案大多取材于日常生活中各种物象，有表意和识别族类、支系及语言的重要作用，这些形象记录被专家学者称为"穿在身上的史书"。苗族仅凭强烈的族群认同感，靠世代口传身授，将流传千年的故事、先民居住的城池、迁徙漂泊的路线等点滴无遗地融入服饰文化当中，一针一线地绣进衣冠服饰，世代"穿"承，永不忘怀。

石张英绣的花带（陈桂　摄）

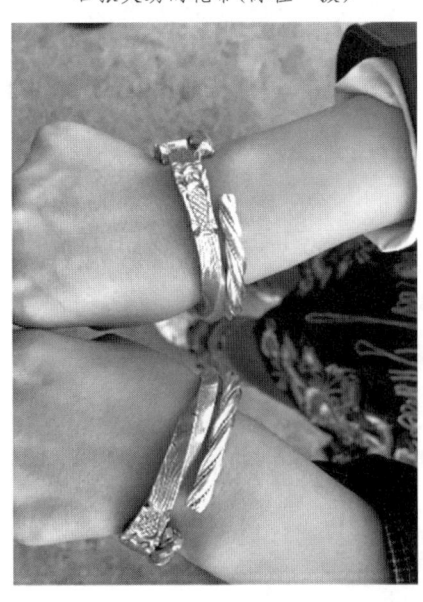

银手镯（陈桂　摄）

董马库板栗村民所穿的苗族服饰大多都是自己制作，衣服上的苗绣都是自己或者请人设计后自己缝制。村中有一位叫石张英的老人，年近古稀，眼神不是很好，现在很少做针线活，但过去可是做苗服的一把好手。石张英老人从十五六岁起就开始做苗绣、织布、编花带等，所以老人家从织布到成衣可以独立完成。在石张英老人家中，整整齐齐摆放着几大袋老人家制作的苗族服饰。在日常生活中,阿婆们还是习惯于穿着传统苗服,年轻人几乎没有人在平时生活中穿着苗服,对于他们来说追求更多的是时尚元素和流行趋势,市场上各式各样的服饰更符合他们的需求,但每当有重大活动或者赶集的时候,无论男女老少都会穿上自己手工制作或者购买的苗服。

同时,苗族银饰可是必不可少的。当地银饰大致分为头饰、耳饰、项圈、手饰等。头饰有两种。一种是银帽(又称接龙帽),苗语叫"本信",全套需银30~50两,上有帽花、龙凤、关刀、梳子、簪子、髻子花等装饰。一种是在头帕前后有银帽檐装饰,上用银丝悬挂树叶、铃铛、果子、银花等多种银饰。还有称为苗帕子的帽子,也叫作假帽子。已婚女子和老妇人将头发盘缠于头顶,用麻布一圈一圈绕起来,形成无底或半边底的覆额缩褶帽,外扎紫色手帕,便装无更多头饰。

苗族妇女比较重视耳饰,绝大多数都佩戴耳环、耳坠、耳柱等饰物。耳环有实心银耳环和空心银耳环两种。此外,还有耳坠、泡花耳环等。耳坠多附在耳环上,多为瓜子形饰物。耳柱是苗族妇女中最常见的耳饰,好像缝纫机的梭心卷线器,一头大、一头小,用线将耳柱与耳朵拴在一起。项圈有轮圈、扁圈、盘圈等,其中,轮圈似青藤缠树,象征爱情,多为青年男女定情之物。

3.待客习俗

苗族人热情好客。每当客人来访,村人必杀鸡宰鸭盛情款待。若是远道来的贵客,人们则习惯先请客人饮牛角酒。吃鸡时,鸡头要敬给客人中的长者,鸡腿要给年纪最小的客人。有的地方还有分鸡心、鸭心的习俗,即由家里年纪最大的主人用筷子把鸡心或鸭心夹给客人,但客人不能自己吃,必须分给在座的老人。这些都是敬老爱幼的传统习俗。如若客人酒量小,不喜欢吃肥肉,可以说明情况,主人不会勉强。但若客人不吃饱喝足,则被视为看不起主人。热情好客的同时,苗族讲究真情实意,最忌浮华与虚伪。主人路遇客人不抢走第一步;交谈中用敬语称呼;迎客要穿节日服装;对贵客要到寨外摆酒迎候;客人到家门,男主人要叫门,告知在家的女主人,女主人要唱歌开门迎客;在客人面前,女主人不登高上楼。客人不要称主人"苗子",他们喜欢自称"蒙"。

在董马库板栗村,随处可感受到苗族村民的热情好客,感受到那种由内而外、发自内心的善意和淳朴。当经过每家门户时,人们都会热情邀请到家中一坐,品尝自家的饭菜,饮茶歇脚。他们的脸上总是洋溢着如同阳光般灿烂的笑容,面对困难总是一句"没关系",对生活也充满着激情和热爱。

4. 婚恋习俗

苗族男女青年婚前有传统的社交活动,他们多通过赶场、赶秋、樱桃会等活动相识,如苗族的传统节日是一年一度的花山节(农历正月初五举行,又名"踩花山"),这是苗族群众最隆重的节日。节日期间,身着节日盛装的男女青年欢聚对歌,表演踩鼓、跳狮子和芦笙舞,热闹非凡。然后便开始以苗家独特的方式,如以歌传情、以歌为媒的恋爱。青年男女约会一般以草标为记,草标的位置和摆放的方向等具有一般苗家人都看得懂的密码,路人看到草标均会自觉回避;或者通过对山歌的方式,如果男方或者女方中有一个不喜欢对方,山歌对唱就将就此结束。如果郎有情、妾有意,山歌对唱就会继续进行下去,直至结婚。再如"会姑娘"也是苗族青年自由恋爱的方式。青年男女婚恋过程中必不可少的食品是糯米饭,有的地方的苗族把画有鸳鸯的糯米粑作为信物互相馈赠;举行婚礼时,新郎新娘要喝交杯酒,主婚人还要请新郎、新娘食用画有龙凤和娃娃图案的糯米粑。婚礼举行时,女方会送男方五谷,象征五谷丰登;还有唱"哭嫁歌",通过媒人给"洗脚钱"等习俗。

5. 丧葬习俗

苗家人讲究孝敬父母。老人病危,即使是天高路远,子女也要及时赶回。老人病危时,将其从房内抬出,头东脚西地睡"仁不",(汉语称"换铺")。家人在老人断气时,按各自的称呼大声呼唤老人。老人断气后,家人立即烧纸钱,称送"落气钱"。同时用鸣地铳放三炮三响,俗称放"起程

第十三章
董马库板栗村

炮"。听到报孝的炮声,寨中的邻居和亲朋好友都会自觉地来帮忙料理后事。放起程炮后,将死者调头,并请一位不同姓的人去村前屋后的水井或水洼边打水,采摘水高蒲、乌泡叶和桃树枝叶。采回后一起放入罐内煮(有的地方不煮直接用)。叶水烧热后,倒入盆内给死者抹身洗澡。尸身上、下、左、右和前后各抹三下,随后给死者打扮更衣。衣服的小衣襟要剪下一小块留到招魂时用。死者着装,所穿衣裤总数必须为单数,一般是3、5、7件不等。亡人的裤带不用生前的,而要用青线、白线或花线按生辰八字缝制,其死时多少岁就要用多少根纱,既不能多也不能少。衣服穿好后,再戴头帕或帽子。帕子倒裹,从左向右盘。绑腿也是从左向右倒着打。而后,在堂屋中间摆好柳床,将死者搬放于床上仰卧。收拾停当后,鸣丧炮,哀号哭丧。丧家派人给亲戚报丧讯。报丧者只能在亲戚屋外喊,不能进屋去说。丧家派人报丧后,即请风水先生择定出丧日期,整理棺木,给亡者穿衣戴帽(或包帕子),口塞朱砂,然后盖棺,连响火炮,齐鸣锣鼓。道师(巴代年)前来封丧、请水、开光、做道场。关于亡者墓地的选择也是很有讲究的。听董马库板栗村的老人讲,墓地的位置一般要枕山面水,一般位于山的阳面,而不是阴面,墓地位置不佳将会影响后代和家族的运势。

花垣县为亡灵做法事的道师(巴代年),师承不同,其经文、仪式都可能会有所不同,相互难以合作,故被丧主邀请到的法师一般都会叫上师承相同的法师一起做法事。也正因为如此,董马库板栗村虽然现有六七个法师,但只有被邀请到的三个是同一个师傅的徒弟,这三个法师才会舍近求远,延请相邻的保靖县的师傅和两个师兄弟来搭档做法事。

董马库板栗村现在尚有7个巴代年(道师)、4个巴代扎(即汉法师或叫客法师,亦称汉师或客师)、1个巴代雄(即苗法师,亦称苗师)。道师或法师要是被请到了,就必须去做法事,不能推辞,但不能擅自越界到他地去做法事。要是越界做法事,不能自己主动越界,必须由当地的法师延请,外地的道师法师才能去跟当地的道师法师一起做法事,即所谓的"有请才上轿,无请不上轿"。这是当地民间宗教界的一个老规矩。原因主要有二。一是各地道师法师做法事的科仪和经文可能会有所不同,若本地道师法师人手足够并能胜任,则无须延请外地道师法师,而有需要延请外地道师法师时,当地法师邀请的外地道师法师一般也都是具有共同的师承,否则就难以合作。二是新中国成立前,湘西民间宗教人士较多,甚至一直到20世纪末人数都不算少,往往是一个村寨内部就有数量足够的道师法师举办普通的法事,故形成了道师法师不越界做法事的习惯与传统,这同时也是不相互"争饭碗""抢生意"的不成文规矩。

6. 赶秋节

赶秋节是板栗村在秋收前或立秋前举行的娱乐、互市、男女青年交往与庆祝丰收即将到来等为内容的大型民间节日活动。在立秋时,当地村民停止农活,穿上盛装,结伴成群,欢聚在传统的秋坡上,进行打秋千、吹笙、歌舞等娱乐活动。活动完毕时,由众人选出两位有声望的人装扮成"秋老人",向大家预祝丰收和幸福。赶秋节时,秋场上热闹非凡,人们唱苗歌、吹唢呐、舞狮子、打花鼓、打猴儿鼓、上刀梯、荡八人秋,热闹异常。八人秋形似纺车,高约8米,以粗木支撑,上设8个秋千,每处可坐1~2人。八人秋以人力转动,当转动一阵停下来谁居于最高处时,就由谁唱歌。

相传在远古时代,苗族先祖派一男一女去东方取来谷种,教民众种植,使人们有五谷食用。又因为农历立秋日到来之前,水田、旱地作物成熟,由于先祖的护佑,丰收已成为定局,因此,赶秋节如同动员会一样,四面八方的群众都去赶秋集会举行对歌、跳鼓、打秋千及其他娱乐活动,纪念先祖与秋公秋婆。后来,赶秋节插入了英雄美女的爱情传说,成为了具有祷念先祖取谷种伟业和歌颂自由爱情意义的群众性娱乐节俗活动。

7. 巴代文化

巴代是苗族祭祀仪式、习俗仪式以及各种社会活动仪式的主持者,更是苗族文化的传承者,普遍受到苗族人民的尊重和崇拜。董马库板栗村的巴代以武巴代为主。

董马库板栗村现在只有一个40多岁的苗法师,是老寨子分出去、旁边的一个小寨子(二十多户人家)的。这个苗法师是在年轻的时候跟他叔叔学的,在他跟叔叔当徒弟之前,其叔叔已是村里最后一个苗法师。

当地民俗中,家里有人大病或久病不愈,就要找"仙娘"问问,看看是不是跟祖先有关。如果跟祖先有关,那么就要找苗法师来做法事,念祖先的名字,将祖先"请回来"。供品是一头猪,猪横放在大门口内侧,猪肚朝外,猪背朝内。做完法事,苗法师会给病人一些苗药,或者告诉病人家属,让他们找某种或某些苗药用上。

廖某某(1945年生),20世纪60年代曾经在山东当过五年兵,1969年退伍之后学过做苗法师,但后来没有正式做苗法师。"因为想到苗法师死的时候要请12个苗法师来做法事,总共就要割144块刀头肉,需要三四百斤猪肉。这么多猪肉,是很重的负担哦。"廖某某笑呵呵地说道。在贫困年代,一个苗法师去世,做法事的开销的确是一般家庭难以承担得起的,这可能也是苗法师传承难以为继的一个原因吧。

廖某某后来跟保靖县的一个师傅学了做道师。2020年7月23日凌晨该村一个78岁的老太太,因久患脑梗而去世,26日下午4点逝者外孙献供一座"金山"、一座"银山"和一整头羊时,祭拜仪式由苗法师廖某某主持。原因就在于他学过做苗法师,正好掌握这个仪式的苗语经文、手印及其他动作。但他也仅仅会做这样的法事,苗法师的其他法事他没学好,不会做。从傍晚6点起,廖某某又跟本村两个道师和从保靖县请来的三个道师一起给亡灵做道场。在整个丧礼过程中,廖某某一人分饰两角,先是苗法师,后是道师。

8. 民歌

村中苗人好唱苗歌,结婚要唱,生小孩要唱,建新房子要唱,节庆时更要唱。

结婚时唱的主要是赞词和谦词。结婚苗歌是一男一女对唱的形式,歌师是新郎新娘双方一家一个,两家商量,必须定下角色。结婚时候唱歌要唱一个晚上,新郎家的歌师先唱一个小时,内容都是自谦的词,意思大概是准备的饭菜不好,女方家里的父母辛苦。然后女方接着唱,也是唱谦虚之词,意思是来送亲的人,来的时候都是两手空空,我们的女儿不会做事,你们也要多宽待。新郎家歌师其中唱的一段赞美岳母的苗歌,村委会妇女主任麻某某示范唱了一遍给我们听。我们把它翻译一下,大意如下:"感谢丈母娘啊,你女儿生下来呀,往日的苦楚我们还没有忘记,孩子慢慢长大,现在已经很漂亮了,到了1岁就学走路了,在地板上到处爬,一年长一点,7岁送到学校去读书,女儿长大到20岁……"

因为唱苗歌一般都是在喜庆或聚会的场合,所以女性要穿上盛装,戴上银饰,以示喜庆和隆重。

岁月悠悠,时光荏苒。经历了千百年的风雨,古老而淳朴的苗族传统文化在这里依然保持得比较完整。但是,随着社会转型,大多数年轻人走出山乡进入都市,董马库板栗村的苗族传统文化面临着传承、保护与发展的困境。让我们共同努力,一起保护苗族优秀传统文化,保持与增强中华民族共同体文化的丰富性和多样性。

三、自然资源

董马库板栗村独特的自然景观有情侣山、倒挂猪、钟乳石等。

关于情侣山,有一个美丽的传说。相传有一对青梅竹马的情侣,二人互相爱慕,彼此通过对唱情歌来表达自己的感情,沿途边走边唱,走着走着,突然发现前面没有了路,于是二人就在此处停了下来,唱了一整晚,在此化成了两座山,面面相对。

倒挂猪奇石(陈桂 摄)

"倒挂猪"是一处天然形成的奇石景观,位于保靖县和花垣县之间。从远处看"倒挂猪"就像倒挂着的年猪。相传,保靖县的山和花垣县的山经常打闹,一次花垣县的山用大长矛把保靖县的山捅出了一个大窟窿,两座山之间的那座提出要挂年猪来和解,那头年猪就挂在了保靖县的山头,也就有了今天的奇石景观。

(本章由陈桂、杨文超调查,陈桂撰写)

第十四章　鼓戎湖村

　　鼓戎湖村，隶属花垣县双龙镇，由原董马库乡的夯寨村、排达连村合并而成。村域面积16平方公里，东与保靖县吕洞山翁科村接壤，南与敏腊村、西与董马库村、北与排腊村毗邻，距双龙镇政府500米路程，距花垣县城31公里，距矮寨大桥景区17公里，距吉茶高速20公里。鼓戎湖村苗族传统文化资源丰富，尤其是苗鼓文化、巴代文化保留得较为完整，有省州县各级苗鼓传承人、蜡染传承人、巴代文化传承人、苗歌和唢呐等民间技艺传承人，村落古建筑和石板巷道保存完好，是较为典型的原生态苗族聚居村寨，2019年6月，鼓戎湖村被列入第五批中国传统村落名录。

第十四章
鼓戎湖村

一、村落概况

(一)地理生态环境

与县境其他村落一样,处于武陵山脉中段的鼓戎湖村三个自然村寨,即夯寨、排达连寨、向阳寨(原牛屎寨),其地貌也都属于高山溶岩。在地形上,三个自然村寨都是四面坏山,山脉连绵,中间为相对平整的谷地,起伏不平的8条狭长山谷向四周延伸。从山腰至山脚,村落建筑依山而建,环绕谷地,层叠而上,错落有致,与周围环境自然而然地融为一个整体。

这里地处中亚热带山地季风区,一年四季分明,雨量充沛。由于海拔相对较高,达到750米,故冬长夏短。年平均气温为13℃,1月份气温最低,极限最低温为-8℃;7月份气温最高,极限最高温为35℃,无霜期长达228天。年降雨量为1350毫米,主要集中于5—7月份。总的来说,这里冬天不冷,夏天不热,气候十分宜人。

这里属亚热带常绿阔叶林地带,是湘鄂黔丘陵植被区的一部分,植被资源丰富。林业资源主要有杉木、油桐、板栗、梨树、桤树等树种。农作物主要有水稻、玉米、烤烟、蔬菜、油菜等。野生动物主要有野猪、竹鸡、蛇、蜜蜂等10多种。

鼓戎湖村土质属红色石灰和黄红沙壤,加上土层较薄,故通气透水性较好。全村总面积约11 000亩,耕地1082亩,其中旱地368亩,水田714亩;园地约140亩,占1.2%;林地8000亩,占72%。就耕作而言,可谓人多田地少。

(二)村名由来

鼓戎湖是一个新村名,其由来有一段故事。2015年为考虑乡村交通和通信的改善,降低行政成本,湖南省统一部署了"撤乡并镇"和"合村并组"。按照合并村的惯例,小村并入大村;在村名的选取上,一般直接使用大村的名字,或者从各村名字里取出一个字组成新的村名。当时夯寨村有700多人,而排达连村有600多人,两村大小差别不大,并村后使用哪个村的村名另一个村都不愿意。于是,为了团结群众,保持社会稳定,两个村子决定一起商量,起一个既好听又吉祥的新名字作为并村后的新村名。

鼓戎湖村村旗(陈桂 摄)

在提交新村名的前一晚,原两村的支部书记、"两委"委员、村民代表和驻村扶贫工作组所有成员集中在一起,各抒己见,激烈争论,从晚上11点钟一直讨论到第二天凌晨3点多钟,才最终达成一致意见,议出了一个大家都感到满意的新村名——鼓戎湖。"鼓戎湖"中的"鼓"代表夯寨。因为夯寨的苗鼓远近闻名,是该村的一大名片,县里重大活动从来都少不了夯寨苗鼓队的参与表演。而"湖"则代表排达连。该村有一个灌溉附近很多村寨田地的湖——排达连水库,可以说是排达连村的地标。"戎"是苗语中"龙"的意思,象征强盛与吉祥如意。并村后,新村委会请来了专家进行策划和论证,设计与制作了以湖、龙、鼓、苗绣等地域、民族特色元素为图案的蓝色村旗。村旗象征着鼓戎湖的团结奋进。由于并村时间较短,"鼓戎湖"用本地话叫起来又不是很顺口,目前村民们还是习惯将自己的村子分别称为夯寨与排达连,而不是直接说鼓戎湖村。

(三)村落人口

鼓戎湖村共有3个自然村寨:夯寨、排达连寨、向阳寨(原牛屎寨),分

第十四章
鼓戎湖村

为11个村民小组,共302户1328人,绝大多数为苗族。

全村现有劳动力608人,大多数青壮年村民长期外出务工。其中跨县务工310人,县内务工50人,县内打零工兼顾家庭农业生产45人,占劳动力总数的66%。村内有学前幼儿48名,小学生32名,初中生26名;有排达连小学一个教学点,乡村教师1名,设有学前班、一年级、二年级,小学三年级以上学生要到董马库九年一贯制学校住校就读。村中无幼儿园,幼童一般送到董马库街上的民办幼儿园上学,早晚由幼儿园安排专车接送。

目前,该村"两委"班子成员共7人,但存在年龄结构偏大的问题。村党支部现有党员45人(不含驻村工作队3人),其中女性党员6人,长期外出务工6人,35岁以下党员3人,60岁以上党员23人,年老体弱、行动不便者4人,中专以上文化3人。

鼓戎湖村民原先都姓石,因为后来不断有外姓前来上门入赘而导致杂姓不断增多。但是,石姓至今依然占大多数。当地的石姓属"小"石。如著名的苗鼓传承人石惠云的姓(1963年生)便是"小"石,而其夫人(1971年生,村委会会计)的姓则是"大"石。在相关文献中,关于石姓忌食犬的传说中就提到当地石姓有大小"石"之分。"所谓石姓忌食犬,系指小石而言,大石则不忌之。凡杀犬类,无论自己或别人的,均忌食。"还有其他一些资料谈及大小"石"之分,如麻明进《石石联婚非笑谈》一文和吴恒忠《苗族家谱——〈武威鸿图——树耳小寨〉读后感》一文。前文讲述了大小"石"之间的区别,其中就讲到"石"与"时",认为大小"石"从血统方面来说是不同的种族,但从远古历史来源来看,"小石"则又是从"大石"而来。后文所说的《武威鸿图——树耳小寨》,是该文作者偶然得于民间,篇幅不过百页长的"石"姓家谱。该家谱在前言中就明言"大石小石之分,没有必要"。另外有的文章说到,湘西地区苗族的石姓,本就包括有"禾瓜""禾卡"两个不同的种支(或叫苗姓),即俗称的"大石""小石"。石与时同音,可能古代苗民不辨汉字二音,导致混淆。故小石之"石",可能实际上本是"时"。也许正是基于这一认识,所以在我们抵达村委会会计石某某家的时候,她指着丈夫石某某向我们介绍:"我们俩都姓shí,但我姓石头的石,他姓时间的时。"

这一支石姓苗族不吃狗肉,认为狗是苗族的救命恩人。在当地的传说中,猫和狗被派到天上,去取稻种。狗在稻谷堆中滚了一圈,湿湿的毛粘上了稻种,回来的途中在水中游泳,身上的稻种都被冲掉了,因为狗的尾巴是翘起来了的,没有被水冲,所以狗尾上的稻种得以保存下来。狗解决了人们需要稻种生存的问题,让人们有了生存的根本。还有,就是猫在上天去取稻种的时候偷懒,中途溜掉了,狗很是看不惯猫的偷懒行为,所以后来狗和猫一见面就会打架。

传统上,夯寨石姓都按字辈取名。班辈之字共有16个:朝胜绍光,元远泽长,文丞佐佑,邓克连方。石姓按这16字辈取名,周而复始,循环往复。从20世纪90年代开始,有人不按字辈取名。尤其是现在,年轻的父母喜欢给子女取既时髦又好听的名字,完全没有用班辈之字。但不管是否按字辈取名,人们心里都还是很清楚自己具体属于哪个辈分,不会弄错班辈排行。

(四)村落由来

鼓戎湖村的夯寨,早在宋代就已存在。该寨最早的老祖宗是从泸溪搬迁来此地。当时寨子并不在如今这个位置,而是在现在寨子西边不远处山上的老寨。老寨因为地处山上,只有一处较大的泉水洼和几处小泉眼。随着人口不断繁衍增多,老寨水源日益不足。后来有一个放牛的老年男子发现,他家一头水牛老是往一个方向跑。老人感到很奇怪,于是就跟着水牛走,最后到了现在寨子所在的地方,发现这里是一个山洼,三面山,一面缺口,底部是一个洼地,像一个带缺口的锅底。山洼水草长得很茂盛,有九口小水塘。老寨水源不足,又加上曾经发生过不吉之事,全寨发展到99户人后已多年再也发展不起来,于是全寨人便搬迁到现在这个地方,并把拥有九口小水塘的山洼叫作"九牛恋塘"。

第十四章
鼓戎湖村

听村中老人们讲,历史上鼓戎湖各自然寨耕猎采集并重。夯寨苗民的祖先便是因为打猎,追踪野兽而发现此地,后来携家人搬迁至后山的老寨处定居。

(五)物产与经济社会发展状况

随着社会发展,鼓戎湖村村民的生活方式在不断发生变化。

新中国成立之前,当地粮食作物主要是水稻。因为地势较高,气温偏低,热量不足,一年只能种植一季水稻,而且产量很低。作为杂粮,玉米也是一种重要的粮食作物,在大米不够吃的时候,就要在米中掺入玉米煮饭吃,甚至只能吃玉米。于是青壮年男子在空闲的时候,就会上山去打猎,平时也会猎一些山鼠、野兔等小动物。根据不同的季节,妇女们也会上山去采集一些可以食用的野菜、果实。

一直到20世纪末,该村农业主要还是以水稻和玉米种植为主,可以说,村民唯一的生计方式就是务农。

进入21世纪后,随着各地旅游景区的不断开发以及民族文化表演的盛行,鼓戎湖村夯寨一些头脑比较灵活的年轻人开始去湖南、贵州,甚至北京、上海、深圳等地从事苗族鼓舞、上刀山过火海、巴代法事仪式等苗族文化的策划和表演。据了解,现在光是夯寨一个自然寨,就有六七个人在外带队从事苗族文艺表演,长年拉出去的各支队伍共有三四十人。

进入21世纪初,村中有人开始种植烤烟。按照当时的行情,每亩产值约为一万块钱,扣除成本,不计人工,三分之二是收益。相对于水稻、玉米种植,烤烟种植的收益要大得多。但是,最近几年烤烟收购价一直都比较低,而化肥、农药等农资的价格又涨得厉害,再加上种烤烟很辛苦,所以现在大部分家庭都不种烤烟了。可见,经济利益是生计方式转变的风向标。

除了外出务工和在家从事农业生产,近几年开始出现了新的生计方式。依托自身资源,鼓戎湖村出现了产业合作社以及旅游公司,少数村民则开始从事汽车运输、做小生意等。

全村农户生产方式较为传统。从家庭生产单位来看,第一产业为主是普遍现象,多元化生产、多样化发展的意识不够强。鼓戎湖村位于武陵山脉中西段,平均海拔在800米,属高山岩溶地貌,三个自然寨四面环山,村寨依山而建,中间是较为平整的谷地,一年四季分明,冬长夏短,雨量充足。全村共有土地11000亩,其中耕地面积1082亩,水田约714亩,旱地约368亩,主要作物有水稻、玉米、烤烟。但烟叶、水稻种植业之外的其他产业,要么规模很小,要么种植水平不高,都起不到应有的经济支撑和带动作用。而随着农业对技术水平、管理方式、组织形式的要求越来越高,当地一家一户小农小户的生产形式,其组织化、协作化程度较低,无法适应现代农业发展的内在要求,也难以抵御各种风险灾害。

鼓戎湖村属亚热带常绿阔叶林地带,是湘鄂黔丘陵植被区,依托丰富的植被资源与生物资源,近几年村内相继成立了4个农业专业合作社。

四大合作社基本情况

名 称	成立时间	注册资金(万元)	主营项目
飞皇蜜蜂养殖专业合作社	2016.01	80	蜜蜂养殖、蜂蜡加工、蜂蜡制作的民族工艺品蜡染、销售、技术培训等
飞哥生态种养专业合作社	2016.07	100	蔬菜种植、稻花鱼为主
特种养殖专业合作社	2016.07	50	田鸡养殖和种苗孵化及提供养殖技术输出,开拓销售渠道以及深加工
山野土蜂养殖专业合作社	2018.03	10	蜜蜂养殖、蜂产品加工、产品销售、技术信息交流与服务

除联合社之外,还有一个稻田生态养鱼示范点,示范面积120亩,其中村集体20亩,投放鱼苗2万余尾,鱼苗的大小为50~100克/尾。

另外,为了革除滥食野生动物的陋习,保证社会公共卫生安全和人民群众生命健康安全,2020年2月24日,第十三届全国人民代表大会常务委员会第十六次会议通过了《全国人民代表大会常务委员会关于全面禁止非法野生动物交易、革除滥食野生动物陋习、切实保障人民群众生命健康安全的决定》(简称《决定》)。《决定》规定"全面禁止食用国家保护的有重要生态、科学、社会价值的陆生野生动物以及其他陆生野生动物,包括人工繁育、人工饲养的陆生野生动物"。谈及"禁野"新规,村干部说飞哥生态种养专业合作社坚决服从国家规定,不养违禁动物。

一些有远见的乡贤开始申办公司,以本村的民族文化资源为主要依托,进行民族风情旅游开发,从而使鼓戎湖村的一、二、三产业开始走上协同发展的道路。2019年,鼓戎湖村夯寨的著名苗族鼓舞传承人石惠云注册了乡村旅游公司,主营项目有旅行社及相关服务、乡村旅游服务、苗鼓苗画培训服务、民族民间工艺品加工及销售、民俗风情表演,注册资金100万元。2020年暑期利用自家房子开始筹建鼓戎湖村第一家民宿,为芷耳村旅游业的进一步发展做好准备。

二、文化遗产

漫步鼓戎湖村中,古老的木屋、石墙和石板路随处可见。夯寨的中心是一口与村寨起源有关的水井,水井上方则是一座拥有400多年历史的土地庙,再往里走是古求雨台、古战场的遗址。除了上述文化遗产之外,在政府的投资支持下,鼓戎湖村委会对夯寨中拍摄电影《十八洞村》的实景地按原貌进行了恢复与挂牌保护,使之成为一种可以用于旅游的电影文化资源。

(一)物质文化遗产

鼓戎湖村的物质文化遗产主要是建筑类。

1. 古木屋、古石墙、古石板路

苗寨依山而建,建筑群以木构房屋为主,形成了一种典型的湘西苗族

鼓戎湖村古老的石墙村巷（陈桂 摄）

传统建筑架构风格。村内大量建筑历史悠久，并且总体保存良好。古朴的木屋，长满青苔的石墙和曲径通幽的石板小路随处可见。石墙中的石块多为厚薄不等的片石，其构筑方式一般为横叠，而周边有的村落既有横叠式，也有横叠、竖叠两式杂用。

2.古水井

水井与夯寨村的起源有关。鼓戎湖村夯寨苗人大多姓石，乃蚩尤的后裔。就村寨起源的问题，我们采访了村中几位中老年人。

大约三千年前，蚩尤的后代中有一个叫四古（一说叫四哥）的人，不知因何故而流落到了现在花垣县和保靖县一带，最后定居在哥白山后现在叫吾当的地方（当时叫朝阳寨）。四古在那里开荒种地，起屋建房，养猪喂狗，繁衍生息，后来朝阳寨发展到40多户人家。寨子上面的一带人家叫排共吹，接近水井一带的人家叫吾留，接近哥白山那边的人家叫夯让。四古年轻时，人高马大，力大无穷，什么活都会干。四古先后生了6个儿子，他们分别是阿翁、阿五（现保靖翁科村祖先）、比司（现雷公村祖先）、比劳（现红英村祖先）、巴爬（现高抓村祖先）、得匠（现夯寨村祖先）。其中得匠是最小的一个儿子，为后娘所生。四古很疼小儿子得匠，得匠也很孝顺自己的父母。据说四古百年后葬于排达连水库后面的山坡上。时间一晃，过去了好多年。后来有一天，朝阳寨排共吹那里有一个人爬到哥白山顶上砍柴，他无意间望见今夯寨村大水井处（原是一个很深的水塘）有两条龙在那里翻飞戏水。这个人惊讶极了，急忙跑回朝阳寨，把自己看到的一切告诉村里人。龙乃吉祥之物。为了一睹龙颜，村里的人有事无事或在放牛、放羊时便经常走去龙现身的地方（龙穴）。牛羊到了水塘边，竟然怎么赶都不肯回去了。加上这里地势好，四面环山，树密水丰，是人居的理想场所。于是朝阳寨的人,在距今一千多年前开始往龙穴处迁移。经过大约三百年的时间,全部迁到了龙穴地方居住。围绕水塘(现夯寨大水井),在四周及山腰上盖满了房屋。由于此

"九牛恋塘"中的古水井(陈桂 摄)

处为四面环山的山之中间低洼处,苗语称为"夯";加上此处古木众多,井水清凉,即使在炎热的夏季,这里都让人觉得凉爽,甚至微微寒冷,而清凉寒冷在苗语叫"寨",故从朝阳寨搬到此地居住的人们一致同意,把村名定为夯寨,并一直沿用至今,其间从未变更过。

3. 土地庙

夯寨的土地庙始建于明朝末年,从"吾当"迁入,后被毁,2018年农历九月初九日开工重建,2019年农历正月初六举办祭祀庆典,宣告重建正式完工。土地庙门旁立有刻"夯寨土地庙"的石碑与功德碑,门内立有万世流芳碑。功德碑记载发起组织人名单,捐款人姓名及金额,捐工人姓名及天数,捐款合计45 555.5元,捐工合计455个工时。万世流芳碑除记载捐款人及金额外,还有捐赠物品人及名称等信息。在鼓戎湖村赶秋节当天,巴代法师们在村部表演结束,绕村一圈后,接着在土地庙进行了约40分钟的祭祀活动。活动首先由石绍文开启土地庙门,石绍宗主持祭祀仪式,然后由几位巴代法师跳绺巾舞。祭祀活动结束后,由石绍宗关闭土地庙门。开关庙门均有相应"手诀"。土地庙除了在赶秋活动和年祭的时候会打开外,平时都处于关闭状态。过年的时候,村中每户人家都会派出一个代表去土地庙祭拜,感谢和祈求土地神的福佑。

4. 古求雨台

鼓戎湖村所处位置，其地理地貌与湘西大部分地区一样，都属于典型的高山岩溶的喀斯特地貌，虽然地处亚热带季风性湿润气候带，降水颇丰，但是由于土层薄，难以储存水分，故极易发生旱灾。在旱灾灾情严重的时候，比如连续20天以上没有降雨，就会影响到农作物的生长和人们的生活。因此，按传统习惯，每遇到大旱，村民便会集资购买祭祀物品，请村中巴代前往求雨台，举行祭祀仪式，祈求龙王降雨救灾。湘西苗族的求雨仪式，一般以村寨为单位单独举行，以前夯寨的求雨仪式亦是如此。夯寨的求雨仪式主要包括请神、敬神和送神三个环节，由巴代主持，全村群众共同参与。夯寨的古求雨台至今已有数百年历史，但后来不知因何故废而不用。

古求雨台遗址位于山中，被浓密树林野草包围。目前通往该地的道路还没有修好，笔者一时无法前往实地考察。随着夯寨旅游业的日渐发展，作为一个有名的文化遗址和景点，有望在接下来的四五年之内，修通通往古求雨台遗址的道路。

5. 电影《十八洞村》拍摄实景地

夯寨是拍摄电影《十八洞村》的实景地。当地县镇两级政府注意恢复与保护该实景地，主要对石四戈家(电影中杨英俊户)、石青求家(电影中残障户)、石志群家(电影中杨赖户)、石绍文(巴代法师)家(电影中双龙镇水桶村村部)等四户人家的房屋按照电影中实景进行恢复还原。同时，截取电影中相关场景，制作成图片挂在相应农户家，在图片上标注"××户(××饰演××)"等字样，并配上电影中的经典台词，利用图文、实物、实景再现电影场景。现摘录《十八洞村》电影经典台词如下：

  杨英俊：我种了一辈子地，结果种成贫困户。我的战友知道我是贫困户，我的脸往哪儿搁啊？

  麻　妹：小南瓜，我们永远守着你，你活一岁，我们活五十岁；你活五十岁，我们就活一百岁；你活一百岁，我们就活一百五十岁。你自封为班长,为什么不封个连长当当?

　　杨叔儿:累的时候只要坐着娘的板凳,就不觉得累了。

　　杨　赖:我就想当个贫困户,就等国家来帮扶我。地要是没了,那我不是更加找不到婆娘?

　　驻村干部:谁说种地不能脱贫?

　　大　叔:(路塌方了)背着车进村。

(二)非物质文化遗产

鼓戎湖村的非物质文化主要有赶秋节、苗族鼓舞与巴代文化等多种,其中最有影响力的是苗族鼓舞。

1.赶秋节

赶秋节是苗族一年一度庆祝丰收的传统节日。2019年8月20日(农历七月二十日),鼓戎湖村举办了2019年苗族赶秋·非遗展演暨《十八洞村》电影拍摄基地开园仪式。首先进行苗族传统文化表演(鼓舞、绺巾舞、苗歌、山歌对唱),之后是参观苗寨、非遗产品展示、养殖产品区和实景感受苗寨全景、《十八洞村》电影拍摄基地。此外,此次赶秋节还举行高山流水(拦门酒)、苗歌对唱、巴代绝技表演、苗家长桌宴等美食娱乐活动和苗鼓、广场舞、唢呐、打击乐、舞龙、舞狮的比赛。整个活动极富娱乐性、参与性、体验性,气氛浓烈,热闹非凡,令游客流连忘返,乐不思蜀。

作为湘西苗族的一个大型喜庆节日,苗族人民都非常重视。每年的立秋这一天,苗族人民都要停止农活,穿上节日盛装,邀友结伴,兴高采烈地从四面八方赶往举办赶秋节的圩场,拥入秋场,参加或观看各种文娱活动。著名的传统大秋场有吉首的矮寨秋场、凤凰县的勾良山秋场、泸溪县的潭溪秋场和梁家潭秋场,等等。赶秋的由来,有的说是因"赶立秋日",有的说是因"赶秋千"而得名。

其中"赶秋千"的传说是这样的:相传很久以前,苗寨有个名叫巴贵达惹的青年,为人正直,英武善射,深受众人爱戴仰慕。有一天,他外出打猎,见一山鹰从空中掠过,便迅速拉弓,一箭射中了那只山鹰。与山鹰同时掉下来的还有一只绣花鞋。这只绣花鞋做工极其精巧,让人一看便知是出自聪明美丽的苗家姑娘之手。巴贵达惹决意要找到这只绣花鞋的主人。在乡亲们的帮助下,他设计、制造了一种可以同时坐八个人的风车型秋千,取名"八人秋"。立秋这一天,他邀约远近村寨的男女前来打秋千取乐。打秋千本是苗族姑娘最喜爱的活动,巴贵达惹想,那个做花鞋的姑娘一定也会来参加。果不其然,巴贵达惹的愿望真的实现了。在秋场上,他找到了那只绣花鞋的主人,一个美丽的姑娘——七娘。他们俩通过对唱苗歌而建立了感情,后来两人结成夫妻,生活十分美满。从此之后,人们沿袭此例,一年一度地举办这种活动,男女青年从中寻觅意中人,谈情说爱,择配佳偶,最终形成了"赶秋"盛会。

2.鼓舞

苗鼓最初用擂鼓来驱赶野兽,后来逐渐用于军事,通过鼓声来指挥、布阵、传递消息和振奋战斗精神。随着社会的不断发展,苗鼓逐渐演变成苗家儿女交流感情的一种文艺表演形式。初始,苗鼓动作相对简单,这个时候的鼓舞是一种狩猎拟态舞蹈。

鼓戎湖村苗族鼓舞表演场景(陈桂 摄)

后来,苗鼓动作变化更趋复杂多样,优美可赏,鼓中有舞,鼓舞合一。2016年,苗鼓入选了国家首批非物质文化遗产名录。苗族鼓舞有花鼓舞、猴儿鼓、八台鼓舞等多种形式和名目。现代苗鼓主要用于祭祀和表演,每逢佳节或贵客来访,苗族人便会打起苗鼓,跳起苗舞。

第十四章
鼓戎湖村

苗族鼓舞是苗族人民最具有特色的艺术形式,历史悠久,在湘西苗族聚居区世代相传。苗族的鼓舞诞生于苗族的社会生活之中,其中很多舞蹈动作都属于拟态,主要模仿生产、生活的动作与日常所见的动物活动。诸如表现生产劳动的动作有犁田、耙田、插秧、割谷、打谷,还有纺纱、牵纱、织布、砍树、锯料、扯炉、打铁等;表现生活方面的动作有洗脸、梳头;模仿动物的动作有大鹏展翅、水牛擦背、公鸡啄米、黄牛摆尾、猴子摘桃等。这些动作在代代相传中逐步形成了苗鼓基本舞蹈的动作及特点。它以其独特多样的表现形式、丰富的文化内涵和强大的社会功能,展现出独特的艺术个性,生动地再现了湘西苗族群众生活、劳动的图画,可以说它是一幅湘西苗家人的历史画卷。

据村中老人们说,鼓戎湖村各寨在清代就有人会敲鼓,但当时会的人并不多,每个寨两三个人,并没有形成气候。直到民国时期,寨子里开始流行敲鼓。用鼓大都是法师的,放在木匠做的木马上敲打。女人敲鼓动作跟男人敲鼓动作不一样,女人敲鼓动作主要是拟态,比如模仿梳妆打扮、纺纱织布等动作。而男人敲鼓动作就比较粗犷,更为威风。以前夯寨村中仅有三男两女会敲鼓,老支书便是其中之一。20世纪90年代初,夯寨石惠云看到苗鼓传承情况日益不妙,而苗鼓在一些重大文艺表演活动中却又大放光芒,于是便开始自学敲鼓,待到有了一定基础之后,便到处寻访苗鼓老师傅,向他们咨询请教,拜师学艺,学会了周边各地苗鼓的不同打法,最后融会贯通,自编自创多种既有传统特色,但更具艺术性、观赏性、娱乐性的鼓舞套路,并具有独立编舞的能力。再后来,石惠云被湘西民族职业技术学院聘为旅游管理系民俗歌舞教师,每年大半时间都待在学校里,教授苗族鼓舞、苗画等,将苗族优秀传统文化带进了高校课堂,扩大了苗族鼓舞的传承与传播。鼓戎湖村也正因为有了一批像石惠云一样热爱民族文化的传习人,使得村中传习优秀传统民族文化之风炽盛。可以说,现在的夯寨,中青少年人人都会鼓舞,无论大小型活动,随时都可以拉出一支表演队伍来。时至今日,鼓戎湖村利用村中的苗族鼓舞传统文化资源,走上了文化脱贫之路,成立了一支60多人的苗鼓文化队,活跃于张家界各景区。石惠云下屋的一个兄弟带领几个人,长年在外传授苗族鼓舞和展演上刀山、下火海等苗族绝技。石惠云的妻子石建群去年才回到村委会当会计,在此之前的好几年基本上都在重庆、鄂西等苗族聚居区教授苗族鼓舞。他们不仅在本地复兴了苗族鼓舞文化,还将鼓舞传播到重庆、贵州、鄂西和湖南其他苗族聚居区,甚至将苗族鼓舞带上了中央电视台的表演大舞台,打响了苗族鼓舞的名号,扩大了苗族优秀传统文化的影响力。

3. 傩文化

傩是一种原始宗教的巫文化现象。苗族傩文化是苗族文明的重要表现形式之一,它包括傩舞、傩戏、傩神、傩面、傩画、傩坛(堂)以及相关的驱鬼、祭祀、求子、超度法事、娱乐、建房等活动。在整个苗族迁徙的过程中,"傩师"则用"上刀山"和"下火海"的绝技显示自己的果敢,向族人证明,他们的首领不会畏惧任何困难与险阻。

"还傩愿",苗语称为"撬弄"。傩神是神灵的统称,并非具体神号。据说傩神之神号,取自天下之名山大川,诸如五天五岳圣帝、五宫五盟皇后夫人等。东山圣公大帝和南山圣母娘娘,通常分别被称为傩公和傩娘。传说傩公傩母出于桃源,在湘西边县,占有最强大之信仰势力,不仅苗民信奉已深,周边汉族亦同样崇奉。傩神无庙宇作为其祭祀场所,人们往往在家中设神坛,安神像敬奉。苗族一般在秋冬季节举行还傩愿活动,春季亦有,但不多,夏季则极为少见。小村寨每年一般会有两三次还傩愿,而大村寨每年七八次至十多次不等。由此可见,苗族社会还傩愿之风甚为盛行。深究其因,在经济文化与医疗卫生条件较为落后的年代里,民众或有病痛,或有求嗣,或有灾难,凡此等等,不一而足,最后得偿所愿,故须向傩神还愿,以示感谢,并祈求傩神继续福佑。我们采访了村三个法师,他们所说的话也证实了这一点。

在该村,法师称为"巴代"。巴代分为三种,分别是"巴代雄"(苗师或苗法师)、"巴代扎"(客师或汉法师)和"巴代年"(道师)。巴代雄身穿蓝色衣服祭祀,作法时只有蚩尤铃和竹筒两种法器。巴代扎身穿红衣,法器主要是绺巾(领巾)和司刀,其他法器也比较多。鼓戎湖村的巴代主要有巴代扎和巴代年。

4. 接龙舞

湘西苗族接龙舞源于湘西苗族人世代相传的祭祀习俗。传说龙是苗族人敬仰的神灵,人们向往着龙能除灾祛病,能保佑风调雨顺、人畜兴旺。在每年的春耕和秋收后,苗族人都要举行"接龙"活动,迎接龙的到来,在"接龙"中人们手拿各种五色斑斓的彩旗,跳起优美、欢快的接龙舞。1957年,湘西苗族接龙舞参加了北京举办的全国民间文艺调演,周恩来和朱德接见了全体演员。从此,接龙舞由民间的广场文化开始向舞台艺术发展,后来又根据需要加进了乐队伴奏等音乐内容,而变成了观赏性极强的一种民族舞蹈。

接龙,苗语称"然戎",即邀请龙之意。苗民最崇拜龙,接龙祭典之规模,仅次于吃牛与吃猪(椎牛、椎猪)。传说狗克龙,故戌年均忌接龙。九月亦与龙相克,故接龙要至农历十月后举行。接龙前几晚,寨上男女老幼,云集主家"道戎",即闹龙。此时,老辈说古道今,青年人练击鼓、吹唢呐、学唱歌,直至深夜饮过甜酒后众人方才各自散去。接龙的日子一到,亲戚朋友都前来道贺。这一天,无论主人还是来宾,均穿上新衣。特别是妇女,服饰华丽,身上的银饰银光闪闪。除了家庭接龙,还有一个寨子的接龙。全寨子共同接龙叫"接村龙",苗语称之为"然戎苟"。接村龙与接家龙的程序和祭法大体相同,差异不是很大。

5. 椎牛

椎牛,俗称"吃牛",苗语称之为"弄业"。在《中国西部概览·湘西州》中也有对椎牛的描述:"事前,人需选购一头四膀有旋,耳、眼、口、鼻、角俱完整的上好水牯牛。届时,在宽屏中竖一根涂以五彩的龙凤花柱,以麻绳穿牛鼻,系上蔑圈套于花柱上。经给牛喂水,巫师绕柱三圈,将梭镖传至舅家(称后辈亲)年轻人手中时,即在震天动地的锣鼓声中开始杀水牛,年轻人追杀不止,牛绕柱旋跑。最后,牛伤口喷血,倒地而死。接着分割牛肉。晚上,要举行跳鼓唱歌(苗语称'独乐'),通宵达旦。"

在2019年和2020年赶秋节的众多活动当中,虽然节目单上有"椎牛",但在节日当天,我们却始终都没有见到此项祭祀活动。经咨询相关策划人和官方的一些工作人员得知,现在不做"椎牛"的原因主要有二:一是耗资巨大。作为苗族最大的祭典,椎牛的祭期一般是三天,长者也有五天四夜的。椎牛时,不仅家族邻里参祭,亲朋好友亦请来参祭,人数多达数百上千人。吃掉的牛肉,多则数千串,少则千余串。故当地民间有言:吃牛难,大户动本钱,小户卖庄田。连富豪人家都难以做"吃牛",可见花费之巨。即便是现在经费充足,但椎牛也还是一大浪费,不符合建设节约型社会的要求。二是椎牛的血腥场面影响不好。椎牛的血腥场面以及让牛在痛苦中慢慢地死去,给人感觉不人道。深究其因,血腥、不人道和败坏形象才是废弃椎牛的真正原因。

关于椎牛仪式,鼓戎湖村跟周边其他苗族聚居区大体上是一样的,程序相同,只是细节可能会有所不同。比如中途先上肉还是先上酒,类似这样的细节就由当事法师个人决定。

祭祀仪式不一定都是椎牛,还有可能是椎猪,甚至椎牛椎猪两者都有,具体依各村各寨、各姓族及个人家庭的情况而定。家中无牛又无钱买牛的,则可用椎猪代替椎牛。村中一位老巴代扎对我们说,大致意思是如果没钱椎牛,椎猪也可以;如果要举行椎牛祭祀仪式的人家愿意,也有足够财力,那么则可牛猪皆椎。至于既椎牛又椎猪的,则必须等到椎牛祭祀完毕,方能开始椎猪。先椎牛后椎猪的原因在于当地苗民的思想观念:一是大牛会踩小猪,二是祭猪先于祭牛,会不吉利。椎猪与椎牛所用的一切物品、道具、祭仪、程序以及唱歌跳舞,均无不同。

比如不同姓族,祭祖时候的椎祭就可能不一样。据我们四个调研组在花垣县发现,大小石中的"大石"(石姓)在大型祭祖时椎的一般是牛,"小石"(石姓或时姓)在大型祭祖时椎的一般是猪。

在当地苗族中,有时候也把"椎猪"叫作"吃猪",但实际上"椎猪"与

"吃猪"有所不同。当地苗族"吃猪"分为两种:一种是"吃忌猪",另一种是"吃棒棒猪",又称"椎猪"。祭祀对象不一样,该椎牛还是该椎猪以及吃猪的方式与场合都可能不一样。比如巴代雄祭祀,神灵不同,所椎就不同。祭大祖椎牛,祭元祖吃猪,祭寨祖(敬当坊土地)椎猪。按祭祀类别和祭祀场合来分,吃猪有堂屋吃猪、火炉神壁吃猪、椎牛吃猪、接龙吃猪、众寨吃猪、吃棒棒猪和吃娘猪。巴代扎(客师)与巴代雄(苗师)的祭祀仪式各有不同,其椎牛、椎猪或吃猪的具体情况亦因此而有差异。

(本章由陈桂、杨文超调查,陈桂撰写)

第十五章　排碧板栗村

排碧板栗村原称板栗村，因董马库乡、排碧乡、排料乡三乡合并为双龙镇，而原董马库乡也有一个村叫板栗村，故并镇之后在板栗前加上"排碧"二字，以区别于原董马库乡的板栗村。排碧板栗村属湘西古代苗黎部落的聚居中心，具有两千多年的历史，"板栗村"名称因板栗树而来，在20世纪60年代以前，村寨内漫山遍野都是板栗树，但因村民当时没有生态环境保护的意识，砍掉了很多老的板栗树，山上就长满了荒草，覆盖了很多小的板栗树，对板栗树的生长极为不利。时至今日，只有板栗村口几棵百年以上的老板栗树作为板栗村的一个象征了。2014年11月，排碧板栗村被列入第一批中国传统村落，被国家民委列入"十二五"时期全国少数民族特色村寨保护与发展名录。

第十五章 排碧板栗村

一、村落概况

(一)地理生态环境

排碧板栗村地处花垣县九黎部落群核心区双龙镇北面,平均海拔670米,正处在寒武系统界线排碧阶"金钉子"国际地质公园内。其周围有峥嵘的山崖、千尺的小龙洞瀑布、纵横的溪流,是一个有着古老神话和颇具传统特色的民间文化、民族风情浓厚的纯苗族村寨。

板栗村耕地面积1045亩,林地面积1900亩,退耕还林面积560亩。湘西世界地质公园位于云贵高原北东侧与鄂西山地南西端的接合部,总面积2710平方公里,是一个以岩溶景观为载体,以奥陶系红石林、寒武系"金钉子"和切割高原型峡谷景观为核心,辅以古生物化石、典型地质现象、古冰川气候事件的公园。公园森林覆盖率高,生物多样性丰富。其中,珍稀子遗植物多种,有水杉、珙桐、银杏、南方红豆杉、香果树等;药用植物985种,含杜仲、银杏、天麻、樟脑、黄姜等19种属国家保护名贵药材;观赏植物91科216属383种。

(二)村落由来

排碧板栗村苗族村民共有四姓,分别为石、吴、龙、秧。石姓皆出于同一个祖宗,现有110多户,人数最多,约占全村人口60%。吴姓人数次之,约占全村人口35%。龙姓有二三十户,秧姓则只有一两户,两姓人数只占全村人口5%。

据苗族赶秋节国家级传承人吴

排碧板栗村大门

海深老人介绍,最先迁徙至此的是石姓,吴、龙、秧三是后来者。

据说石姓人家因避战乱,先从江西迁徙至湖南通道,后又从通道徙至湘西的泸溪,并在泸溪居住了很长一段时间,而后再次搬迁至吉首的高岩村。在高岩村居住的时候,石姓兄弟俩产生矛盾,因此分家。弟弟八宝搬迁到龙潭。哥哥在分家后死于凤凰,他的四个儿子有两个留在凤凰巴容。另外两个则迁到现在的芷耳村,继而迁到岩锣、四新、板栗。搬迁到板栗时,石姓住在今板栗村的外边,此时尚未正式定居下来。后来,石姓老祖宗在新寨放牧牛羊,发现牛羊不常回去于是便认为新寨是个吉利的地方,遂再搬迁至新寨。在新寨时,石姓五兄弟分家、老大、老二迁往四新,老三住在现在板栗村新寨的地方,老四、老五后来搬到今板栗村的后寨。

石姓五兄弟分家后,在很长一段时期内板栗的人口都不多,在生存竞争中处于不利地位。故此,为了发展人口,壮大村寨力量,从董马库迁来的吴姓留在了板村。后来,有秧姓人从板栗过路前往麻栗场,在村中住宿一夜,被板栗村人挽留在此定居。而龙姓,原十八洞,因有女嫁来板栗,发现板栗山好水好,是个宜居之地,所以搬来板栗。

板栗村最早居民——石姓何时定居板栗,根据传说和故事无法推定具体年代,但一些老人认为是在唐宋时期,迄今至少有一千多年了。据当地老人说,在明清两世,版东村是吉首至保靖官道的补给站,而村内至今尚存石连华、石兴邦、吴文进、吴兴齐四户人家明清时期的古民居。由此保守地估计,至晚在明朝时期板栗就已经成村了。

板栗村原先有垒石围墙环绕护寨,设三处防盗防匪入侵的大门。"文革"时期,护寨垒石围墙被毁,现仅存小部分。

(三)村落人口

湘西土家族苗族自治州花垣县双龙镇排碧板栗村是一个以苗族为主的村落。村里住房主要是瓦房、吊脚木楼,还有古老的四合院。在板栗村,五座梅花形小山是其特色,就是这些山脉孕育了著名的苗族民俗文化村——板栗村。排碧板栗村总面积2.5平方公里,排碧板栗全村有5个自然寨,10个村民小组,共315户1456人,其中劳动力667人。2018年义务教育适龄儿童73人。据统计,2014年人均纯收入仅1900元,村民收入来源以外出打工,种水稻、玉米、烟叶为主。该村村民还组建了表演队,承接赶秋节等表演活动,收入有一定的改善。

在这块神奇的土地上,居住着300多户苗族民众。半个世纪以来,随着社会的进步,经济不断地发展,现代化不断向前推进,但这里的苗族传统文化仍然保留得比较完整,富有特色。

二、文化遗产

(一)物质文化遗产

1.古民居

排碧板栗村地处湘西世界地质公园范围内。

正因为有了文化斑斓多姿、民族风情浓郁的苗族群众生息在这片土地上,使湘西世界地质公园成为了融自然山水、人文景观、民族风情于一体的综合性地质公园。

在这片台地峡谷之上,万年前便有人类活动的痕迹,依托着这里神奇的地形地貌和丰富的生态资源,造就了这神秘而悠远的民族文化。近年来,虽然随着社会的发展,生活的改善,板栗村出现了很多新式的砖瓦房,但依然保留着一部分古民居。现在村

排碧板栗村的岩泉古井(许苏华 摄)

落的房屋主要是瓦房、吊脚木楼,还有古老的四合院。从山顶俯瞰村落全景,村舍错落相连,层层叠叠,碎石块铺成的村道在房舍之间迂回穿插,沿着山体逶迤攀升到山顶。

2."金钉子"

2002年,排碧板栗村被国际地球科学联合会确立为全球地层年表寒武系的首枚"金钉子"标本地。标本地剖面全长1.7公里,它确定了寒武系芙蓉统的底界。排碧板栗村因此拥有全球第一个寒武系地层"金钉子",并在此基础上建立了一个地质公园。

在地质上,常常将确定和识别全球两个时代地层之间的界限的唯一标志,称之为"金钉子"。其概念源于美国铁路修建史上的"金钉子"。"金钉子"相当于给全球年代地层"打样"。2003年2月经国际地质科学联合会终审批准,寒武系的首批正式年代地层标准单位和寒武系内的首个"金钉子"在湖南花垣排碧地区被正式确立。排碧"金钉子"的确立,为全球研究寒武系地层提供了标准,为研究全球近5亿年来的地壳运动、环境变化、生物演化提供了重要的科研基地和科普教育场所。作为全球第一个寒武系地层"金钉子",它同时又是重要且不可多得的地质遗迹。它的成功获取往往标志着一个国家在这一领域的地学研究成果达到世界领先水平。多次的造山运动,形成了复杂的地表地貌和多样的气候条件,为动植物栖息繁衍提供了良好的场所,也为后世迁徙定居于此的苗族群众留下了一个景色多样、优美的自然环境,为旅游开发提供了优越的先天条件。

(二)非物质文化遗产

排碧板栗村目前有国家级非遗项目赶秋节、省级非遗项目绺巾舞、州级非遗项目太阳会、县级非遗项目苗绣等,拥有多个国家、省、州各级非遗文化传承人。美术以及其他各种民俗文化活动也发展得较好。

第十五章
排碧板栗村

1. 民俗

(1) 赶秋节

苗族赶秋,在民间也称"交秋",或称"赶场秋""秋节"。因为历史上赶秋通常是在苗族聚居区集市(圩场)举行,故有"赶场秋"之称。历史上的"秋场"不是固定的,它是按当年的立秋日的数字来轮换秋场。如湘西地域的农历一至五日为一个地域一轮场,以此推算,一月六个轮回,一个轮回五天。立秋对哪天就在哪个场举办赶秋活动,这种轮换秋场的办法自古至今流传不变。然而,这种规定不是硬性的。如果当年轮到的场主放弃主办权,或更改主办权,其他秋场的当地人则可以替代主办当年的赶秋活动。此外,每年的赶秋活动不局限于立秋当天,它可以根据民间意愿和民众要求,可以在不同时间(秋季内)不同地点举办活动,次数不限。历史上俗称"复秋",或称"重秋",即重复赶秋之义。

每年立秋,遇到哪个圩场,这个圩场便是当年的"秋场"。苗族群众穿着节日盛装,从四面八方来庆贺。这时,正值庄稼成熟,丰收在望,苗家年长者才有闲情逸致,"赶秋"助兴;青年男女则三三两两,寻情会友。秋场上人山人海,热闹非凡。"赶秋节"起源于何时,尚无文字记载。据1940年凌纯生、芮逸夫所著的《湘西苗族调查报告》记载,苗族中有一种打秋的游戏,颇为可观。他们每于节假有集会或过新年时节时,在一广场中搭起秋千架,上扎有二秋轮,每轮四叶,每叶系绳及板,即成一秋千架。每轮之上坐男或女四人,随轮转动,随转随唱,男女对唱。

关于苗族赶秋节,传说洪荒时代的"毒蛇猛兽和魑魅魍魉"常来进犯,战争打了很久都没有结束。在一个秋高气爽的夜晚,激战中,苗家人把施行妖术的魔头"加狎、加狞"捉住,剥其皮来蒙做鼓面,削其骨作鼓槌,击鼓舞蹈,欢庆胜利。苗族先民把妖魔消灭以后,开始过着如苗语"古老话"所说的"人生定位得其所,世间万物都畅生"的安稳日子,开荒种地,发展生产。待到金秋时节,稻粟满仓。苗族先民畅享太平盛世,但不忘峥嵘岁月。先民们把战胜"妖魔"和丰收在望的"立秋"时节,当作胜利的标志,每年聚集一次,热烈庆贺。如此以往,惯例遂成节日。

(2)拦门酒

拦门酒是当地苗族迎接宾客的一种形式。一般是在村口或在秋场门口拦门阻客,客人对歌喝酒,酒毕才被放行进入秋场。此种迎宾形式即喝拦门酒。拦门敬酒是苗族现代的迎宾形式,与传统有所不同。在过去,只有椎牛的时候才有拦门敬酒迎客,而现在非椎牛的时候也都有。

(3)接龙

民间接龙队伍由领头者装扮成龙师,在前面手持瓷碗边敲边吆喝,后面跟两人各持红绿旗一面,其他人牵一长帕子组成龙形,随后由一群美丽的苗家姑娘身着节日盛装,右手打花伞,左手持帕,旋伞起舞,时隐时现,表示龙随雨来了。在归途中插上无数面彩旗以示引龙归家。表演动作有龙翻身、龙出洞、龙现爪、龙穿花、跳龙门、龙抢宝、龙进门、关龙门、丢粑粑等。苗族夹马号、包包锣,加上锣鼓唢呐齐奏,气氛十分热烈。

(4)鼓舞

《永绥厅志》苗俗记载,苗族鼓舞不仅历史悠久,而且内容丰富,形式多样,姿态优美。从内容上看有颂扬民族进取向上精神的舞,如团圆鼓舞、兼鼓、拍鼓、掀杆、击鼓、背剑、攀藤、戏秋等;有反映勤耕细作的农事舞,如犁田、耙田、插秧、打谷等;有表现社会活动的,如伐木、锯料、扯炉、打铁等;有反映家庭劳动的,如推磨、纺纱、织布等;还有摹拟人或动物活动的,如美女梳头、水牛擦背、猴子打鼓、双人舞、群舞、男子鼓舞、女子鼓舞、徒手舞、猴儿鼓等。这些舞蹈各有其特点,有的动作舒展大方,有的温婉妖媚,有的豪放刚健。鼓舞点法较多,节奏明快,常与唢呐一同演奏,用于鼓舞的曲牌有《捡菌子》《麻花香》《古黄策》等。

(5)打(荡)八人秋

打八人秋是苗族赶秋社交娱乐性节日习俗。其秋千为轮状,高约6米,可乘坐8人,俗称"八人秋"。"秋轮"不断旋转,有时转有时停。俗规是,当秋千停止时,处于秋千顶上的人须唱歌,有许多青年为了能在众多姑娘或者小伙子面前表现,很乐意被罚唱歌。活动快结束时,由群众推选两位有声望、唱歌里手的一男一女扮成"秋公""秋婆",向成千上万的群众预祝五谷丰登。荡八人秋还有一个传说,传说是苗族群众定居的崇山地方,有个村落叫大惹寨,寨中有个青年名叫巴贵,人们习惯地把他叫作巴贵大惹,他勤劳勇敢,能骑善射。有一天上山打猎,突然,天空飞过来一只雄鹰,嘴里衔着一物非雀非兽。巴贵见了,心生疑窦:"鹰嘴衔的是什么东西呢?"弯弓搭箭,"嗖"地一箭射去,此物掉落,巴贵上前拾起来看,是一只秀美别致的花鞋,心情激动,爱不释手,认定这必是出自一位年轻貌美、心灵手巧的姑娘之手,不妨找来认识一番。从此,日思夜梦,想方设法,请来能工巧匠,模仿单人秋千的形式,做了一架能坐八人的秋千,利用"赶秋"这一天,竖在"秋场"上,招徕四方男女青年前来"坐秋"对歌。果然,不出所料,名叫巴琅的姑娘,亭亭玉立,在人群中看见巴贵手拿花鞋,认定是自己所失,姗姗而来,巴贵上前搭讪,二人一见钟情。后来结成幸福美满姻缘,佳话流传千古。人们为了缅怀他们,尊称他们为"秋公""秋婆"。每逢"赶秋",敬请出场,祝福苗家安居乐业,人寿年丰。

(6)上刀梯

上刀梯是苗族法师从师作法的盛大仪式。凡任法师,都必须举行上刀梯仪式,经师傅正式传法后,方能独立主坛,替人酬谢神还原,消灾解难。法师数十人,穿红衣、包红巾、戴冠叉、扦马鞭、披绺旗、持牛角丝刀,每队锣鼓一套,帅旗一面,排列先后,依次而行,演乐行法,走至刀场,牛角齐吹,绕场一周。兵分两股,左右齐行,谓之"穿街"。有头街、二街、三街之别。二街穿毕,法师集合老君殿下,吹牛角,舞绺旗,全场庆贺。庆贺毕,始使法,同时,场中还玩龙舞狮,表演苗族绝技如咬烧红犁口、踩烧红犁口、吃碗摸油锅及苗族武术等。这里讲下上刀梯。一根数丈高的图腾木柱,两面嵌有刃口向上的大砍刀36把,掌坛师傅用大雄鸡一只"放煞""封刀""开刀",口念咒语,念毕,口咬鸡冠出血,染于刀上,巫师们脱鞋赤足登梯。先由引师上,次由新坛弟子继之,再次则不论次序,从一面上去,另一面下来,手不伤肤,足无创痕。法师登至梯顶时,吹牛角,面向正殿口诵咒语,吹角,念咒完毕,于刀梯上表演倒挂金钩、观音坐莲、腹卧钢叉、大鹏展翅并旋转数圈。

(7)椎牛

椎牛又叫"吃牯脏",是苗族聚居区最盛大的祭祀先祖的仪式。追其源最早是祭祀盘瓠和辛女,后演变为以祭祀盘瓠、辛女为中心的内涵丰富的综合性宗教祭祀大典。此俗以一户人家为主,其亲戚朋友协同操办。其祭祀活动缘于苗家某人病重或中年无子,于是向祖先神灵许下椎牛大愿,若病情转危为安或求子得子,即如期举行椎牛还愿活动,以酬先祖神功。

(8)赶边边场

赶秋活动结束,余兴未完,苗族青年男女便三三两两邀去赶场,在田头地尾,在树荫脚下,对歌讲悄悄话,互赠信物,许定终身。这时,太阳偏西而去,有了凉凉的浓荫,有了徐徐的山风,有了一种说不出味道的快乐。那三五成群的苗家姑娘、苗家小伙在树荫下、在溪沟旁坐着对唱情歌,有的干脆撑开花阳伞,一对痴情如醉的男女就躲在下面诉说衷肠。

据老一辈人的回忆,板栗村的苗族赶秋近百年基本没有间断过,因为这里的历史记忆、自然生态、民族风情、传统文化、建筑风格、服饰特色、祭祀文化等基本保持完整。

(9)太阳会

太阳会又称"日月会",苗语称"许黎许鼎",大致是祭天拜日之意,是苗族重阳节的神话传说。

据考证,清朝康熙年间,"太阳会"在民间中还非常流行。活动声势浩大,场面壮观。随着时间的流逝,社会的变革,已被一代又一代人遗忘,太阳会活动中断了上百年。

关于太阳会的神话传说,还是排碧板栗村的乡贤吴海深先生告诉我们的。太阳会(日月会)的神话传说,既反映了苗族先民对大自然的依赖,又反映了他们对美好生活的追求与向往。

吴海深,2017年12月28日入选第五批国家级非物质文化遗产代表性项目名录——农历二十四节气(苗族赶秋)国家级代表性传承人,是一位热爱民族传统文化的乡贤。他从20世纪60年代开始,陆陆续续走访苗乡各地,访问老人,收集了大量太阳会的口述资料,进行整理归纳,最终还原了太阳会完整的原始面貌,并形成文字,将这份珍贵的苗族文化遗产保存下来。不仅是收集整理相关口述资料,吴海深先生还带领排碧板栗村民众,在政府相关部门的支持下,于2004年10月成功举办了中断已达百余年之久的首场苗族太阳会活动,当时观众达四万余人之多。如今,太阳会已被湘西土家族苗族自治州人民政府列入了自治州级非物质文化遗产保护名录。

除了收集、发掘与整理、保存苗族传统文化之外,吴海深还积极招收、指导学生。如今,其门下徒弟有10余人,其中年纪最小的为其孙子吴嘉胤,年仅11岁。除大徒弟施云生是矮寨镇人外,其余徒弟均为排碧板栗本村人。

2.艺术

(1)绺巾舞

绺巾舞乃苗族祭祀性舞蹈,起源于古代,原用于苗族巴代扎(汉法师)法事,因法师手拿道具(绺巾)舞动而得名,多用于傩愿、接龙、椎牛等祭祀活动之中。经过漫长的发展演变,绺巾舞成为富有自身特点的苗族群众性舞蹈之一。

最早的时候,巴代扎做法事时候用的道具是柳枝。为了更好看,后来巴代扎在柳枝上绑上花,然后又用布条代替柳枝。再后来,巴代扎觉得布条还是不够好看,于是就在布条上绣上花,最后用蚕丝织的绣花绺巾。由此可见,巴代扎这个道具是随着社会物质条件的改善和审美水平的提高而不断发生变化的:柳枝—扎花柳枝—布条—绣花布条—绺巾。

如上所述,绺巾舞本是源于巴代扎做法事时候手执绺巾舞动,动作相对简单,并且师承不同而各地巴代扎舞绺巾的动作也有所不同。到了20世纪90年代的时候,传统的绺巾舞已处于濒危状态,会跳的人不多,舞蹈的套路和动作不全。就在这个时候,花垣县排碧乡(2016年该乡已跟董马库乡、排料乡合并为双龙镇)板栗村的吴海深注意到了这个情况,便开始有意识地对绺巾舞进行挖掘、整理,并进一步完善,使绺巾舞动作变化更多,艺术性和观赏性更高。由于现代的绺巾舞既好看,又易学,参与性和观赏性都很强,具有良好的群众基础,因而很快便在苗族聚居区传播开来。笔者在花垣县田野调查期间,发现有的地方甚至直接拿绺巾舞当作健身娱乐的广场舞来跳,抑或略加改编。可以说,现代的绺巾舞,各地都是从排碧板栗村学过去的。

绺巾舞本来的功能是祛邪、镇恶、灭害、除灾等。现代的绺巾由24条绣花布巾连缀而成,长约40厘米,上端宽3厘米,下端宽7厘米,由一根长30余厘米的木棒穿上作柄。每做完一堂法事,则户主必须馈赠一条绺巾给巴代扎。因此,这种道具也是巴代扎功课的见证。跳绺巾舞时,巴代扎身穿红色长袍,头戴黑色帽,帽顶缝一排猪毛,前面围一道凤冠。他左手握绺巾,右手握丝刀。其基本动作有"三拜""撒梅花""拜五云""拜将""飞巾""扬尘"等。其动作柔中有刚、庄重有力、古风浓郁。其歌曲的音乐节奏自由,可长可短,大都以锣鼓、牛角、长号、唢呐、钹等作为伴奏。

现代绺巾舞,表演人数不受限制,极具参与性,富有群众基础。

(2)傩面木雕

苗族傩面木雕工艺源远流长,传承至今。手艺人的工艺水平高,每一件手工雕刻的傩面都是艺术品。排碧板栗村有一位名叫吴正毕的医生,其集苗医、西医以及木雕手艺于一身,笔者在整理访谈他所记录的田野资料时,看到他谈及苗族木雕工艺时是这样说的:"木雕的过程首先要开坛、烧香,工具材料都要祭拜,即开光。开光就是要请神的灵魂,过程不能搞混,不然自己就会受影响。雕一个木面首先要挖三个洞,不然就会成为神,善行,恶不行。"雕刻时,要通过突出五官和面部表情,来塑造所应展现的形象,比如开山雕刻成龅牙、凸眼、歪嘴、满脸麻子的形象。按傩面具的人物性格,所对应的色彩也各不相同,主要以红、黄、黑、蓝、绿、白为主,如红色对应"狂";黑色对应"暴",是做坏事的。

(3)刺绣

苗绣讲究图案对称,疏密虚实得当,动静相间,栩栩如生。在小幅装饰品中布局较密,在大幅装饰中,布局则较疏。苗绣的配色较为讲究,中青年人的服饰和室内装饰用色浓艳，对比强烈，多为红、黄、绿、白等暖色线绣；年长者的服装则多为青、蓝、黑、紫等冷色线绣。在排碧板栗村中老年妇女当中，大多数人只会绣而不会画，既会画又会绣者甚少。如吴海深的夫人是一个既能画绣稿又能刺绣的能手，还是县级苗绣的非遗传承人。

（4）传统绘画

苗画是苗族聚居区民间艺人通过白描的手法描绘的图案，最初作为刺绣样稿的形式创作出来，后来发展成

排碧板栗村苗绣非遗传承人
龙远妹在刺绣（许苏华 摄）

为一种独立的画种。在苗画中，有着生活中常见的植物和生物，也有山川河流、云雾日月、仙人善神以及苗族神话故事中的"鲤鱼跳龙门"等。艺人通过与写实、夸张等方法相结合，融入自己的内心感情，达到了和谐统一，形成了苗族文化的重要符号。赶秋节国家级非遗传承人吴海深及其夫人都是苗画画家。不同的是，吴海深老师能画气势磅礴的大幅画作，而其夫人则只能画小幅的。

苗画（陈桂 摄）

苗画本是刺绣的绣稿，但后来其用途有了很大的发展。除了用在衣物装饰的绣品上，还用于瓷器创作上。

3. 民间传说

除了上述"赶秋""荡八人秋"等传说,笔者在访谈排碧板栗村国家级非遗传承人、"太阳会"民间传承人吴海深时,得知其根据儿时阿公阿婆讲的故事,整理了"太阳会"的传说,还有今天鸡鸣的传说、五大苗姓之"吴"的传说。吴海深对这片土地以及苗族历史与文化有着深沉的热爱,整理创作了苗族历史与神话长篇小说《古苗史话演义》。神话传说反映了苗族先人对大自然的依赖、崇敬和精神寄托。

(1) 重阳节

"太阳会"神话叙述了在盘古开天,混沌开元的年代,因被圣帝诏诰到神农星部的男仙孙达歌和女仙唐玉女到九天相会,致使人间失去光明。苗族民间中有个百岁老人华天,一生从医积善修德,此时他长跪三天三夜,祈求上天。老人久跪,体力难支,晕了过去,做了一个梦,梦中受到了指引。老人去了吕洞山找到吕洞宾的弟子通灵真人,真人也知责任重大,不敢延误,便急急下山来到人间,苗民迅速准备贡品,择日祭天。那时,万民同拜,呼唤上苍,香烟缈缈,直上九天。人间真情感动上天,圣帝自知疏忽,即刻收回成命,召回日月,重阳人间,这天就是九月九日,这就是苗族重阳节的传说。

(2) 鸡叫传说

上述传说当时万里彩虹,天门大开,天庭派吕洞宾下界昭告天下,并钦命天下雄鸡从此要三更啼叫,唤醒日月别忘了明天的大事,午时啼唱,提示他们总算半日了,准备归西落坡吧,提醒月亮该要轮到你了,这就是鸡叫的传说。

(3) 苗族"吴"姓传说

后人为了纪念上述那位有功老人,以口为阳(日),在上,天为人形,在下,组成一字——以吴为姓,以华天为名,故称吴华天土地神,并把其姓尊为五大苗姓之首——吴、龙、廖、石、麻。

4. 巴代文化

笔者在板栗村与省级非物质文化遗产项目传承人石三冬进行访谈,

第十五章
排碧板栗村

他是本村巴代第八代传承人。当苗族家庭遇到病痛或者灾难时,请巴代向傩神求愿,意愿达成之后要还傩愿。石三冬主持还傩愿仪式数量多,熟悉仪式的流程,经验丰富,且自小还学习了敲苗鼓、跳绺巾舞等仪式,多次参加表演活动并获得荣誉。

5.苗医

如今排碧板栗村尚有三位苗医,分别擅长皮肤病、风湿和某项专科。

传统的苗医,在为人治病时是不能收钱的,属半义务性质。苗医一般都是家传,亲生父亲即是苗医的口传祖师。父亲在弥留之际,会告诫后代:做苗医,只准吃,只准喝,但不准收钱。曾有一位苗医因为在包产到户实行家庭承包责任制以前给村民看病虽然按老规矩不收钱,但有工分可拿,所以继续做苗医。分田到户后,因为要养家糊口,若继续做苗医,就没有经济收入,但他还惦记着父亲说的话,所以就放弃了。

当苗医,必须精明,不能是死脑筋。由于没有记载,苗医都是靠口耳相传,现场指导学习,加上病症、医术和苗药都是复杂多样的,如果一个人不够聪明,就难以成为合格的苗医。要成为苗医,除了需要自身多接触苗医师傅,向师傅学习之外,还要有较好的悟性。

要想成为苗医,除了受老辈人的影响,对苗族文化感兴趣之外,更要取决于个人是否具有仁心,而不能取决于钱(轻财是一种功力)。当苗医,必须做到不求名声,不择病人。要正式成为苗医,必须选择一个吉日良辰,举行一个特殊的仪式。在仪式上师傅会问:"冤家对头求医你去不去(帮他治病)?"如若说不去,那么这个人就与苗医无缘。换言之,唯有具备爱心的人,方能当苗医。

一直到新中国成立后的20世纪50年代,当地为人治病的基本上都是苗医。六七十年代当地已经开始有西医,后来人们比较相信西医,原因在于西医能治不少病,而且见效也快,苗医不再像以前那么受到重视。但后来到了21世纪,人们意识到草医亦有草医的好处,中医、西医、草医结合起来的方式也可以接受,对传统药物结合现代的诊断技术也不排斥。对于选择西医还是苗医,选择哪个医生,老百姓持实用主义态度:如苗医的医治效果好,就相信苗医,反之则选择西医。而医治效果,则主要看口碑,认为哪个医生口碑好,哪一种医术的医治效果就会好。从中我们可以看出,当地对于苗医、西医的选择,关键还是看医生的医术。

有的老苗医修为高,治疗很多病都能做到药到病除。老苗医仅凭味道,即通过口尝鼻嗅即可识别不同草药。对于周围分布有什么草药,苗医一定要做到心中有数,以便在急需的时候能尽快找得到,迅速救治病人。

在苗族医药传承方面,苗医现在也在教授自己的孩子。但孩子是否适合当苗医,这就要看缘分。除了苗医家庭传习苗医药之外,民间非正式的传习方式也存在。比如,苗医跟村民聊天,有时候会聊到什么病用什么药以及怎么治的问题,有心者可能就会记住,并在以后遇到同样病情时加以应用。苗医口传容易出现误解,私传主要看品行。初学者要跟师傅学习多年,并要经过师傅不断考验,医术方能大有提高。苗医向来坚持这样的一个理念:医术不精,会害人性命。比如剂量控制,有的药剂量掌握得好就能救人,若掌握得不好也能害人。所以,行医的过程同时也是一个在实践中不断学习提高的过程。在医治病人的过程中,行医者要一直待在病人那里进行观察。例如感冒,用的药是生姜和紫苏,饮水量没有统一固定的量。喝多了有可能导致全身冰凉,所以苗医必须在现场观察,在患者喝药时,通过用手触摸患者身体来感知其体温,进而控制好药量。

草药都是野生的,一般都要留种,不能采尽。雌雄同株的可以采,但也分公母(阴阳),因为两者药效不一样。在不同地方,同一种苗药可能有不同的名字,所以有些苗药可能并没有失传,只是口误世人不知而已。个别秘方的药物比较独特、罕见,其性状主要靠死记硬背,牢记于心。其他普通的常见药物,靠大众口耳相传。苗医有自己独到的用药方法。

反过来,患者对苗医也有影响。苗医药疗效因人而异,不同药物及其剂量因病人的年龄、体重、病情、体质等情况不同而不同,加上医术差异,所以说并非每一个病人,每一种病,都一定能奏效,因而有人信苗医,有人不信。总而言之,现代的苗医已有日渐衰落的趋势。

尽量减轻患者的经济负担,这是传统苗医一直以来坚持的行医原则。上述"做苗医,只准吃,只准喝,但不准收钱"的原则和要求正是苗医"医者仁心"传统精神的生动体现。

6.其他文化

排碧板栗村至今仍然保持着比较完整的苗族传统文化习俗。丰富而浓郁的苗族传统风俗,再加上其独特的民居建筑和优美的自然风光,吸引了大批民俗学者、摄影师、画家前来该村观摩、采风和创作,中南大学、铜仁学院等高校师生纷纷到此挂牌成立美术写生基地、摄影创作基地、田野调查基地和实习实践基地。

该村位于山坳之间,地势相对平坦,能为举办大型活动提供广阔的场地和空间,因此排碧板栗村经常被定为苗族大型节日的承办方和举办场所,比如2015年由政府牵头举办的大型苗族民俗活动"赶秋"举办地就在这里。

板栗村人勤劳古朴,传统的手工艺品生产成为该村苗族群众新的经济增长点。其手工艺品也成为当地大型活动中抢手的文化产品。2005年9月,板栗村以其浓厚的苗族文化和文明的乡风民俗,荣获湖南省"民族团结进步模范集体"光荣称号。

群众是文化的载体,活动是文化存在与展示的形式。排碧板栗村苗族文化有着良好的群众基础,其文化活动丰富多彩,使得苗族传统文化有了赖以生存的深厚土壤和进一步发展的巨大空间。

比如,排碧板栗村是花垣县2020年赶秋系列活动的主会场之一,村干部和民众一如既往地积极参与。在驻村工作队和村"两委"的组织下,参演群众紧锣密鼓地排练接龙舞、舞龙等节目,加工制作道具。尽管时值盛夏,烈日炎炎,酷暑难耐,但积极、热心的参演群众依旧不畏困难,每天坚持排练八九个小时,不断地打磨节目,精益求精,力求表演得更好,以便将苗族传统赶秋节目的精彩和苗族人的良好精神面貌展示给各方来宾。节目总策划人、苗族赶秋国家级传承人吴海深,虽年过七旬,但依然不辞劳苦,亲临排练现场指导。最终,吴海深及村邻们胜利、圆满地完成了赶秋节的表演任务。

由此可见，优秀传统文化非得有热爱民族文化、热心参与的民众方能形成其保护、传承与弘扬的生存土壤。排碧板栗村也正是因为有着吴海深这样的民族文化带头人和良好的群众基础，所以才得以保存较为完整的苗族传统文化，并使之保持顽强的生命力，继续绽放出夺目的光彩。

除了自身的努力，县、乡两级政府也给予了排碧板栗村很多支持和帮助。在政府的支持、帮助和指导下，该村多年来积累了丰富的文化活动经验，既具备优越的自然条件，又有良好的群众基础和参与大型传统文化活动的实力，还有策划、组织活动的能力。可以毫不夸张地说，这样的条件在整个花垣县都是首屈一指的。依托着全村一千多群众和爱好民族文化的人士，在吴海深这样能策划、能组织、能指挥、懂文化的能人和村"两委"带领下，排碧板栗村成为了一个富有实力的民族文化村，对苗族优秀传统文化传承与发展起着重要的作用。

政府相应建立了法律保护机制、分级管理机制、传承培训机制、网络推介机制、节会展示机制、资金保障机制，制订了相关保护计划等。该县在2017年12月制定并颁行了《花垣县非物质文化遗产项目代表性传承人管理办法（试行）》等地方法律法规，建立了传承人档案，为传承人提供基本生活费补贴，帮助其挖掘整理祖传资料，办班授徒。就苗族"赶秋"而言，其保护内容主要体现在保护传承人、保护节目、保护文化表现形式三个方面。把对有重大影响的代表性传承人的保护放在首位，同时，加强对青少年进行"传习"培养。

这里有着古老的神话和颇具特色的民间传统文化，其浓厚的民族风情更增添了苗族文化神秘的色彩。民族文化是湘西的一大特色，而排碧板栗村又是一个民族文化积淀厚重的古老村落，其民族文化的传承与发展意义重大。在社会快速发展变迁中，挖掘和发扬民族优秀传统文化将对本土的发展起到不可估量的推动作用。就如苗族盛大的节日赶秋，有着内容和形式十分多样的艺术特点，有歌，有舞，有祭祀，有体育。苗家人都会参加或者举行赶秋活动，参与者成千上万，是社会和谐稳定的载体，同时也起到促进文化传承与发展的作用。

苗族历史悠久,虽然史料稀少,但口传至今而留存下来的民族文化并不单薄。在排碧板栗村田野调查的过程中,笔者感受到,从普通村民到爱好民族文化的有识之士,无一不是苗族文化的传习者和发扬者,整个村落凝聚成一个整体,虽经千年风雨沧桑但依然保持着顽强奋发的民族精神和多元独特的文化力量。

(本章由陈桂、杨文超调查,陈桂撰写)

第十六章　十八洞村

　　十八洞村位于湖南省湘西土家族苗族自治州花垣县双龙镇西南部，紧靠吉茶高速、209和319国道，距矮寨大桥13公里、县城34公里、州府吉首市38公里，交通便利。村民最初在梨子寨山脚下洼地聚居，后来由于山体滑坡等自然灾害的影响和人口增多，逐步迁至高处分散居住，遂形成梨子寨、当戎寨、飞虫寨、竹子寨四个自然寨。十八洞村一直没有间断地保持着近缘聚居地。封闭的地理条件，使其免受外界干扰和战乱，世世代代在这块并不算富饶的土地上繁衍生息。而他们建造的村落和房屋，将历史发展的脉络清晰、完整地记录下来。经过近百年稳定而不间断的发展，十八洞村形成了独具地域特色的乡土文化，并反映在乡土建筑、乡土生活、宗族道德伦理观念等诸多方面。2016年11月，十八洞村被列入第四批中国传统村落名录，2017年11月，十八洞村被评为第五届"全国文明村镇"。

第十六章
十八洞村

一、村落概况

(一)地理生态环境

十八洞村地势较高,平均海拔780米,年降雨量1300毫米,年平均温度15℃,生态环境优美,人文资源丰富,原生态文化保存良好,是武陵山区传统村落文化研究的典型代表。

全村总面积有14 162亩,其中,耕地面积817亩,林地面积11 093亩,森林覆盖率达78%,因村内有18个天然溶洞而得名。十八洞村是一个苗族聚居村落,下辖4个自然寨,6个村民小组,225户,939人。

十八洞村地处高寒,平均海拔780米,生态环境优美,自然景观独特,享有"小张家界"的美誉。村域内有原始次生森林——莲台山林场。莲台山是一座天然氧吧,也是理想的避暑胜地。20世纪六七十年代,为响应毛主席关于"知识青年到农村去,接受贫下中农的再教育"号召,60多名知识青年来到莲台山林场开展建设,故命名为"知青林场"。高明山是从苗语"枫树山"音译而来的,山上环境优美,开垦有高山梯田。有"第一奇洞"之称的夜郎十八洞位于村域之内。十八洞共有6个入口,洞穴长度大于1000米,深度约150米,支洞彼此交织相连,洞内发育有鹅管、石笋、石柱、石钟乳、石花、石鳗、石葡萄等。梨子寨、竹子寨下有深邃的十八洞大峡谷、天洞天生桥、鬼洞天生桥等喀斯特地貌景观。总之,十八洞村是一个景色优美,气候宜人,十分适合旅游、康养的地方,尚有很大的开发价值。

(二)村落由来

十八洞村地处高山岩溶地区,区域内峡谷溶洞相间,十八溶洞群,洞洞相连,十八洞村也因此得名。相传,古夜郎国某次战败后,其一支系辗转逃亡,逃至湘西时发现了一个能容纳几万人的大溶洞,且洞内十八岔路,洞洞相连,故名夜郎十八洞,简称十八洞,便在此定居下来,休养生息,繁衍子嗣。

虽然夜郎十八洞的故事发生在秦汉时期,但实际上苗族先民在此生活的痕迹仅能追溯到明清时期。由于苗族没有文字记载,苗族最早迁至此地的具体时间已不可考,只能从村里一些老人口中得知。

据施老记(1951年生)讲,明清年间,当地苗族祖宗最早先是从泸溪搬到如今吉首市的矮寨。迁到矮寨的祖先到处打猎,他们到了十八洞村所在这座山,看见山后面有一排老树很大。那里是平地。树上有一只鸟,祖先就用鸟枪去打鸟。打中后,鸟就掉下来了。但祖先去捡鸟的时候,发现那里有一个泉水井(现在已经看不到,对面引水来后就不用那个井了)。这个祖先看来看去,觉得这座山的风水好,但是家人都觉得这里不合适建寨子。那个祖先懂风水,就搬来定居在这里了。以前当地有一本书,叫作《夜郎十八洞》。写这本书的人是个教师,在排碧教书,是当地最会讲故事的,他说几千年前这里真的有十八洞。八仙里边有个仙人住在他们这个地方,神仙住的时候叫作十八洞,神仙走了之后,他们就不要这个名字了,这个老师又重写了这个故事,叫作夜郎十八洞。那边有个吉卫镇,有个老卫城,夜郎国国王要在这个老卫城建立夜郎国,贵州的夜郎,是从这边搬过去的,他说,这个地方不能通水,这水拐个急弯,拐到凤凰去了。后来,夜郎国建立,这儿水不够了,就搬到贵州那里了。国王就把这里叫作夜郎十八洞,去老卫城,找老人问,那里有座山叫作夜郎山。明朝的时候,朱元璋有个女儿嫁到那里,在那里拴马了,后来就把那座山叫作套马山,又叫作颈马山,一直叫到几年前。现在那里也改名了。当地看到这里改名叫十八洞,他们也就把颈马山改叫作夜郎山了,他们的腊月村改成夜郎村了。

民国时期,又有一部分苗族支系从保靖府(现保靖县)迁到此地。2005年根据县政府的规划,将原飞虫寨和竹子寨合并,行政村拟取名为"夜郎十八洞村"。后来经过村民建议和反馈意见,政府遂同意改名为"十八洞村"。

（三）村落人口

据该村编写的《十八洞村概况（2019年）》介绍，截至2018年10月，十八洞村辖梨子、当戎、飞虫、竹子4个自然寨，6个村民小组，239户，共946人，其中，梨子寨27户共108人，当戎寨30户共121人，竹子寨81户共334人，飞虫寨101户共383人。姓氏以施、杨、龙三大姓为主，现今全村除个别嫁入本村的妇女外均为苗族人口。

（四）经济与社会发展状况

1. 教育发展

十八洞村民甚为重视子孙教育。民国时期，当地先进知识分子施先达在自家堂屋开设了当地第一家民间私塾，适龄儿童无论贫富皆可入学，由施先达亲自教授基础知识。

"施先达是我们这儿的大善人，那时候他经常给一些穷苦村民免费送吃的，一年交几斤米或者几斤油就可以去他的私塾上课，如果有实在交不起学费的孩子，施先达就会让他免费上课。"一位施姓村民对我们说。

1977年，十八洞村建起了第一所有两层校舍的学校，聘任两位教师。至20世纪90年代，学校只剩下一位教师在职，旧校舍年久失修已然成了危房；2000年政府拨款5万元重新修建小学；发展至2013年，全村有适龄儿童77名，全部入学就读，其中就读排碧乡十八洞竹子小学儿童13名，就读排碧乡排谷美小学儿童25名，就读排碧乡九年一贯制学校儿童19名，随父母在外就读儿童20名（数据来自《花垣县排碧乡十八洞村2014—2016年精准扶贫工作总体规划》）；2015年1月，十八洞小学和排谷美小学在不撤销原有教学点基础上，建立了教师交流和支教机制，实行了村小学分级分班教学，同时对基本教学设施及食堂、厕所、运动场等完成了升级

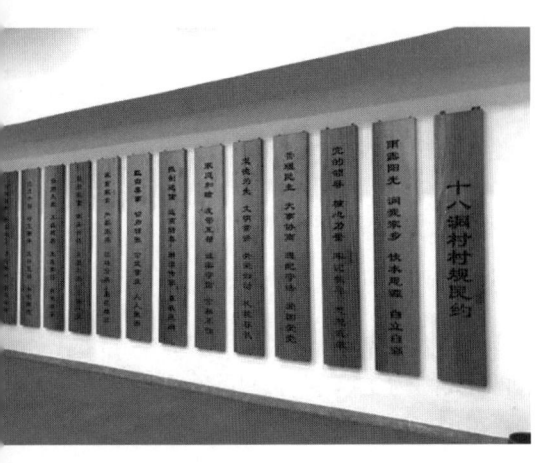

十八洞村的村规民约（陈桂 摄）

改造，继续坚持完善基础教育。此外，十八洞村"一对一"结对帮扶贫困生，提高村民的受教育水平，对贫困生开展素质教育。

在村民素质培养和文化提升方面，十八洞村在2014年1月首次推行思想道德星级化管理模式，即在村里每半年开展一次道德评比，以组为单位互相评分，对象为16岁以上的全体村民，内容包括社会公德、个人品德等六大板块，每户按家庭成员计平均分，90分以上为五星级家庭，80~90分为四星级家庭，以此类推。从2014年开始，十八洞村定期举办"道德讲堂"活动，由村民自愿上台，讲述村里的典型人物和优秀事迹。例如火车轮下救人的龙某、拾金不昧的杨某等，为十八洞村群众树立了榜样，达到潜移默化的教育效果。2014年11月3日，十八洞村举办了首届"11·3"颁奖晚会，由村委会代表全体村民表彰48名表现突出的道德模范。同年，十八洞村村委会通过召开村民大会，广泛听取群众意见和建议，结合村里实际情况，制定了包括村寨建设、民风民俗、文明礼仪等多项内容的《十八洞村村规民约》，经公布和讨论，由每一户的家庭代表按下手印后正式生效。村规民约要求在村民间形成互相监督机制，村民要发自内心地遵守村规民约，以维护村寨名声和荣誉。有了村规民约的引导和约束，村内文明之风始盛，最后大家都养成了遵纪守法、崇尚文明的习惯。正是因为村寨文明风气炽盛，十八洞村在2017年11月被评为全国文明村镇。

2.基础设施建设

十八洞村的基础设施建设经历了一个从无到有、从有到优的长期发展过程。20世纪90年代前，村民基本上都没有什么现代家用电器，电灯可以说是大部分村民家中唯一的照明设备。房屋破败的多。很多房屋由于墙壁是用泥巴、竹篾和木板糊起来的,一到冬季便会漏风,无法抵御严寒。

由于地理位置偏远,十八洞村以前只有一条小路通往外界,交通甚为不便,鲜有外人进村。1999年十八洞村修建了第一条进村公路。2012年完成十八洞村村寨大门以及村部的修建,对村内连接各自然寨的主干道进行拓宽硬化。2021年3月下旬,花垣县交通局开通了县城至十八洞村的公交线路,解决了各地来宾到十八洞村旅游、参观、学习的不便。新开通的这条公交线路起点站为花垣县城南汽车站,终点站是双龙镇十八洞村,单程总时长约为1小时20分钟,途经麻栗场、马安、排碧等村庄,每天开行6班,旅游旺季开行班数会有所增加。以前没有公交的时候,十八洞村民要去县城办事非常不方便,并且现在到十八洞村的游客越来越多。这条公交线路的开通,将有利于十八洞村的旅游、农副产品等产业经济进一步加速发展。

2013年,"精准扶贫"政策提出后,十八洞村在上级政府的大力支持下,按照"统一规划,保持原貌,节俭实用,协调美观"的原则,积极推进水、电、路、房、通信、环境治理"六到户"工程和危房改造、改厨、改厕、改浴、改圈的"五改"工程,不断完善基础设施,极大地改善了村民的居住环境。截至2020年,十八洞村相继完成了大门升级改造,梨子寨公厕改造,梨子寨观景平台和护栏建设,飞虫寨、当戎寨和竹子寨太阳能路灯的安装,两处较大地质灾害治理等多项工程。据统计,共改造民居106户,改特色竹板墙12户、改厕10户、改圈21户、改浴18户、改厨65户、新建沼气池11口、新修梨子寨主停车场一个、精准扶贫展厅一个、苗族文化博物馆一个、村级标准卫生室两所,改造进村公路5.8公里。有关银行在梨子寨设立了金融扶贫服务站,让村民们足不出户即可享受贷款、取款、转账等金融服务以及办理惠农资金补贴、新农合、新农保、农业保险缴费等。

3. 经济发展

2013年11月3日,习近平总书记来到十八洞村视察调研。在梨子寨与村民进行座谈时,习近平总书记就加快民族地区发展和扶贫开发作出了"实事求是、因地制宜、分类指导、精准扶贫"的重要指示,并要求十八洞模式要"可复制、可推广"和"不能搞特殊化,但不能没有变化"。多年来,十八洞村干部群众牢记习近平总书记的深情嘱托,在各级党委政府和相关职能部门的关心与支持下,在扶贫工作队和村"两委"班子的带领下,围绕抓党建促引领。扶贫先扶

"精准扶贫"首倡地——十八洞村精准坪广场(陈桂 摄)

志、扶智的思路,突出精准识别扶贫对象、精准发展致富产业、精准改善安居环境、精准提供公共服务、精准创新扶贫机制"五个精准",积极探索并总结了可复制、可推广的精准扶贫十八洞模式。

2013年以前,十八洞村生计方式以农业种植为主,2013年全村总收入仅165万元,种植业收入为105万元,占总收入的77%,年人均收入1688元。除农业外,村内无支柱产业,没有集体经济,村民收入来源单一,贫困程度较深。十八洞村人均收入由2013年的1688元增加到2017年的10180元,2017年共脱贫136户533人,贫困发生率下降到1.17%,成功摘掉了贫困村的帽子。经过多年时间,十八洞村经济社会发展打下了较好的基础。在此基础上,依托丰富的自然资源和民族文化资源,十八洞村因地制宜,注重特色,相继组建了苗绣、成志牧业、猕猴桃、油茶种植、山羊养殖、养猪、辣木树种植等九大合作社,明确了劳务经济、特色种植、特色养殖、苗绣、乡村旅游五大产业发展方向,形成了政府、企业、村民三方合力,在经济上实现从"政府外部输血"到"全村自我造血"的根本转变。

十八洞村全村总面积14 162亩,耕地面积817亩,包括水田617亩,旱地200亩,人均为0.83亩,土地资源虽然较周边村寨丰富,但人均拥有量

还是很少。2013年全村种植水稻400亩、玉米100亩、烤烟10亩、西瓜70亩,其他农作物87亩,其中全年水稻收入40万元,玉米收入5万元,烤烟收入32万元,西瓜收入28万元(数据摘自《花垣县排碧乡十八洞村2014—2016年精准扶贫工作总体规划》)。

针对十八洞村人均耕地少、土地贫瘠的问题,十八洞村联合现代农业企业,在县生态农业科技示范区流转土地1000亩建设精品猕猴桃基地,采取"公司+基地+农户"的合作模式,并于2014年成立了十八洞村猕猴桃开发专业合作社,与花垣县苗汉子合作社共同组建十八洞村"苗汉子果业股份有限公司"进行猕猴桃产业开发。公司优先聘请十八洞村农民进行种植作业,同时请中国科学院武汉植物研究所作技术指导。根据专家介绍,十八洞村猕猴桃基地所种猕猴桃属优良新品种,三年即可挂果,五年进入盛果期。届时十八洞村入股村民每人依靠这个项目,每年即可增收5000元。自从习近平总书记莅临该村视察后,十八洞村知名度显著提高,村委会及当地县政府适时抓住机遇,提出"11·3"工程,内容包括每个农户种植10棵冬桃、10棵黄桃,饲养300尾稻花鱼,有收成后,村委将向外兜售每棵桃树的年采摘权,所得利润大部分给种植桃树的农户,小部分留作村里管理平台的开支。客户每购买一棵桃树的年采摘权,即会被十八洞村委会授予"十八洞荣誉村民"称号。在采摘的同时,客户可享受免费停车、免票进门、免票进洞等多项旅游福利。此工程一经提出,不少个人和企业向十八洞村相关负责人表达了购买意向。

在养殖业方面,十八洞村采用"企业+农户"、大户带散户的模式,大力发展养牛、养猪、养鸡、养羊、养蜂等特色产业。如今的十八洞村农业发展往特色、精品的品牌方向在不断靠近,志在提高产品大众化效益,使产品走向大众市场,从而惠及全村乃至周边乡镇。

从已有成果我们可以看出,"11·3"工程获得了巨大成功,十八洞农村经济发展迅猛,给集体和村民带来了显著的经济收益。

十八洞村的手工业主要有苗绣、竹编。

花垣苗绣历史悠久,工艺精湛,图案精美,其中又以十八洞苗绣为经典代表之一。但由于历史等各种原因,十八洞苗绣一直埋没于民间,没有作为一个品牌走出大山。2014年,在州县两级政府有关部门的大力支持下,村里一位苗绣传承人组织十八洞村各寨待业在家的妇女成立了"十八洞苗绣特产农民专业合作社",立社初期便有54名妇女报名加入合作社。合作社定期开展苗绣技能培训,提高绣娘的织绣技艺。由州县两级妇联等相关部门牵头,合作社先后同湘西金毕果公司、花垣蚩尤美苗乡民族民间工艺品有限责任公司等企业达成合作协议,由企业提出设计要求,保证产品销售,而合作社对接企业,接收订单,合理分配给每个农户,进行订单式生产。2015年5月14日,十八洞苗绣作品参加第十一届国际文化博览交易会,其中"凤求凰""喜鹊闹梅""富贵花开"3件作品以7000元的高价成交。2018年,由中车株洲电力机车有限公司联合湖南工业大学、花垣县人民政府、十八洞村苗绣合作社共同设立

村民编制的手工背篓(陈桂 摄)

苗绣国家非遗扶贫就业工坊。工坊的设立,旨在让更多的绣娘回家就业,推动十八洞村苗绣走向更广阔的市场。

除苗绣产业外,十八洞村的手工业产品还有手工竹制背篓。据村民介绍,这些背篓多由村中老人手工编制,一个成品的制作大约需要一到两天时间,售卖价格根据制作难度与大小从20元到100元不等。

在旅游业的开发建设过程中,十八洞村民的商业意识显著增强。在政府和有关专家的指导下,该村高度重视乡村品牌建设,坚持品牌强村的战略,积极申报品牌保护名录,在35个工商类别上进行了防御性注册,一共注册"十八洞"商标72件。另外,聘请专业设计师,经过对十八洞村进行深入考察后设计出十八洞村独有的形象LOGO。十八洞村LOGO整体设计借用了苗族民族头饰及苗绣花纹图案的元素,结合当地的特色文

化景观,将十八洞村形象化。LOGO标志形似汉字"十八",让人一目了然;"十"与"八"之间的创意来自习近平总书记与群众"握手"的元素,既体现出国家关心民众,托住贫困群众,助力精准扶贫,又体现出群众依靠自己的双手勤劳脱贫,创造幸福生活。在颜色搭配上,LOGO采用绿、蓝两色,代表十八洞苗寨的绿水青山就是金山银山,生存致富的基础。LOGO总体设计向群众传达了一个积极的意义,那就是十八洞村民寨众携手同心,共创未来。

十八洞村积极配合上级政府及各部门各单位,大力推进村级金融、电商、邮政综合服务站点建设,为贫困群众提供农资保障、农特产品销售、快递收发、农具购买等服务,使更多的农副产品走向更广阔市场。2015年2月,"十八洞特产"电子商务平台入驻淘宝平台。十八洞村积极向外寻求企业合作。2017年6月,成立了湖南十八洞山泉水有限公司。湖南十八洞山泉水厂是步步高集团投资的精准扶贫项目,项目积极响应习近平总书记"精准扶贫"的号召,以扶助村民脱贫为己任,采用产业脱贫方式帮助贫困农民。该项目投资3000万元,产能规划10000瓶/小时,水厂于2017年10月10日正式投产,投产后直接为十八洞村村集体经济带来丰厚收入(15%的股份+每瓶1分钱扶贫基金)。在劳动用工上,优先考虑本村贫困户和村民,为本村村民提供了一定就业机会,吸引外出务工人员返回家乡,共同建设家乡。截至2019年,十八洞村在外劳动力缩减到200多名,大批的返乡劳动力也给十八洞村的经济社会发展提供了蓬勃生机。

在这些返乡创业、从事商业的外出务工人员当中,梨子寨的杨正邦和施兰珍夫

十八洞村LOGO

妇便是其中的典型代表。夫妻二人上有两个老人需要赡养，下有一对儿女需要抚养，家庭经济拮据，是十八洞村的贫困户。2010年，夫妻二人一起到浙江宁波打工。施兰珍进了一家制衣厂，杨正邦则在中国移动宁波分公司从事网络维护工作。从早期的2G信号维护一直到后来的4G信号维护，杨正邦的工资从每月800元涨到7000元左右。因为担任维护小组组长，同时兼任小组信号维护车的司机，工资高的时候可达万余元。夫妻二人的收入不算低，后来干脆把女儿和儿子接到宁波读书。

2015年4月底，施兰珍带着重新适应农村生活、秋季上小学的儿子回到老家，看到每天不少游客到村中参观、旅游，村邻随便摆个小吃摊都能赚不少钱，于是也摆起一个小吃摊卖米豆腐等。在2015年的后九个月，施兰珍靠小吃摊就纯赚了9000余元。收入虽然比在宁波制衣厂打工少一些，但可以在家照顾老人和小孩，所以施兰珍便决定继续留在家乡，不再出去打工了。

2017年底，杨正邦回家过年，看到寨子里的游客又比上一年多，村邻们的生意都不错，便盘算着开一家"农家乐"，做做农家菜，卖卖熏腊肉，一年赚的钱估计跟在宁波打工的收入差不多。就算收入少一点，也比因在外打工而不能照顾老人强。主意定了，杨正邦决定不再出去，留在家里，与妻子一道在家里开了一家"阿雅农家乐"。因为多年在外见识广的缘故，夫妻二人经营有方，生意不错。2019年，夫妻投入数十万元扩建了一栋占地100多平方米、苗族传统吊脚楼风格的两层楼房，除了继续经营农家乐，还开起了民宿，"阿雅农家乐"升级为"阿雅民宿"，食宿一体，小吃摊则留给老父亲继续经营。

在十八洞村几个寨子中，像杨正邦、施兰珍这样靠外出务工和返乡从商而脱贫致富的例子不少，单是《立此存照：十八洞村精准扶贫档案实录》中记录的典型就有24个。

劳务输出和从事小型商业活动，不仅是十八洞村贫困户，同时也是其他地区很多农村贫困户脱贫致富的有效办法。

此外，十八洞村村委加强对村民进行技能培训，主动对接深圳、广州等劳动力市场,全村300多位劳动力因此实现稳定就业。

作为一个具有典型苗族特色的中国传统村落,十八洞村民俗风情浓郁,原生态文化保存完好,过苗年、赶秋、春节、接龙、打苗鼓、舞龙、八人秋千等传统习俗至今依然盛行。十八洞村四大苗寨有苗绣、苗画等文化旅游产品,腊肉、酸鱼、酸菜、野菜、苞谷烧等产品,都能让游客深度体验传统的湘西苗族风习。

旅游业被认为是十八洞村发展最具有前景的行业之一。十八洞村旅游发展以主题旅游为主,民俗体验为辅。根据景点的特点,十八洞村为游客规划出三条主题线路。其一是以"精准扶贫"重要论述的提出为主题的精准扶贫教育线路,其二是以十八洞、高明山、莲台山为主要景点的风景游览线路,其三是以四大苗族古寨为代表的民俗风情体验线路。

在发展旅游业的同时,为保障村内民众的正常生活,十八洞村在村口处设立客车换乘中心,由摆渡车每天来回接送游客进村出村,防止因过多游客自驾入村,停车占用村民生活区域的情况,也为普通游客提供了便利。村内还有一支由十八洞女性组成的讲解队伍,每天为旅游团进行村内旅游讲解,帮助游客更好了解十八洞村的历史与发展。十八洞村依托其独有的自然资源以及重大历史事件,依托"精准扶贫"重要论述的提出背景,以苗绣、苗画等文化特色旅游产品以及农家乐等民俗体验项目,大力发展乡村特色生态旅游,取得了优异的成绩。

成功的脱贫发展经验,丰富而深厚的民族传统文化资源,大美的自然风光,吸引了众多游客前往参观旅游,使十八洞村成为大湘西"神秘苗乡"精品线路中的一个重要节点。

4. 社会反响

短短的几年内,十八洞村发生了积极而巨大的变化,吸引了《人民日报》、新华网、中央电视台等中央主流媒体,甚至外国媒体纷纷前来,聚焦十八洞村巨变,2016年中央电视台《新闻联播》连续五天推出报道《"十八洞村"扶贫故事》。2017年中央电视台《新闻直播间》连续两天推出报道

《村庄里的中国:再访十八洞村》,《焦点访谈》推出《十八洞村脱贫记》。以精准扶贫为题材的电影《十八洞村》在全国热映,在国内外引起强烈反响。精准扶贫在十八洞村的巨大成功,甚至吸引了一些发展中国家的领导人。2018年6月2日,老挝人民革命党中央总书记、国家主席本扬来到十八洞村,探寻"精准扶贫"的中国经验。

十八洞村各项精神文明、物质文明建设取得了优异成绩,因此先后荣获"全国乡村旅游示范村""全国文明村""全国第四批传统村落""全国少数民族特色村寨""第三批全国宜居镇村""全省脱贫攻坚示范村"等多项殊荣。

二、文化遗产

(一)物质文化遗产

如前所述,作为苗族传统村落,十八洞村民俗风情独特,苗族文化特色鲜明,至今还比较完整地保存着丰富的原生态民族文化。有"第一奇洞"之称的夜郎十八洞位于村域之内。

(二)非物质文化遗产

十八洞村的非物质文化主要有蜡染和刺绣两种。

1.蜡染

蜡染古称"蜡缬""点蜡幔",苗语称为"务图",意即"蜡染服"。蜡染是中国一种古老的防染成花工艺,历史悠久,早在秦汉时期就已经存在。苗家蜡染是以当地特产的蜂蜡调上白醋作为防染剂,在白布上描绘花纹图案,然后经过浸染,最后加温除去蜂蜡晒干而成。

在苗族的传统社会中,苗族女性大都从小便开始学习蜡染技艺。

十八洞苗族蜡染共分五大工序。首先是前期的处理,将棉布用草灰漂白洗净,用煮熟的芋糊涂抹于布的反面,晒干后,将布放在石板上用牛角磨平、磨光;其次是点蜡,将白布平贴在木板或者桌面上,把蜂蜡放在陶瓷碗或金属罐里,用火盆里的木炭或糠壳火使蜡融化,便可以用铜刀蘸蜡,在布上画出各种图案花纹;再次是浸染,将画好的蜡片放在蓝靛染缸里,反复浸泡数次,便得深蓝色。若需要深浅两色的图案,可以在第一次浸泡后,在浅蓝色上再点绘蜡花浸染,染成以后就会出现深浅两种花纹;再然后进行脱蜡,即先冲洗蜡布,再用清水煮沸,经高温去除蜡质。蜡质脱尽之后,布上就会显示出蓝白分明的花纹。最后将清洗过的布料展开悬挂在栏杆上,待晾晒干后即是成品。

十八洞村苗族蜡染融合了世代相传的民族精髓,形成独有的个性,在蜡染中常常使用蝴蝶纹、鱼鸟纹、龙纹、旋涡纹、花草纹等源于自然的图案,蜡染布常用作桌布、帐檐等。蜡染融入苗族群众的日常生活,体现了苗族群众美好的希望及鲜明的民族文化传承意识。

2. 刺绣

苗绣技艺是十八洞村重要的民族非物质文化遗产之一。花垣县的苗绣历史悠久,其中以十八洞苗绣作为其典型代表之一。十八洞苗绣艺术风格秀丽,色彩鲜艳,图案多来自现实生活且偶尔带点夸张想象。绣图讲究对称、平稳,在衣袖、裤脚、围裙等边角或小样装饰品中,布局较密,而在上衣等大面积的装饰品中则布局稍疏。十八洞苗绣对图案的配色颇为讲究,中青年人的服饰多用色差对比强烈且较为鲜艳的绣线,诸如红、黄、绿等明亮色线,老年人的服装则多用青、蓝、紫、黑等暗系色线绣成。

十八洞村苗绣传承以苗绣县级传承人石顺莲为代表。石顺莲从12岁开始跟母亲学习苗绣,2014年退休后,她带领村里部分绣娘组建了十八洞苗绣合作社,定期开展苗绣培训,提高绣娘技艺;向远道而来的游客和专家学者介绍十八洞村苗绣的历史和特色,为传承苗绣文化作出了巨大的贡献。

在此过程中,她也遇到了一些困难。"苗绣发展,现在主要面临几个问题。一是做苗绣的人越来越少了。我们十八洞村苗绣合作社刚成立的时候,有54个人报名参加,现在还常常来绣的只剩10来个人了。二是苗绣传承人的补贴问题。补贴少,偶尔还会出现连续几年不发补贴的情况。再就是申报传承人门槛过高。总之,现在老一辈的绣娘年纪越来越大了,但年轻人也不太愿意学。其实我们十八洞村苗绣还是很有文化价值的。"石顺莲对我们说道。

(三)传统习俗

1.赶秋节

苗族赶秋节是苗族群众在立秋时进行祭祖等各种传统文化活动的节日。赶秋节历史悠久,是苗族先祖传承下来的非物质文化遗产,既有历史的厚重感,也有适应时代变迁的创新性。2016年中国"二十四节气"被列入联合国教科文组织人类非物质文化遗产代表作名录,花垣"苗族赶秋"随中国"二十四节气"打包申报世界非物质文化遗产获得成功,使得赶秋节日益为世人关注,赶秋节成了湘西及苗族一张经典的文化名片。发展至21世纪,赶秋节早已不仅仅是一个庆丰收的传统节日,还是一个内容十分丰富的综合性节日。赶秋节承载的是苗族祖祖辈辈文化创造力和对美好生活的向往,它的一系列仪式与传说、活动构成了一套经典的苗族赶秋文化体系。

赶秋当天,苗族男女老少,均着盛装出行,从四面八方汇聚到秋场一起庆贺丰收季的来临。与此同时,苗族青年男女也可借节日时机,在此会友寻情。遇到情投意合者,即可建立恋爱关系,甚至定下终身。

花垣县各地苗族赶秋节一般在农历"立秋"当天举办,按规模的大小与参与人数的多少,有一村单独举办,也有若干村联合举办的。每年赶秋节的举办地点不固定,如2017年在双龙镇十八洞村举办,2018年在双龙镇排碧板栗村举办,2019年在花垣县体育广场举办,2020年在双龙镇排碧完小举办。

赶秋节活动众多。从开始到结束,节日的每一项活动都有着不同的

第十六章
十八洞村

仪式和特殊的意义。

下述即是十八洞村赶秋的主要活动内容。

拦门酒。拦门酒是苗族的一种迎宾形式,也是赶秋节第一道仪式,即在村寨或坪场门口拦门阻客,远道而来的客人们须得与东道主对歌喝酒,酒毕方可进入秋场。

接龙。接龙队伍须得由一人担任领头者并扮成龙师,在队伍前面手持一瓷碗,边走边敲边吆喝。龙师身后安排两人,一人持红旗,一人持绿旗,剩余的人则手持长帕组成龙的形状,随后一群苗族姑娘,身着苗族盛装,右手打伞,左手持帕,旋伞起舞,以表"龙引雨",队伍表演的动作一般有龙出洞、龙现爪、龙翻身、跳龙门、龙穿花、龙抢宝、龙进门、龙关门、丢粑粑等。伴演乐器一般有苗族夹马号、包包锣以及锣鼓、唢呐。

绺巾舞。绺巾舞是苗族的一种舞蹈,多用于祭祀活动中,可达到镇压邪恶,除灾消害的作用。绺巾是祭师(巴代)手上拿的一种法器,一般由24条绣花布巾联排缀成,长约40厘米,上端宽3厘米,下端宽7厘米,再取一根长木棒穿上做柄。一般来说,每做一场法事,户主须赠予法师一条绺巾。赶秋节每年都会聚齐少则十数,多则上百的巴代和法师,集体跳绺巾舞,向老天祈福丰收。在古代最初的时候,巴代手执的是柳枝,后来为了更好看,就在柳枝上扎上花;再后来则以布条代之,接下来在布条上绣上花。绺巾舞本是巴代做法事时的一种动作。20世纪花垣县著名的苗族文化名人、双龙镇排碧板栗村的赶秋节国家级非遗传承人吴海深遍访各地巴代,将巴代的绺巾舞进行挖掘、整理,最终形成了今天各地常见的群众性绺巾舞。

鼓舞。苗族鼓舞由来已久。相传在远古的时候,有妖魔鬼怪为害苗乡,无恶不作,苗人深受其害,民不聊生。后来,有一个叫亚雄的勇敢青年站了出来,率领苗寨的伙伴们跳下天坑,去击杀魔怪。经过七天七夜的浴血奋战,他们最终将凶残的魔怪击败,还救出了一个叫阿珠的姑娘。为庆贺战斗胜利,亚雄剥下魔怪的皮做成蒙鼓,砍下魔怪的骨头削成鼓槌,尽情敲打,以解心头之恨。这就是我们在十八洞村听到关于苗鼓最初起源的传说。每年赶秋节的鼓舞表演队伍通常由秋场所在地群众组织表演。各村寨自办的活动，其鼓舞则由本村群众表演。

荡八人秋。荡八人秋是苗族赶秋节必不可少的一个互动环节。此习俗最早源于一则"巴贵射鹰"的民间故事。以前苗族有个青年猎户叫巴贵大惹，他上山打猎时，捡到一只从老鹰嘴上掉落的精致绣花鞋。他模仿单人秋千的样子，设计了一个八人秋千，想借打秋千的活动引来各地姑娘，从中找到绣花鞋的主人。结果，他如愿以偿，找到了那双绣花鞋的女主人。两个人一见钟情，最终结成夫妻。后来，八人秋千就一直传下来了。秋千呈圆轮状，高约6米，最多可乘坐八人，时转时停。当八人秋停下的时候，处于秋千顶上的人必须唱歌。荡秋千活动结束后，众人挑选苗歌唱得最好的一男一女扮成"秋公""秋婆"，作为众人的代表，预祝五谷丰登。

上刀梯。上刀梯是苗族巫师作法的一种仪式，现在也是赶秋节活动的一部分，所有巫师在上任前都要举行上刀梯仪式，经师傅认可后，自己方可设坛作法，上刀梯仪式由数十个巫师身穿红黑相间的大袍，头包巾(红色)戴冠，手持绺巾与其他法器，按顺序排列，依次前行，走至刀场，吹响号角，绕场一周，而后分为左右两队齐行，称为"穿街"。穿街要分别穿过头街、二街、三街。在穿二街结束时，巫师在老君殿下集合，吹牛角，跳绺巾舞，全场庆贺，庆贺结束后，便可上刀梯。刀梯是一根数米高的图腾木柱，两面镶嵌刀刃向上的砍刀36把。掌坛巫师开始作法，取雄鸡一只，"放煞""封刀""开刀"，掌坛巫师念咒语，念毕，口咬雄鸡鸡冠出血，将血抹于刀上，随后便让其他巫师上刀梯，按照引师先上、新坛弟子继之的顺序，从一面上去，从另一面下来，巫师等到梯顶时，须得吹牛角，面向老君殿正殿念诵咒语。完毕后，在刀梯上表演倒挂金钩、观音坐莲、腹卧钢叉并旋转数圈。

吃牯脏。通常被称为"椎牛"，是花垣县苗族地区最盛大的祭祖仪式。椎牛祭祀的对象是盘瓠和辛女。源于古时苗家儿女家中，有人病重或中年无子，于是向祖先许下大愿，若得偿所愿，必椎牛以祭。故苗家有人重病痊愈或如愿得子，须如期举行椎牛还祖先愿，答谢祖先福佑。

赶边边场。边边场是赶秋节最后一个活动。其他活动结束后，村民纷纷离去,但依然有一些意犹未尽的未婚男女青年结队邀约在"秋场"边上的草坪或树下(所处即在秋场旁边,故曰"边边场"),聊天对歌。相互有意的男女,可互赠信物,甚至许定终身。

2.巴代文化

巴代在当地存在的年代非常悠久,在历史上一直与苗族群众的生活习俗融合在一起。

据十八洞村第五代巴代扎传承人施某介绍说,在过去,比如当幼童噎食或受到惊吓时,事主往往会邀请巴代扎施法治疗。巴代扎会取一只瓷碗,盛满清水,以拇指、食指、小指三指托住,中指无名指向手心卷曲,后背对着瓷碗,轻念咒语。轻声念三遍后,让"患者"分三次喝下符水。若是作法奏效,"患者"家属还需烧纸钱,向神灵还愿。

巴代扎做法事时,会着统一的服装,红色大长袍,头部用一红巾绕圈包住,头巾前面围一道凤冠,凤冠上会画上各种小鬼的样貌,数目多为5个或9个,也有的巴代头上凤冠画12个小鬼。巴代扎右手握司刀,左手执绺巾,其基本动作有"三拜""撒梅花""拜舞云""拜将""飞巾""扬尘"等。动作柔中有刚,庄重有力,时快时慢。巴代扎时而站立默念咒语,时而旋转挥舞绺巾。伴随绺巾舞的法乐,节奏自由,可长可短。法乐器主要有锣鼓、牛角、唢呐、长号、钹等。

(四)民间传说

笔者在十八洞村进行田野调查期间,有幸遇到了能说会道的村民施老记(1951年生,男,苗族,十八洞村梨子寨人)。热情好客的他,放下手中的生意,抽出时间跟我们讲述了十八洞村历史文化和经济社会变化等情况。以下传说都是施老记讲述。

神牛洞的传说。飞天马影子那座山下面有个像城门样子的大洞,叫神牛洞。上面寨子没有地方连通这个洞。洞的下面有一座仙人桥,接到仙人山,有一头接到青龙那里。桥头有一把案板(大石头竖着放,表面平整,像案板),有七八层楼那么高。天生桥、神牛洞都在仙人山那里。水是从山下面走的,在山上面看不见水,这个大洞几千年来都叫神牛洞。洞外有草坪,那里是村里放牛的地方。传说以前有一天洞里飞出来一头牛,跟村里的牛打架,打完架后又飞进洞去。一般人都看不见从洞里飞出来的牛,因为那牛是神。而"神",只有有缘的人才能看得见。

白龙洞婆媳的传说。从精准坪往左边看,对面远处山上有个大洞,四四方方的,叫富桶(打谷桶),离飞天马影子不远。富桶里面有白龙洞。白龙洞分大小两洞,分别住着婆媳俩。婆婆住大龙洞,媳妇住小龙洞。小龙洞比大龙洞高。婆婆多话,走三天路都还能听见她的声音。而媳妇的声音比婆婆的声音更洪亮,走七天那么远都还能听见。婆婆不愿意自己的声音比媳妇的小,于是就把媳妇打伤了。两人争吵,你不让我,我不让你。最后,婆婆就跑掉了,媳妇则去了德夯。再后来,婆婆就回来了,媳妇也不再坚持小龙一定要比婆婆的大。从此以后,她们就不再为谁住得更高、谁的声音传得更远而争吵,和睦相处。

太平军的传说。清朝时,有一天我们一个老人听别人说,这里将要打一仗,但不知道清军要跟谁打,后来才知道清军要打的是石达开的部队。石达开带领他的部队将要从梨子寨这里过去。以前村后下面那个峡谷原先有条大路,但因为防土匪而被破坏了。石达开的军师把地图展开,为石达开制订了一个行军计划。石达开部队要从广源过来,穿过梨子山,再过去就走三岔河,然后插过去到茶峒,按这样的行军路线走就不会失败。而清朝这边也有能人,知道石达开将要从梨子山这里拐过去,于是就派兵把石达开的侦察兵们包围住,却故意让一个逃掉。这个侦察兵逃回去之后,告诉石达开说,梨子山这里有清军大部队拦截,过不去。于是,石达开率领大部队从东边来到附近之后,没有经过梨子山,直接到三岔河,从三岔河过去到吉卫,然后到乌江。结果,石达开在乌江全军覆灭了。

八龙的传说。以前有八条龙,经常在这个地方打牌。有一条龙住在十八洞,一条龙住在吉卫,一条龙是从排吾来的。其他五条是梨子寨这里的龙。梨子寨背后三岔河谷有一个平平的石桌。石桌呈半圆形,宝石材质,是那八条龙在那里打牌专用的。三岔河那里有坝,坝上是一个大哥的田,就在石桌边上。大哥有八条牛。一天,他让弟弟看牛,自己去修田埂。因为水冲到他田里了,他必须去改河水走向,以免沙石冲到田里,把禾苗冲坏。大哥就在田埂那里挖,最后把石桌底下挖空了。有一年发大水,那个石桌就被洪水冲偏,桌面不平了。大哥的力气是村里最大的,能挑两百多斤重担,但在挖坏了八龙打牌的石桌之后,不久就突然生病了,病了一两年就死去了。人们都说,大哥挖坏了那个石桌,害得八龙没有地方打牌,冲犯了八龙。

  狮子山的传说。梨子寨右对面有座山,有口,有头,像个大狮子。它的对面有座小山,像个小狮子。一天,大狮子与小狮子争一个小包。这个小包就是大小狮子山之间的一个圆圆的大石头。小狮子害怕自己打不过大狮子,抢不到小包,但是也不甘心小包被大狮子抢到。于是小狮子避开大狮子,朝着小包猛冲过去,把小包一头撞到了十八洞旁边底下去了。现在十八洞的洞口底下,靠近河边的地方,还能看得到一个圆圆的大石头。这个圆圆的大石头就是那两只狮子争抢的那个小包。

(本章由陈桂、杨文超调查,陈桂撰写)

第十七章　芷耳村

　　芷耳村位于湖南省湘西土家族苗族自治州花垣县东南部,属双龙镇(2016年由董马库乡、排碧乡和排料乡合并而成)管辖。芷耳村与吉首德夯景区交界,属典型的喀斯特地貌,有着"峡谷明珠、瀑布之源"的美称,是湘西土家族苗族自治州神秘苗乡精品旅游线路上的重要节点。芷耳村属于典型苗族聚居村落,至今保留着男耕女织的传统农作方式,村落传统古建筑保存完好,非物质文化遗产丰富,地域特色明显,空气清新自然,十分宜居。2016年12月,芷耳村被列入第四批中国传统村落名录。

第十七章
芷耳村

一、村落概况

(一)地理生态环境

作为典型的苗族传统村落,芷耳村是苗族传统空间历史遗存的缩影,凝聚了千百年来当地人民的勤劳和智慧。芷耳村传统村落的格局和整体景观风貌可以概括为:以自然山水为基底,以民居建筑为载体,以人文景观为内涵的"巍巍群山围良田,层层村落生山间"的整体格局。"巍巍群山围良田"为传统村落的山水格局。"巍巍群山"是指围绕整个村落的自然山体,包括贝格恋、哥巴乍、阜央、戈留、贝格柔、格鸡山、大竹山等。"围良田"是指整个村落正中心是一大片荷塘水田,水田四周被民居建筑围绕。"层层村寨生山间"为传统村落的人文格局,村落依山而建,由上而下,建筑层层叠叠,错落有致。一条条由古石板建筑起来的巷道在山间穿行,整个村寨就好似从山间生长出来一般,与周围环境融为一体。

湘西的地形地势呈现出三维的空间特性。在这里,房屋多沿等高线排列,依山脉、河流的趋势和指向修建,在空间布局上呈现出依山傍水、鳞次栉比、层叠而上的态势。除了少数能就地坪架构井院式的吊脚楼外,大多采用"一字屋"链接的构成方式。芷耳村传统建筑布局即是如此,体现出鲜明的地理空间特性。也正因如此,芷耳村传统建筑基本上都是"一字屋",吊脚楼不多。

(二)村落由来

芷耳分为连成一片的"上芷耳"与"下芷耳"两个自然村落。"上芷耳"在山坡上面,"下芷耳"则处于以水塘为中心的山洼之中。芷耳村拥有两处风景尤为优美的自然景观,一是流沙瀑布,二是德夯大峡谷,这两者也是当地目前最主要的旅游景点。传说芷耳苗寨的石姓祖先,就是从今吉首市矮寨镇德夯苗寨的流沙瀑布上游迁来，到此处安家立业。他生有二子，名他惹和秋惹。秋惹去开发吉瓜，就在吉瓜开枝散叶，开始农耕。苗语"秋惹"的谐音即为汉语"芷耳"。也正因如此，芷耳村有"德夯之母，瀑布之源"的美称。

芷耳村流传着关于蚩尤祖先的传说。相传蚩尤被黄帝打败后，其手下大将石开元率其中一支部队来到今花垣县双龙镇芷耳村住下，意图东山再起。不久，芷耳村7个勇士到村南边后山去，顺山而下来到当时荒无人烟的德夯大峡谷打猎，发现那里流泉飞瀑，风景优美，山清水秀。于是他们便决定留此不徙，在这片土地上生根发芽，开枝散叶。随着时间的推移，家族的发展壮大和社会融合，芷耳村一部分石姓子孙走了出去，迁居今吉首市矮寨镇夯比、保靖县夯沙乡盘帕、花垣县雅桥等地。而由于外姓迁入或来上门入赘等原因，后来相继出现了龙、杨、施、梁等姓氏，形成如今以石姓为多数，各姓氏和谐相处的芷耳村。

有记载的芷耳村史从清朝开始。苗家人世代在这里扎根生活，经历了长期的发展时期。雍正十年（1732年），这里隶属永绥厅；嘉庆二年（1797年），隶属永绥直隶厅。道光八年（1828年）左右，芷耳秦千总石文魁，又名老才，富甲一方，乐善好施，先后兴修湘渝边境迓加、乾州（吉首）的排棒、德夯，永绥的高岩河、排碧、排料、尖岩、窝勾等桥梁50座；兴修乾州乾者坡、德夯、凤凰梅柳坡等道路，均凿石劈山、砌石保坎，工程浩大；在乾州察阳冲修石阶1700余级，加高乾州环城操口三道，高5尺。石文魁兴修道路、广建桥梁、泽被后人的善举被传为佳话。清末时期，这里隶属永绥直隶厅下十里，民国二年（1913年）隶属永绥县第三区域下十乡，民国三十年（1941年）隶属永绥县桃花乡。中华人民共和国成立后，芷耳村先后归排料乡（1953年）、火箭公社（1958年）、排料公社（1961年，1983年撤公社恢复乡）、双龙镇（2016年）所辖。2015年11月17日，时任中共中央政治局常委、全国政协主席俞正声来到花垣县排料乡芷耳村，深入考察扶贫政策和措施的落实情况，并走进贫困农户家中拉家常、问生计。

第十七章
芷耳村

（三）村落人口

芷耳村总面积6.6平方公里,东与吉首市德夯景区、西与本镇岩罗村交界,分为连成一片的2个自然寨——上芷耳、下芷耳,共有6个村民小组,193户798人。全体村民,除了个别外地嫁入本村的妇女之外,余者皆为苗族,其中百分之九十以上是姓石人家,其余的龙、杨、施、梁四姓主要是来芷耳入赘之男及其后代以及极少数外来户。

（四）物产与特色产业

进入21世纪以来,芷耳村的经济和村民的生计方式都发生了巨大的变化。

以前,芷耳村的经济基础一直都比较薄弱。农村产业比较单一,主要依靠粮食种植和经济作物种植,创收渠道甚少。村民主要经济收入来源于种植烤烟和外出务工。

不管是生产队集体经济时期,还是实行家庭联产承包责任制时期,村民主要种植产量不高的水稻、玉米、红薯等粮食作物和杂粮作物,粮食严重不足。经济作物主要有黄豆、辣椒、花生。黄豆大部分卖掉换钱,小部分留着自己吃。辣椒部分晒干卖掉,部分自吃。花生则大部分用来榨油,小部分卖掉。

直到现在,由于生产习惯沿袭的缘故,玉米依然种得很多,但因为这几年价格便宜,所以一般不卖,留着作为猪、鸡、鸭等的饲料。

现在最主要的经济作物是辣椒、烤烟和中药材。

辣椒品种主要是杭椒,2020年7月排料街上新鲜杭椒的收购价大约是每市斤1.6元。近两三年,由于劳力人数多少不同,劳力青壮老年龄段不同,种植杭椒的家庭年收入从一两千元到七八千元不等。

村民大概是从2005年、2006年开始种植烤烟。因为当时烤烟种植在当地是一件前所未有的事情，大多村民都不敢轻易冒险尝试新事物，对种植烤烟都持一种观望的态度，所以第一批种植烤烟的只有7户人家。老一辈人之前都没有人种过烤烟，也反对年轻一代种烤烟，说芷耳这地方雨水多，烟叶肯定容易烂掉，种植烤烟会亏本的。因此可以说，第一批敢带头"吃螃蟹"种烤烟的七户人家都是敢想敢闯、具有开拓精神的先锋。

龙某某（1970年生，苗族，芷耳村人）就是第一批种烤烟的人。他说，第一年，因为没有任何经验，种得也不多，只卖了三四千元。三四千元虽然不多，但从种植面积来看，单产值比传统的种植粮食和其他经济作物高出太多了。于是他决定来年继续种烤烟。因为有了一定经验，胆子更大了，第二年将烤烟种植面积扩大到三四亩。按当时的行情，烤烟送到排料乡烟叶收购点去卖，每年大概能卖4万元，扣除成本，大概能赚3万元。这样的收入，在当时的花垣县农村算是很高的了。正因为当时烤烟种植收益很高，所以两三年后，芷耳村各家各户几乎都种上了。

最初种烤烟的人都是自己购买水泥砖建造烤烟房，烟草公司、烟厂只给种植户补助水泥。后来烤烟产业发展起来了，县政府出钱帮助芷耳村在龙某某的旱地上修建了8间烤烟房，供村民们使用。以前烤烟都是用杂草柴火烧炉，现在则用方形的蜂窝煤。

烤烟种植比较辛苦，原因在于路远，种和收靠走路、肩挑；烤烟时昼夜都必须定时查看火候，控制好温度，看火人无法好好休息。芷耳村的地分散在四周山上，有的距离比较远，以前除了进村公路之外，各处山地都无公路可通，烤烟采摘之后完全依靠肩挑回来。收摘烟叶的周期长，从农历六月初持续到八月底。烟叶白天收回来，要绑挂到每根长约1米的小竹竿上，以便挂到烤房的架子上。除了白天忙乎，夜里每隔一两个钟头就必须查看一次烤房的火候，以免火力不足或火力过大，造成烟叶干得慢或被烤焦。等到烟叶快要烤干，尚有一点点软的时候，就要从烤房里取出来，否则烟叶完全干透了就容易碎，而碎掉的烟叶卖不出去，造成损失。

水稻是传统的粮食作物。在20世纪80年代初以前，这里的水稻品种不够优良，故产量不高。大米不多，玉米粑粑就成了多数贫困家庭的主食。玉米打碎或舂碎后,用筛子筛出玉米皮,玉米皮拿去喂猪,玉米碎掺到米里煮饭,玉米粉放到锅里蒸干成玉米粑粑。"1984年、1985年之后,因为开始种植杂交水稻,稻谷产量高一些,米多一些,米和碎玉米掺和起来煮着吃。90年代初以后,吃米饭、喝粥就不成问题,可以吃饱肚子了。"回忆起吃不饱肚子的艰苦岁月,龙某某颇为感慨。

在传统的家庭经济中,植棉种桑养蚕曾经是芷耳村家家户户的常规劳作。在改革开放以前,买肉要肉票,买布要布票,老百姓即便有一点钱,但也难以买到布料,所以就沿袭种植棉花、桑树,养蚕,自己纺纱织布,缝制衣服。这个传统甚至延续到了20世纪80年代中后期。

据统计,2019年全村280多人长年在外务工,大多在江浙地区,以做不锈钢、铝合金门窗,从事建筑业等为主。

留在村内的居民大多是老人和幼童,这样的现状给村落文化的保护和建设带来了很大的困难。村中留守人员依靠传统农业生产与手工编织维持生活,经济来源主要是外出子女打工与政府扶贫基金发放。

近年来,随着脱贫攻坚和精准扶贫进入最后阶段,中共湘西土家族苗族自治州委组织部、团州委驻芷耳村扶贫工作队深入开展"产业扶贫"工作,联合湖南农业大学旱地作物研究所、湘西州农业农村局粮油站,因地制宜,发动并帮助群众成立了芷耳村经济联合社,立足芷耳村和附近十八洞村、金龙村等村乡村旅游业,结合交通区位优势和市场需求,逐步引导村民调整产业结构促增收,发展富硒农业,种植黑皮小花生、瓜子等。因为种植效益良好,目前瓜子产业已成为村民自发种植的绿色增收产业和村集体经济支柱产业。

(五)经济社会发展状况

目前特色产业初步开始实施,主要是运用本村苗族文化资源和地质山水奇观优势,以德夯大峡谷和流沙瀑布等景点为依托,大力打造民族文化和自然生态旅游,形成一种乡村休闲旅游氛围。目前规划的主要景点是"一个苗寨、两个峡谷、三条瀑布、四条路线"。虽然旅游公路已修建好，但在短时间内旅游业发展面临宣传不足、景区知名度低、基础设施不够完善的情况，在未来几年内芷耳村的产业格局仍然会继续以传统产业为中心。

虽然旅游产业起步不快，但旅游开发的方向已不言而喻。围绕着村内特有的景观，如德夯大峡谷、樱园、流沙瀑布，对这些蕴含民族底蕴的文化符号重赋生机，充分利用开发民族文化特质，挖掘民族文化资源，在保护与传承的基础上，注重与新时代的结合，打造适合外地游客观赏的旅游胜地。垒樵栈道是芷耳村发展民族旅游事业中的一项重大计划。栈道修在悬崖陡壁上，尽头是一处观景平台，在观景台处可俯瞰德夯大峡谷的全貌。结合岩壁陡峭险峻的特点，为了让游客全方位地看到峡谷内的美丽风景，有更加惊险刺激的感官体验，项目将打造局部的玻璃栈道，以便增强吸引力。

为了开发民族地区旅游业，推动民族文化保护与传承，加快芷耳村脱贫致富的步伐，县政府有关部门立项投资，对芷耳村的吊脚楼进行修缮，修建了芷耳村水泥村道和通往大峡谷景区的水泥旅游道路，维护自然与建筑共生的生态环境。芷耳村的现代化建设遵循了传统格局风貌保护与传统资源保护的原则。在维护自然环境的基础上，修缮传统民居，整改非传统民居，保护传统人文景观，维护外围农林和水域，禁止污染和破坏，设立标识以保护古树与古井。村落改造主要包括对建筑、景观、公共服务设施的改造。拆除3栋破损建筑，对6栋传统建筑进行修复以及对9栋现代建筑进行民族风格改造。对传统建筑的屋顶和山墙进行修复以及对结构进行加固。对于新建的现代建筑，为了确保村落面貌相对统一，将现代建筑的外立面改造成仿古式。改造工程由政府组织，村里的木匠和来自县城的工程队共同进行施工。笔者调查期间居住的那户人家，房东石正生也是施工队中的一员。据石正生说："这项工程开始了有一年半，主要是对后来新修的砖头房进行改造。为了村落面貌的统一嘛，在砖房上加一个瓦顶。"至2020年8月，整个改造工程完工。

第十七章
芷耳村

景观改造包括对中心景观、广场、村入口的改造。芷耳村在2021年重新打造了中心景观广场,主要是拆除原有构筑物,对广场进行铺装改造,打造了一片荷花满塘的亲水平台。芷耳村的村入口新建了村标石牌,入口道路也进行了绿化改造。改造后的景观广场在视觉上满足了人们的审美情趣,在功能上服务于社会主义精神文明建设。留守村里的老人可以在傍晚茶歇的时候

芷耳村古老的石门
与新时代的盛装女子(许苏华 摄)

坐在凉亭里聊天,晚间到广场伴随着音乐跳舞,而孩子们则在广场中嬉闹。

在公共设施方面,最主要的是对破损道路进行修复和对部分道路改建,在村道两旁新增了一些下水道。此外,打造了3处雨水收集池,新增了垃圾桶和垃圾站,在村内建造消防池,装上消防水管、消防栓。目前,芷耳村有一条乡道与外界相通,在上芷耳北面大约600米处有两处出入口。进村两条道路均以水泥硬化。道路布局基本完善,村道也已基本完成部分硬化。但受到地形影响,现在下芷耳北部环山腰这部分区域主要还是依靠巷道联通。巷道狭窄,基本上都是石板路,上山下坡,左拐右转,不能通行汽车、三轮车,交通颇为不便。

二、文化遗产

（一）物质文化遗产

传统村落的评价认定有一系列的定性、定量指标,主要有两个方面:一是现存传统建筑的久远度、稀缺度等定量指标,包括文物保护单位的等级达到标准,传统建筑的占地规模、现存建筑(群)和周边环境保存有一定的完整性,建筑的造型、结构、材料及装饰有一定的美学价值,并有对传统技艺的传承。二是传统建筑的完整性、工艺美学价值等定性指标,包括选址、规划等,代表了所在地域、民族及特定历史时期的典型特征,具有一定的科学、文化、历史价值,并与周边的自然环境相协调,承载了一定的非物质文化遗产元素。芷耳村的条件完全符合上述标准。

1. 传统建筑

芷耳村房屋多为木质结构,一般分为上、下两层。上层为"阁楼",比较宽敞,一般用来放置杂物。下层大都由三部分构成:左右两边均铺有木板,称为左床、右床,靠左右床对面的墙壁设有"道房",是供人休息、睡觉的地方(也有只设一边的情况);中间部分被称为"中堂",进入中堂的门称为"六扇门",意为六六大顺,大吉大利;进中堂的正里面是神龛或神壁,是敬供祖宗的地方,每逢春节、清明节、元宵节,人们都会摆上供品,敬奉祖先;碗柜均设于墙壁内,与火塘位于同一侧的位置。二楼阁楼,有的一边设有房间,但不多见,供客人居住;另一边则用来摆放杂物。楼下一边是客厅一边是餐

传统民居(陈桂　摄)

厅,中堂不设东西,侧面还有一个小房间,是主人的休息室。民居中最普遍的是悬山顶。这种屋顶建造最简单,悬山屋顶的出檐可以保护山墙。在建筑主要材质中,过去湘西与外界隔绝,盛产木材,所以多数的民居除了屋面用瓦以外,其余建筑材料全部用木材。但在道路和贸易开始发达后,湘西建筑密度加大,传统木构建筑引入山墙,砖石的运用逐渐多起来。

2. 火铺房

火铺房广泛存在于苗族吊脚楼中,是比堂屋更为重要的生活空间,拥有最舒适的空间尺度。火铺房设在堂屋旁边的"人间"的前半间。开间进深较大的苗居里,火铺房内会设有两扇门,将火铺房从卧室与堂屋中隔离开来,但又联通这两个空间;普通形制或是偏小的苗居在火铺房与卧室之间则不设门,形成一个生活起居的空间整体。这从功能与空间感受上来看类似于现代套间户型里的"起居室",而形制较大的堂屋更像是巨大的"入户玄关"或是"入户花园"。火铺房得名于苗族民居中最重要的设置——火塘,它类似于北方的"炕"。火铺房是苗族人家的取暖场所,也是他们最主要的社交活动场所,在冬天还可以熏制腊肉。

3. 火塘

火塘起源于苗族历史上的"火神"崇拜。苗家人喜欢围绕火铺聊天、吃饭。苗族群众在建宅时,甚至需要优先确定火塘的位置从而敲定堂屋等其他平面。且关于火塘的禁忌十分严格:火塘不能处于堂屋可以直视的位置,需要结合视线角度确定其方位;火塘要经常进行清洁。家中老小围坐于火塘周围时,需讲究尊卑顺序,长辈或客人需坐在上席,两边坐家庭成员。

4. 岩泉与水塘

村落正中心是一个大水塘,水塘周边山脚及半山腰上分布有多处岩泉。在未通自来水之前,村民都是饮用水塘和岩泉之水。前几年,政府实施农村饮水工程,为芷耳村从远处引来洁净的地下水,储存在东边山顶上的一个大储水池里,再经过管道通至各家各户。至于岩泉,由于人口密集,水源地受污染,导致水质下降,已不再适合饮用。现在虽然有的家庭依然在使用岩泉,但一般只作清洗衣物、禽畜饮水之用。

(二)非物质文化遗产

芷耳村各种类型的非物质文化遗产众多,至今传承较好的主要有赶秋节、樱桃会、巴代文化、苗年等民族特色风俗。

芷耳村的非物质文化遗产虽然大多与县境内其他苗族相同,但也有一些是该村所独有的。

1. 传统习俗

樱桃会。芷耳村"樱桃会"是花垣县芷耳村苗族人民世代相传的一种社交文化礼仪活动,是我国苗族聚居区民族传统文化发展的结晶。芷耳村"樱桃会"是未婚青年男女社交的节日,苗语称为"留枇瓦",汉语直译是"摘樱桃"。每年春夏之交,山上的樱桃熟了,一串串红红紫紫地挂满枝头,姑娘们相邀上山来了,小伙们相邀上山来了。男女青年钻进樱桃林里,互相对歌,互敬樱桃。树上树下,歌声悠扬。樱桃会表达了苗族青年勇于自主追求婚姻、歌颂美满爱情的纯真情怀。各地樱桃会虽有不同,但一般都如芷耳村一样,是在立夏后山坡上野樱桃熟透的时节举行。

关于樱桃会,芷耳村有一个美丽的传说。古时候,人们因生产工具落后,粮食产量低,居住在大山里的苗家人便上山采摘野果吃。有一年暮春时节,山上的樱桃又熟了,居住在今花垣县、保靖县、吉首市三县市交界的仁共山下的苗族青年达西,邀约寨子里的姑娘小伙们上山去采樱桃。但是好景不长,季节一过,就没有足够的野果充饥,苗家人的日子因此就更难过了。族母娘熊为此愁得消瘦了许多,达西更急得不行。他想,如果能猎得一只大野兽,足够全部族人吃个饱就好了。于是,他把自己的想法告诉了娘熊,娘熊非常赞同,并告诉他说:"离本地不远的地方有座'高业'(即枯牛坡)山,那里有许多水牛,由一个年轻姑娘看管,你是不是去问她要来一些?""好,我马上就去!"听族母一说完,达西就立即出发去高业。

第十七章
芷耳村

高业山满坡都是又肥又壮的水牛,全由一名姑娘看管。达西向看牛的姑娘说明了来意,希望她分一头牛给自己带回去,可是姑娘不答应。这些牛是与她相依相伴多年的仙牛,怎么能让达西带回去杀了吃呢?!虽然被拒绝了,但达西并不气馁。为了想办法说服姑娘,他打听到这个姑娘爱吃樱桃爱唱歌,于是他就天天到山上采摘樱桃献给姑娘,然后和她对歌。他赞美姑娘美丽动人,又颂扬姑娘纯真善良。一天又一天过去,姑娘终于动心了,爱上了天天给自己又献樱桃又唱歌的达西。于是有一天,她背着家人,偷偷地带上两头膘肥体壮的水牛,和达西一起来到了苗寨,并跟他成亲。同时,姑娘还把两头水牛作为礼物献给了族母,但姑娘没有让达西的族人把牛杀了吃掉,而是教会他们利用水牛帮助人犁田耕地。就这样,因为有了水牛的帮助,粮食增产了,够吃够穿,达西及其族人们再也不用上山采野果充饥了。后人为了纪念达西夫妇,把这一天定为"樱桃会"。从此,樱桃会在芷耳村世世代代地流传下来。

赶秋节。赶秋节是芷耳村另一个传统重要节日,活动的内容和形式与花垣、保靖、吉首、凤凰、泸溪等周边苗族聚居区大体差不多。

关于赶秋节,芷耳村当地有两则民间传说。

一则传说是说湘西苗族赶秋节起源于当地。这个传说源自清朝中期。传说神农派一个男人和一个女人向东走,找回来一些种子,种下种子获得粮食的丰收,所以苗族的祖先说这一对男女是秋公、秋婆。民间节庆活动的秋收节是苗族的祖先感激神农,秋节是苗族人庆祝粮食丰收,追求六畜兴旺和幸福生活。

另一则传说是说很早的时候,苗族有个英俊的小伙子,在打猎的过程中捡到一只漂亮的绣花鞋。为了寻到绣花鞋的主人,他制造秋千,举办荡秋千活动,邀请众多人参与。果然如他所料,他在活动中找到了绣花鞋的女主人。之后,他们两人有了感情,建立了恋爱关系,后来幸福美满地生活在一起。从此之后,人们就效仿,每年举行这种活动。这种活动被称为"打秋千"。"打秋千"在历史中也有记载。清光绪《湖南通志·杂志》记载,湘西苗家人有"秋千戏"一俗。早期苗家人生活艰难,自然地理条件较差,很多疾病无法医治。他们崇尚自然与神灵,在休闲时节,会举行庆祝与祭祀活动,以祈求神灵保佑平安健康。但是,当时他们生活水平不高,生产力低下,开展赶秋节的各方面条件都不具备,设备不完善,人们没有能力建造形式丰富多样的娱乐设施,只有依靠当地的自然条件,砍伐当地山中的树木,简单地用几根大木棍和木柱拼凑成一个八人秋千。在赶秋节形成的早期,"打秋千"活动并非年年举办,有时候三五年才举办一次。

谈到赶秋节,芷耳村民认为,赶秋就是图热闹,就是舞狮子、打千、唱苗歌、打苗鼓、唱戏等。这里的打千即源自打秋千的传说。

赶秋节有一系列的民族民俗活动,其民俗文艺表演与祭祀活动丰富多彩,蕴含着深厚的苗族传统特色。

舞狮、舞龙活动一般在节日的开头。节日一到,各村寨都会舞着龙赶往举办节日活动的坪场。传说在清乾嘉时期,苗族群众就有了接龙活动。接龙活动中的巫傩祭仪,有上刀梯、下火海、苗族司刀、绺巾舞、椎牛等。上刀梯传说是苗族勇士石巴贵为了驱逐妖魔,自带36把钢刀,插于树上,脚踩钢刀爬至树的顶点,吹响号角,助长了人民对抗妖魔的士气,使妖魔落荒而逃。

高山流水(拦门酒)与古歌是苗族欢迎客人、表达心意的方式。高山流水象征着情深意长。由上而下流淌美酒的竹筒接得越长,代表苗家人欢迎的心情就越热烈。传统的拦门酒只有在椎牛的时候才会有,而如今在很多重大接待活动中都会有拦门酒,以示对宾客的热烈欢迎。

高山流水(拦门酒)迎宾客(陈桂　摄)

第十七章
芝耳村

　　长桌宴。苗族长桌宴至今已有一两千年的历史,通常在接亲嫁女、满月酒以及村寨联谊宴饮等活动时举办。长桌宴左边是主座位,右边是客人座位。宾主相对,敬酒劝饮,对酒高歌。

　　苗年。不同于汉族的农历新年,据传历史上苗族曾有自己的"苗年"。古代苗年的时间和过年的情形,已不甚清楚。到了明清时,关于苗年的记载才比较多。由于苗族居住分散,各地过苗年的时间很不一致,但一般都是在农历的十月、冬月、腊月的亥、卯、丑日举行。至今黔东南、湘西及广西一带苗族仍然在农历十月、冬月、腊月的丑、卯、辰等日过苗年。近代以来,四川苗族由于长期与汉族分散杂居,从清初开始就与汉族一起同过苗年。

　　芝耳村同样也保留着过苗年这一传统。2015年2月8日,芝耳村举办了一场近600人参与,名为"芝耳乐"的苗年盛典。实际上,在多年以前,在受现代文化冲击,作为主体的青壮年村民大都外出打工的情况下,过苗年这一活动已经日趋式微。2013年村落文化保护政策颁布后,在这样的政策背景下,花垣县一群苗族有识之士深受鼓舞,组成乡贤队伍,着手恢复与振兴苗族传统文化。乡贤队伍主要成员有8人,其中有教育工作者,有退休官员,也有企业家。他们视野开阔,资源广泛,对家乡念念不忘,在政府与各乡镇之间建立桥梁,希望将一己之力奉献家乡,反哺故园。乡贤队伍曾多次到芝耳村拍摄考察,久而久之,与当地村民建立了深厚的感情。在一次和村民的闲聊中,他们从村民口中得知芝耳村每年都会举办一次"闹年大会"。在进一步了解情况后,他们认定此活动具有很强的民族性和文化性,属于苗族文化生态保护项目,也有利于改善村民的文化生活水平。因此,乡贤队伍将此活动积极向当地镇县两级政府汇报。当地政府派人多次到芝耳村进行实地调查和分析研究后,认为芝耳村年俗文化是当地苗家人世代相承、与群众生活密切相关的一种传统文化表现形式和文化空间,值得抢救和保护。因此,县政府特批专项资金,为芝耳村配备了演出设备和新春灯笼、对联等节庆物品,大力支持"闹年大会"。"闹年大会"的内容主要分为祭祀、庆祝、习俗展示三部分,具体活动有巴代祭祀、苗族古歌、苗鼓、舞狮、飙桌子、打糍粑等。可以说，每一项活动展示的都是苗族人民在长期社会生活和生产实践中逐步积累下来的文化财富。

苗族过去信仰万物有灵，崇拜自然，祀奉祖先，逢年过节必要祭祀祈福。在"闹年大会"现场，8位巴代传承者通过跪拜芷耳村长年所供认的祖神、土地公，展示神秘而神圣的巴代文化。巴代们头戴冠装，身着红衣，手持角号、师刀、长刀、令牌、马鞭等道具法器，在震耳欲聋的响器声中时而吹角号，时而高唱神辞歌，时而默念祭祀口诀，时而通过手诀来沟通天地、祈福天下。村民们通过这种特别的方式祭祀祖先和山神，祈求来年宗族繁荣、家道兴旺、风调雨顺、生活安康。

鼓舞一直是苗族男女老少最喜欢的民俗之一，所以苗鼓技艺得以代代相传，历久不衰。每次闹年大会，汇集多位苗鼓高手，热闹助兴，各种湘西苗族特有的鼓舞打法都一一呈现。例如，象征丰收喜悦的喜庆鼓，集体自娱的坐堂鼓，喜闻好动的猴儿鼓舞，传达爱意的男女花鼓舞，还有各种女子单人、双人鼓舞，男子单人、双人鼓舞，等等，不一而足。鼓舞节奏明快，舞姿鲜明多变，场面恢宏，气氛热烈。鼓声刚落，锣声又起，一只只张牙舞爪、威风凛凛的狮子或闪或扑，或趴或跃，从四面八方赶出来造势。舞狮是苗人逢喜庆节日必备活动之一。村民穿上自制的狮子皮，一人舞狮头，一人舞狮身，一人耍宝，配合默契、遥相呼应，在欢声雷动中驱妖除怪。舞狮，舞出了苗人的安乐兴旺。狮子舞到旁边摆着四张大饭桌时，艺高胆大的男子像跳马运动员一样，助跑起跳，双手按一下桌面，迅速交叉前移，一跃而过，称为"飙桌子"。飙桌子有较高的难度和一定的风险，但舞狮子的村民毫不畏惧，一往直前，纵身一跳，切角而落。果敢而潇洒，安全而准确的落地动作，赢得围观人群阵阵热烈的掌声。

花垣县的苗族古歌被选入国家非遗扩展项目名录，芷耳村始终传承着这古老的民族瑰宝。闹年大会活动当天，南面后山树木葱郁的山坡上，几位古歌传人用最原生态的上下句结构歌词和简单的旋律演绎着最古老的苗族诗体神话。苗族俗语说"拜年拜年，糍粑上前"。糍粑是湘西苗人过年必不可少的年货之一。村中一位石姓大叔告诉笔者，苗人过年必须打糍粑,一是能预祝来年风调雨顺和五谷丰登;二是在打糍粑的过程中需要众人参与,同心协力,营造团结喜庆的气氛。纺线、织布、绣花、缝衣、打花带等针线活依然是村内中老年妇女的必修课。在一村民家前坪,几位妇女分工合作,向后辈们演示着传统的苗族织布技艺。退线、拉线、卷线、导线入梳、上架,再到织布,妇女们往返穿梭,飞针走线,动作娴熟。除了上述习俗,拍抬轿婚、吃碗、吞火、路火等项目也有声有色,精彩绝伦,让整个芷耳村完全沉浸在一片欢乐祥和的氛围中。

2. 苗医

历史上,苗族聚居区缺医少药。为了生存和发展,苗族群众在长期同各种病痛作斗争的实践中,不断积累和总结经验,形成了自己的民族医药,即"苗医""苗药"。苗医药在苗族聚居区世代相传,流行很广,是中华民族传统医药宝库中的一份珍贵遗产。苗族医药的起源很早,可谓历史悠久。苗族民间有"千年苗医,万年苗药"之说。各地苗族中都有关于"药王爷"的传说。川南筠连等地苗族传说中的药王爷,是一个全身透明如玻璃、有翼能飞的神人。他不畏艰难险阻,披星戴月为苗族人民治病开药。这个传说在苗族中流传很广,苗族聚居区均有"一个药王,身在八方;三千苗药,八百单方"的歌谣。

在苗族聚居区,"巫医合一"的特点曾长期存在。随着苗族聚居区经济和文化卫生等各项社会事业的发展,苗族"巫医合一"的局面已逐步解体。但是,由于历史传统存在惯性,或许也是因为一些传统苗医药有实际疗效的缘故,如今有些村民仍然信任苗医。"这是当地的医师(本村的苗医)给我开的药,我现在还在用呢。脚崴了或者哪里酸痛就在哪里敷上这个,很快就好了。这个很灵的。具体的药材我也不是很清楚,大概是一些草药混合在一起的。"一个村民这样说道。

(本章由陈桂、杨文超调查,陈桂撰写)

后　记

　　花垣县作为湘西土家族苗族自治州的县市之一，位于湖南省西部，湘黔渝交界处，西与贵州省松桃县交界，西北与重庆市秀山县接壤，自古有"一脚踏三省"和"湘楚西南门户"之称；总面积1109平方公里，常住总人口约24.6万人（2020年统计数据），其中，苗族人口占75%以上。花垣县是革命老区县、国家扶贫开发工作重点县，资源丰富，历史积淀深厚，苗族文化富有特色，是苗族巴代艺术之乡、唢呐艺术之乡、苗山歌之乡、"中国民间文化艺术之乡"和"中国苗绣织锦艺术之乡"，其中边城茶峒因沈从文小说《边城》而驰名中外。

　　在长期的历史发展中，花垣县形成了许多历史悠久、文化特色浓郁的村落，截至2019年，花垣县共有17个村落入选中国传统村落名录。为了记录这些传统村落，在中南民族大学统一部署下，2019年暑期部分本科学生先行进行了面上的调查，获得了比较丰富的第一手资料。2020年暑期，我们又组织了四个调查小组，克服新冠疫情和洪水灾情等多种困难，赴17个村落进行更加深入的调研，并通过数月的资料整理与撰述，完成《中国传统村落调查·湖南花垣卷》。

　　《中国传统村落调查·湖南花垣卷》由柏贵喜教授组织策划，并进行统改；四个小组的组长分别由中南民族大学博士研究生、武汉轻工大学李技文,中南民族大学民族学博物馆陈桂,中南民族大学民族学与社会学学院王振威和中共焦作市委党校朱起德博士担任,参与调查的还有中南民族大学民族学和社会工作专业的硕士研究生。具体调查者与撰述者详见各章的章尾。在调查与写作过程中,王振威博士做了大量的协调工作。

本次调查得到了花垣县相关部门和各相关乡镇及村落的领导、群众的大力支持与帮助,在此表示衷心的感谢。其中特别要感谢时任花垣县住建局办公室主任田晓园同志的协助。囿于篇幅,虽然不能将他们的名字一一罗列于此,还是要对2019年参加前期调查的本科学生表示感谢。